高等院校创新规划教材·经管系列(二维码版)

商务流程综合实训教程

陈淑贤　王　蕾　主　编
李少颖　于　洁　副主编
赵　丽　姜　南

清华大学出版社
北　京

内 容 简 介

本书旨在帮助经管类各专业学生熟悉常规商务运营流程，进而在经营管理模拟活动中锻炼和提高创新创业能力。教程以企业运营为主线，按照企业注册及运营的不同环节，分部门和岗位设计了采购、营销、财务、商务接待等任务，学生可在教程和相关教辅资源的配合指导下，使用提供的实训材料完成商务运营的各项工作。教程具有侧重实务能力培养、企业运营仿真度高、教辅资源立体化的特点。

本书既可作为经管类各专业模拟企业运营实训教材使用，也可用于高校创新创业教育，还可作为创业者在企业初创及运营阶段的各项管理活动指南。

本书封面贴有清华大学出版社防伪标签，无标签者不得销售。
版权所有，侵权必究。举报：010-62782989，beiqinquan@tup.tsinghua.edu.cn。

图书在版编目(CIP)数据

商务流程综合实训教程/陈淑贤，王蕾主编. —北京：清华大学出版社，2017（2024.2 重印）
（高等院校创新规划教材　经管系列：二维码版）
ISBN 978-7-302-47705-1

Ⅰ.①商… Ⅱ.①陈… ②王… Ⅲ.①商务工作—高等学校—教材 Ⅳ.①F715

中国版本图书馆 CIP 数据核字(2017)第 162192 号

责任编辑：梁媛媛
封面设计：李　坤
责任校对：吴春华
责任印制：宋　林

出版发行：清华大学出版社
网　　址：https://www.tup.com.cn，https://www.wqxuetang.com
地　　址：北京清华大学学研大厦 A 座　　邮　编：100084
社 总 机：010-83470000　　邮　购：010-62786544
投稿与读者服务：010-62776969，c-service@tup.tsinghua.edu.cn
质量反馈：010-62772015，zhiliang@tup.tsinghua.edu.cn
课件下载：http://www.tup.com.cn，010-62791865

印 装 者：北京鑫海金澳胶印有限公司
经　　销：全国新华书店
开　　本：185mm×230mm　　印　张：29.75　　字　数：649 千字
版　　次：2017 年 8 月第 1 版　　印　次：2024 年 2 月第 7 次印刷
定　　价：59.00 元

产品编号：073683-02

前 言

在我国大力提倡大众创新、万众创业的背景下，高等教育作为教育体系中的重要组成部分，在推动学生树立创新创业意识、帮助学生适应社会变化和企业需求、掌握最新的技能并灵活运用到企业方面具有不可推卸的责任。创新与创业意识的培养也是专业转型发展、人才培养和教学改革深入思考的问题，本书基于学院推行的跨专业综合实训，设计了一套可在经管类各专业使用的、以工作任务为导向、突破专业知识框架的教学实训体系，具有侧重实务能力培养、企业运营仿真度高、教辅资源立体化的特点。

1. 侧重实务能力培养

本书以企业运营为主线，以任务发布为驱动，在书中按照公司组建、注册登记、常规运营的流程，分部门设计了不同的任务，学生必须根据任务需要完成相应的知识准备、决策拟定、资料整理、文书写作、信息传递及问题处理等，以保证企业得以正常运营，并在竞争中生存、发展、获利。这一实训体系更强调不同专业间的配合，不仅适合经管类各专业学生了解企业运营流程使用，更适合不同专业的学生开展跨专业实训使用，以打破专业壁垒，实现不同专业知识的互动与融合。

2. 企业运营仿真度高

本书在实训体系中设计了供应商企业、生产商企业和商贸公司，可模拟完整的产品供应链流程；同类型企业个体至少为两个，以形成竞争关系，增强实训对抗性；每个企业内均设置企业管理部(行政和人事)、财务部、采购部、生产部、营销部和仓储部等部门，不同专业的学生可根据专业所长和兴趣选择不同的岗位，共同协作完成企业目标。企业外围还设有工商局、税务局、法院等政务服务部门，以及银行、租赁公司、会计师事务所、律师事务所、广告公司等服务性企业，最大限度地还原了现实企业运营的生态环境，解决了商学院学生校外实习难以接触核心业务的问题。

3. 教辅资源立体化

为了突出创新理念，本书在教辅资源使用方面也有所创新，不仅在相应的模块前后提供知识点入门漫画；还提供了各部门所需的纸质实训资料，以供实训裁剪使用；且提供二维码扫描资源，即通过手机扫描可进一步了解配套的网络案例和视频，不仅丰富了

前言

教材的内容，也增强了教材的趣味性。

本书由陈淑贤、王蕾任主编，李少颖、于洁、赵丽、姜南任副主编。具体分工如下：陈淑贤负责第一篇、第三篇模块八、附录以及实训单证的整理和编写，王蕾负责第二篇和第三篇模块十六的编写，李少颖负责第三篇模块十二、十七、十八的编写，于洁负责第三篇模块十、十四的编写，赵丽负责第三篇模块十三、十五的编写，姜南负责第三篇模块九、十一的编写。书中提到的软件平台由西安纳学电子科技有限责任公司提供，但本书可独立于该软件之外单独使用。

由于时间仓促，加之编者水平有限，书中难免存在疏漏之处，恳请读者批评指正。

编　者

目录

第一篇　企业成立　/ 1

模块一　了解企业　/ 1

主体学习　/ 3

 任务一　什么是企业　/ 3
  一、企业的基本概念　/ 3
  二、企业的分类　/ 3

 任务二　企业包含的主要部门及职责　/ 6
  一、公司高层领导组织机构及主要职责　/ 6
  二、公司内部主要部门构成和职责　/ 10

 小结　/ 16

本课回顾　/ 18

拓展学习　/ 18

模块二　我要成为 CEO　/ 21

主体学习　/ 23

 任务一　企业 CEO 的基本职能　/ 23
  一、什么是 CEO　/ 23
  二、CEO 的基本职责　/ 23
  三、CEO 所需要的基本能力　/ 24

 任务二　商务人士的基本职场素养　/ 25
  一、商务礼仪　/ 26
  二、办公室礼仪　/ 28
  三、职业着装　/ 29
  四、演讲能力　/ 29

 小结　/ 32

本课回顾　/ 34

拓展学习　/ 34

目录 Contents

模块三　We need you！——人才招聘　/　39

主体学习　/　41

  任务一　什么是招聘　/　41

  任务二　一场招聘的诞生　/　42

  任务三　招聘技巧　/　43

    一、制作吸睛且有号召力的招聘海报　/　43

    二、面试安排要点　/　44

  任务四　应聘技巧　/　45

    一、制作简历　/　45

    二、面试须知　/　48

  小结　/　49

本课回顾　/　51

拓展学习　/　51

模块四　企业的第一次会议　/　55

主体学习　/　57

  任务一　企业文化　/　57

    一、企业文化的特征　/　58

    二、企业文化的内涵　/　58

  任务二　确定公司名称的规则　/　59

    一、确定公司名称的基本原则　/　60

    二、确定公司名称的小技巧　/　61

  任务三　确定公司LOGO及口号的规则　/　62

    一、为什么要有公司LOGO和口号　/　63

    二、公司LOGO和口号的设计　/　63

  任务四　公司会议　/　66

    一、会议记录的基本要求　/　66

    二、会议记录的一般格式　/　67

目录

  小结　/　69

 本课回顾　/　71

 拓展学习　/　71

第二篇　**企业注册**　/　75

 模块五　企业核名　/　75

 主体学习　/　77

  任务一　企业核名是什么　/　77

  任务二　企业核名的流程　/　77

   一、自行设计企业名称　/　77

   二、网上核名　/　79

   三、领取并填写《企业名称预先核准申请书》　/　79

   四、受理并核准通过　/　79

   五、查重业务办理　/　79

   六、领取通知书　/　80

  任务三　企业注册的必要材料准备　/　80

   一、租赁办公场所，提供公司的具体经营地址　/　80

   二、完成公司章程　/　81

   三、确定相关领导基本信息及任命书　/　81

   四、确定出资比例和方式　/　81

   五、私章刻制　/　81

  小结　83

 本课回顾　/　85

 拓展学习　/　85

 模块六　申请营业执照　/　109

 主体学习　/　111

  任务一　营业执照是什么　/　111

目录

  任务二 营业执照正本和副本的区别 / 111
  任务三 申请营业执照的流程 / 111
    一、所需材料 / 114
    二、操作步骤 / 114
  任务四 企业公章刻制 / 115
  任务五 补充税务信息 / 116
    一、财务制度备案 / 116
    二、增值税一般纳税人资格认定 / 116
    三、地税局纳税人税种认定 / 117
    四、发票申领 / 117
    五、补录信息 / 117
  小结 / 118

本课回顾 / 120

拓展学习 / 120

模块七 开户 / 141

主体学习 / 143

  任务一 开户是什么 / 143
  任务二 企业为什么要开户 / 143
  任务三 企业可以开设的账户 / 143
    一、基本存款账户 / 143
    二、一般存款账户 / 144
    三、临时存款账户 / 144
    四、专用存款账户 / 144
  任务四 企业办理银行开户的基本步骤 / 144
    一、需要携带的材料 / 144
    二、填写开立银行结算账户申请表 / 145
    三、提交结算账户材料 / 146
    四、办理结算账户开户 / 147

目录

　　　　任务五　企业社保登记　/　148

　　　　　　一、企业社保登记需要准备的材料　/　148

　　　　　　二、社保登记流程　/　149

　　　　小结　/　150

　　本课回顾　/　152

　　拓展学习　/　152

第三篇　企业运营　/　161

模块八　我是大老板　/　161

　　主体学习　/　163

　　　　任务一　CEO 的领导力　/　163

　　　　任务二　CEO 的工作职能　/　164

　　　　　　一、经营业务设计　/　164

　　　　　　二、组织框架设计　/　165

　　　　　　三、对各部门的权限和职责进行设定　/　165

　　　　　　四、重要经营决策　/　166

　　　　小结　/　170

　　本课回顾　/　172

　　拓展学习　/　172

模块九　依法经营　/　187

　　主体学习　/　189

　　　　任务一　什么是法务部　/　189

　　　　　　一、法务部在公司中的角色定位　/　189

　　　　　　二、审慎的工作习惯与工作态度　/　189

　　　　任务二　法务部的工作职能　/　189

　　　　　　一、制定或完善公司相关规章制度　/　189

　　　　　　二、制定或审核企业合同　/　190

目录

      三、企业纠纷处理　/　192

      四、处理公司其他法律事务　/　193

  小结　/　194

本课回顾　/　**196**

拓展学习　/　**196**

模块十　招聘与解雇　/　**201**

主体学习　/　**203**

  任务一　什么是人力资源部　/　203

  任务二　人力资源部的工作职能　/　203

      一、薪资管理　/　203

      二、招聘管理　/　205

      三、档案管理　/　205

      四、岗位培训　/　206

  小结　/　210

本课回顾　/　**212**

拓展学习　/　**212**

模块十一　大内总管　/　**225**

主体学习　/　**227**

  任务一　什么是行政部　/　227

  任务二　行政部的工作职能　/　227

  小结　/　231

本课回顾　/　**233**

拓展学习　/　**233**

模块十二　合理地买！买！买！　/　**237**

主体学习　/　**239**

目录

  任务一 什么是采购部 / 239
  任务二 采购部的工作职能 / 239
    一、供应商管理 / 239
    二、合同管理 / 241
    三、采购管理 / 242
  任务三 采购部员工的能力要求 / 245
  小结 / 246

本课回顾 / 248

拓展学习 / 248

模块十三 不只是车间主任 / 259

主体学习 / 261

  任务一 什么是生产部 / 261
  任务二 生产部的工作职能 / 262
    一、确定产品需求 / 262
    二、制订生产计划 / 263
    三、梳理物料需求并请购 / 264
    四、车间作业管理 / 265
    五、生产设备管理 / 266
  小结 / 268

本课回顾 / 270

拓展学习 / 270

模块十四 智慧地卖！卖！卖！ / 287

主体学习 / 289

  任务一 什么是营销部 / 289
    一、市场部在公司中的角色定位 / 289
    二、销售部在公司中的角色定位 / 289

目录

  任务二 营销部的工作职能 / 289
    一、市场分析 / 289
    二、营销策略 / 291
    三、广告管理 / 292
    四、品牌策略 / 292
    五、定价策略 / 293
    六、销售管理 / 293
  小结 / 294

本课回顾 / 297

拓展学习 / 297

模块十五 不只是仓库管理员 / 315

主体学习 / 317

  任务一 什么是物流仓储部 / 317
  任务二 物流仓储部的工作职能 / 318
    一、仓储管理 / 318
    二、物流配送及运输 / 321
  小结 / 322

本课回顾 / 324

拓展学习 / 324

模块十六 人型计算器 / 341

主体学习 / 343

  任务一 什么是财务部 / 343
  任务二 财务部的工作职能 / 344
    一、应收管理 / 344
    二、应付管理 / 346
    三、成本管理 / 347

目录

    四、固定资产管理　/　348

    五、薪资管理　/　349

    六、借支报销管理　/　350

    七、预算管理　/　350

  小结　/　355

本课回顾　/　357

拓展学习　/　357

模块十七　伪劣产品不放过　/　373

主体学习　/　375

    任务一　什么是质检部　/　375

    任务二　质检部的工作职能　/　376

    一、质量管理　/　376

    二、质量检验　/　378

    三、质量报告　/　378

  小结　/　380

本课回顾　/　382

拓展学习　/　382

模块十八　企业运营好助手　/　389

主体学习　/　391

    任务一　什么是外围机构　/　391

    任务二　外围机构的工作职能　/　392

    一、公安局　/　392

    二、会计师事务所　/　392

    三、商业银行　/　393

    四、税务局　/　394

    五、工商局　/　396

目录

    六、社保局/社保中心 / 397
    七、质量技术监督局 / 398
    八、租赁公司 / 398
    九、供应商公司 / 398
    十、商贸公司 / 399
    十一、其他组织 / 400
  小结 / 403

本课回顾 / 403

拓展学习 / 403

附录　常用企业办公硬件的基本技能 / 453

  一、打印机 / 453
  二、扫描仪 / 456
  三、热熔装订机 / 456
  四、复印机 / 458
  五、刻录光盘 / 459
  六、投影仪 / 459
  七、外接设备 / 460

参考文献 / 462

第一篇 企业成立

模块一 了解企业

"小陈，等会儿来下我办公室。"那天早晨，还在修改方案的小陈突然被董事长叫去了。"你这是什么情况？创业大会上都说了，我们公司已经被确定为股份有限公司，你怎么搞成了有限责任公司？你知道这中间的差别有多大吗？"

——无言以对的小陈

在大学生创业会上，小章的创业计划书因清晰的市场调研和产品分析而被投资者们广泛地关注。但是，当小章被问及如果在国内以公司形式进行直接创业的话，愿意采取有限责任公司形式还是股份有限公司形式时，小章却惭愧地低下了头。因为他太在意创业计划，所以忽略了对创业基本知识的学习。

丽丽高中毕业后就跟着父亲学做生意。但当父亲想让她接手自己用毕生心血经营的公司时，员工们却纷纷反对。大家一致认为，一个不懂管理、不懂公司知识，只知道用自己的父亲打压员工的人是做不了 CEO 的，她可能连公司有几个部门都不知道，更何况是管理呢！

学习要点
- 什么是企业？
- 企业包含的主要部门及其职责。
- 成立企业需要做哪些事情？

实训要点
- 选择新公司需要的企业类型。
- 明晰各部门职责。
- 成立一个新公司。

主体学习

任务一　什么是企业

一、企业的基本概念

企业是指在社会再生产过程中,直接从事生产、流通及服务性经济活动的独立的经济组织。它是一个经济范畴,是一个能动的经济有机体。由劳动力、劳动对象、劳动手段和经济信息四个要素组成。它的活动表现在两个方面:一是满足社会生产和生活需要,二是企业自身的盈利追求。从法律意义上说,企业是依法成立的,具有一定的组织形式,独立从事商品生产经营、服务活动的经济组织。公司是现代企业中最主要、最典型的组织形式。

二、企业的分类

小讨论:你知道有限责任公司和股份有限公司的区别吗?

2014年3月1日实施的新《中华人民共和国公司法》取消了有限责任公司、一人有限责任公司、股份有限公司最低注册资本分别应达3万元、10万元、500万元的限制;不再限制公司设立时股东(发起人)的首次出资比例以及货币出资比例。这让创业者们拥有自己公司的梦想变得触手可及。对于创业者来讲,如何正确地选择企业形式并进行设置变得尤为重要。企业的分类较为复杂,有多种分类情况。企业存在三类基本组织形式:个人独资企业、合伙企业和公司。

1. 个人独资企业

个人独资企业,即由一个自然人投资,财产为投资人个人所有,投资人以其个人财产对企业债务承担无限责任的经营实体。个人独资企业是介于个体工商户和一人制公司之间的组织形态,但相比于个体工商户而言,其在市场上有更好的信誉保障,因为业主对企业的债务负无限责任,当企业的资产不足以清偿其债务时,业主要以其个人财产偿付企业债务。

2. 合伙企业

根据 2006 年修订的《合伙企业法》，在中国境内设立的合伙企业有普通合伙企业和有限合伙企业两种形式。普通合伙企业是指由普通合伙人组成，合伙人对合伙企业的债务承担无限连带责任；有限合伙企业由普通合伙人和有限合伙人组成，其中普通合伙人对合伙企业的债务承担无限连带责任，有限合伙人以其认缴的出资额为限对合伙企业的债务承担责任。合伙企业的设立没有公司制企业的设立那么烦琐，且出资形式也更为多样，可以更好地吸引创业伙伴。比如，管理经验、技术优势、人脉资源、客户订单等都可以作为软性资源投资，而这些软性投资在设立公司制企业时不好评估入股，难以在财务报表中反映，但是在合伙企业里很好解决，只要合伙人之间通过书面合伙协议约定，就没有法律上的障碍。但是，合伙企业的缺点就是普通合伙人承担无限责任，且对外互相承担连带责任。

3. 公司

公司是指依法成立的，以营利为目的的企业法人。根据《中华人民共和公司法》，主要有两种形式，分别是有限责任公司和股份有限公司。

1) 有限责任公司

有限责任公司又称有限公司，是依法设立的，由 50 个以下股东出资设立，每个股东以其所认缴的出资额为限对公司承担责任，按股份比例享受收益，公司以其全部资产对公司的债务承担责任的企业法人。有限责任公司是独立的企业法人，具备法人企业的一系列优点。首先，有限公司具有民事权利能力和民事行为能力，依法独立享有民事权利和承担民事责任；其次，有限公司对外承担民事责任的范围是其所有的全部财产，不会涉及牵连到股东的个人财产；最后，有限公司的股东以其认缴的出资额为限对公司承担责任。

需要特别说明的是，一人有限责任公司也简称"一人公司""独资公司"或"独股公司"，是指由一名股东(自然人或法人)持有公司的全部出资的有限责任公司，组织机构比较简单，不设股东会。

《中华人民共和国公司法》(以下简称《公司法》)规定："一个自然人只能投资设立一个一人有限责任公司。该一人有限责任公司不能投资设立新的一人有限责任公司。一人有限责任公司不设股东会。一人有限责任公司应当在每一会计年度终了时编制财务会计报告，并经会计师事务所审计。一人有限责任公司的股东不能证明公司财产独立于股东自己的财产的，应当对公司债务承担连带责任。"

2) 股份有限公司

股份有限公司是指公司资本为股份所组成的公司，股东以其认购的股份为限对公司承担责任的企业法人。根据我国现行《公司法》的规定，设立股份有限公司，应当有两人以上 200 以下为发起人，其中须有半数以上在中国境内有住所。股份有限公司的股份等额划分，以股票形式由股东持有。这是股份有限公司与有限责任公司的重要区别。由于股份向社会公众募集资本，规模较大，涉及社会公众利益的范围广，因此法律对股份有限公司有更为严格的要求。公开发行股票的股份有限公司和上市公司负有较强的信息披露义务，须定期向社会或股东披露有关信息，如公司经营状况、投资方案、资产负债情况等。

股东代表大会是股份有限公司的最高权力机构，董事会是最高权力机构的常设机构，总经理主持日常的生产经营活动。股份有限公司的所有权收益分散化，经营风险也随之由众多的股东共同分担，并且具有较强的动力机制，众多的股东都从利益上去关心企业资产的运行状况，从而使企业的重大决策趋于优化，使企业发展能够建立在利益机制的基础上。

3) 集团公司

集团公司是为了一定的目的组织起来共同行动的团体公司，是指以资本为主要联结纽带，以母子公司为主体，以集团章程为共同行为规范的，由母公司、子公司、参股公司及其他成员共同组成的企业法人联合体。

《公司法》中并没有"集团公司"一说，但在现实中，我们常常看到某某集团公司，不过是多个公司在业务、流通、生产等方面聚集而成的公司(或者企业)联盟罢了。有的公司进行多元化经营战略，在多个领域均成立了相应的子公司，这样，母子公司之间也会因为这种"血缘"关系组成一个企业集团，颇类似于军队当中的集团军。这些就是我们常说的集团公司的由来。

4. 个体工商户

个体工商户简称"个体户"，是指有经营能力并依照《个体工商户条例》的规定，经工商行政管理部门登记，从事工商业经营的公民。个体户不属于我国目前法律意义上的企业。尽管个体户要履行工商登记手续，但是政府管理当局将个体户作为独立于企业之外的一种特殊经济组织形态来管理与规范。它可以说是最简单的经济形态，其登记简单，没有严格的管理制约，经营和决策灵活，管理成本低；但是难以在市场中得到认同，且以个人和家庭财产承担无限责任。创业初期，创业者可以个体工商户的形态经营，待技术或产品在市场上成熟后，再通过设立公司制企业来发展已有的商业模式。

个体户的投资者与经营者是同一人，即投资设立个体户的自然人；而企业的投资者和经营者可以是不同的人，投资人可以委托或聘用他人来管理个人独资企业事务。企业以自己的名义从事法律活动；而个体户一般以公民个人的名义进行法律活动。企业须建立财务制度，以进行会计核算；而个体户则没有特别严格的要求。

实训环节

请确定将要建立的公司形式，想一想我们是要建立有限公司还是股份公司呢？

(扫二维码，看一看)

任务二 企业包含的主要部门及职责

一、公司高层领导组织机构及主要职责

公司高层管理人员是指对整个公司的管理负有全面责任的人，他们的主要职责是制定公司的总目标、总战略，掌握公司的大政致方针，并评价整个公司的绩效。公司中常见的高层领导职位包括董事长、CEO(Chief Executive Officer，首席执行官)、COO(Chief Operating Officer，首席运营官)、CFO(Chief Finance Officer，首席财务官)、CMO(Chief Marketing Officer，首席营销官)、CTO(Chief Technology Officer，首席技术官)、CIO(Chief Information Officer，首席信息官)等。他们往往会参与公司的重大决策和全盘负责某个部门，兼有参谋和主管双重身份。一个公司较为完整的高层领导组织结构如图1-1所示。

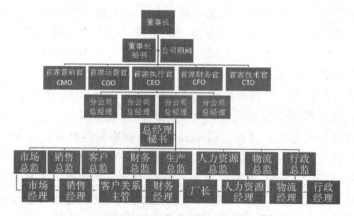

图1-1 公司高层领导组织结构

为了帮助大家更好地认识和了解公司高层领导的主要职责,下面选取图 1-1 中的几个主要职位进行简要介绍。

1. 董事长

直接上司:董事会。

主要工作:公司的法人代表和董事会重大事项的主要决策人。

岗位职责:①主持召开股东大会、董事会议,并负责上述会议的贯彻落实;②召集和主持公司管理委员会议,组织讨论和决定公司的发展规划、经营方针、年度计划及日常经营工作中的重大事项;③检查董事会决议的实施情况,并向董事会提出报告;④提名 CEO 和分公司总经理,以及其他高层管理人员的聘用、报酬、待遇、解聘,并报董事会批准和备案;⑤审查 CEO 提出的各项发展计划及执行结果;⑥定期审阅公司的财务报表和其他重要报表,全盘控制全公司系统的财务状况;⑦签署批准公司招聘的各级管理人员和专业技术人员;⑧签署对外重要经济合同,上报印发的各种重要报表、文件、资料等。

2. 首席执行官(CEO)

直接上司:董事长。

主要工作:最大的行政长官,公司战略的一把手。

岗位职责:①对公司所有重大事务和人事任免进行决策,决策后,权力就下放给具体主管,CEO 对具体事务干预得较少;②营造企业文化,CEO 不仅要制定公司的大政方针,还要营造一种促使员工愿意为公司服务的企业文化;③塑造并推广公司的整体形象,CEO 的另一个重要职责是企业形象推广,面向的对象可能是公司的投资者、现有和潜在的客户、债权人及其他利益相关者,推广的内容包括公司的领导班子、企业文化甚至公司的产品等。

3. 首席运营官(COO)

直接上司:董事长(或 CEO)。

主要工作:辅助 CEO,策划推进公司的业务运营战略、流程与计划,组织协调公司各部门执行、实现公司的运营目标。

岗位职责:①修订及执行公司战略规划及与日常营运相关的制度体系、业务流程;②策划推进及组织协调公司重大运营计划,进行市场发展跟踪和策略调整;③建立规范、高效的运营管理体系并优化完善;④制定公司运营标准并监督实施;⑤制定公司运营指标、年度发展计划,推动并确保营业指标的顺利完成;⑥制订运营中心各部门的战略发展和业务计划,协调各部门的工作,建设和发展优秀的运营队伍等。

4. 首席财务官(CFO)

直接上司：董事长(或 CEO)。

主要工作：全面主持公司财务工作。组织领导公司的财务管理、成本管理、预算管理、会计核算、会计监督、审计监察、存货控制等方面工作，加强公司经济管理，提高经济效益。

岗位职责：①参与制定公司年度总预算和季度预算调整，汇总、审核下级部门上报的月度预算，召集并主持公司月度预算分析与平衡会议；②掌握公司财务状况、经营成果和资金变动情况，及时向总裁和董事长汇报工作情况；③主持制订公司的财务管理、会计核算和会计监督、预算管理、审计监察、库管工作的规章制度和工作程序，经批准后组织实施并监督检查落实情况；④负责审核签署公司预算、财务收支计划、信贷计划、财务报告、会计决算报表，会签涉及财务收支的重大业务计划、经济合同、经济协议等；⑤参与公司投资行为、重要经营活动等方面的决策和方案制订工作，参与重大经济合同或协议的研究、审查，参与重要经济问题的分析和决策；⑥做好财务系统各项行政事务处理工作，提高工作效能，增强团队精神等。

5. 首席营销官(CMO)

直接上司：董事长(或 CEO)。

主要工作：负责在企业中对营销思想进行定位；把握市场机会，制定市场营销战略和实施计划，完成企业的营销目标；协调企业内外部关系，对企业市场营销战略计划的执行进行监督和控制；负责企业营销组织建设与激励工作。

岗位职责：①确定市场营销战略和贯彻战略决策的行动计划并负责企业市场营销战略计划的执行；②完成企业的营销工作，如市场调研、营销战略的制定、参与生产管理、塑造企业形象、渠道管理、促销管理等；③在企业中进行营销思想的定位、指导和贯彻的工作，及时、准确地向企业的各个部门传递市场及企业的要求，做好信息沟通工作；④对企业市场行为进行监督，对市场需求做出快速反应，使市场营销效率最大化等。

6. 首席技术官(CTO)

直接上司：董事长(或 CEO)。

主要工作：全面主持公司研发与技术管理工作，规划公司的技术发展路线与新产品开发，实现公司的技术创新目标。

岗位职责：①组织研究行业最新产品的技术发展方向，主持制订技术发展战略规划，规划公司产品；②管理公司整体核心技术，组织制订和实施重大技术决策和技术方案；③及时了解和监督技术发展战略规划的执行情况；④主持新产品项目所需的设备选型、试制、改进及生产线布局等工作；⑤指导、审核项目总体技术方案，对各项目进行最后的质量评估；⑥与用户进行技术交流，了解用户在技术与业务上的发展要求，并解答用户提出的与产品技术相关的问题；⑦对潜在或具体的项目、用户进行跟踪，管理所在区域内的用户拜访、技术交流、方案制作及合同谈判；⑧制订技术人员的培训计划，组织安排公司相关人员的技术培训。

7. 分公司总经理

直接上司：CEO。

主要工作：制定和实施分公司总体战略与年度经营计划；建立和健全分公司的管理体系与组织结构；主持分公司的日常经营管理工作，实现分公司经营管理目标和发展目标等。

岗位职责：①根据董事会或集团公司提出的战略目标，制定分公司战略，提出分公司的业务规划、经营方针和经营形式，经集团公司或CEO确定后组织实施；②主持分公司的基本团队建设，规范内部管理；③拟订分公司内部管理机构设置方案和基本管理制度；④审定分公司具体规章、奖罚条例，审定公司工资、奖金分配方案，审定经济责任挂钩办法并组织实施；⑤审核签发以分公司名义发出的文件；⑥召集、主持总经理办公会议，检查、督促和协调各部门的工作进展，主持召开行政例会、专题会等会议，总结工作、听取汇报；⑦主持分公司的全面经营管理工作，组织实施董事会决议；⑧向董事会或集团公司提出分公司的更新改造发展规划方案、预算外开支计划等。

实训环节

请熟悉公司的各个部门和基本职能，讨论设计公司的组织结构，为公司的组建做好准备。

实训组队建议

在公司开始经营前应进行分组。在经营阶段，公司通常分为八个部门，即销售部、采购部、生产部、财务部、物流仓储部、质检部、人力资源部及行政部等，每个部门可根据需要设置1~3人，像流程简单的物流仓储部、质检部和人力资源部只需1人即可。公司常规岗位设置如图1-2所示。

在公司经营之前，首先需要确定公司的总经理(或称CEO)和人力资源经理，CEO可通过自荐、选举等形式产生。其后由CEO选定其人力资源经理，并共同商讨进行各部门的岗位竞聘，选出各部门的主管。(相关表格自模块二开始陆续给出。)

所有部门主管及员工必须服从领导的统一指挥，严格执行公司的各项规章制度，认真履行其工作职责。

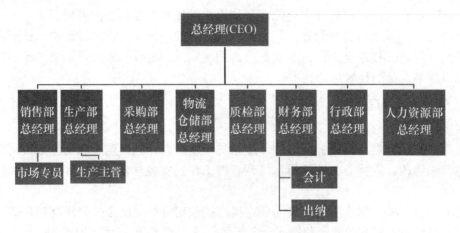

图 1-2　实训公司常规岗位设置

二、公司内部主要部门构成和职责

无论是模拟实训还是真实企业,在运行中都需要各部门的协作与配合,现以业务相对复杂的制造业企业为例,企业会根据经营需要设有销售部、采购部、生产部、财务部、物流仓储部、质检部、人力资源部、行政部等部门。

1. 销售部

(1) 管理权限:受 CEO 委托,行使对公司产品销售过程中的管理权限,承担执行公司规章制度、管理规程及工作指令的义务。

(2) 管理职能:对公司产品价值实现过程中的各销售环节实行管理、监督、协调、服务的专职管理部门,对所承担的工作负责。

(3) 设置岗位:销售总监、销售经理、销售经理助理、大区经理、办事处经理、店面经理、渠道经理、销售代表、销售统计员等。

(4) 岗位职责简介。

(扫二维码,进入销售部岗位职责简介)

2. 采购部

(1) 管理权限：受 CEO 委托，行使对采购、供应的管理权限，并承担执行公司规章制度、管理规程及工作指令的义务。

(2) 管理职能：合理地组织采购，并及时供应生产所需的物资。

(3) 岗位设置：采购部经理、采购专员。

(4) 岗位职责简介。

(扫二维码，进入采购部岗位职责简介)

3. 生产部

(1) 管理权限：受 CEO 委托，行使对产品生产过程中的管理权限，并承担执行公司规章制度、管理规程及工作指令的义务。

(2) 管理职能：合理地组织公司产品生产过程，综合平衡生产能力，科学地制订和执行生产作业计划，加强安全生产教育，积极地开展调度工作，实现以最小的投入获得最大的产出的目的，对所承担的工作负责。

(3) 岗位设置：生产部经理、生产主管、生产工人等。

(4) 岗位职责简介。

(扫二维码，进入生产部岗位职责简介)

4. 财务部

(1) 管理权限：受 CEO 委托，行使对公司财务会计工作全过程的管理权限，并承担执行公司规章制度、管理规程及工作指令的义务。

(2) 管理职能：对公司会计核算管理、财务核算管理、公司经营过程实施财务监督、稽核、审计、检查、协调和指导的专职管理部门，对所承担的工作负责。

(3) 岗位设置：财务经理、财务助理、预算主管、预算专员、财务成本控制主管、应收账款主管、会计主管、资金主管、投资主管、投资分析专员、资本市场分析专员、融资主管、财务分析师、核算专员、税务专员、出纳员、记账员、收银员等。

(4) 岗位职责简介。

(扫二维码，进入财务部岗位职责简介)

5. 物流仓储部

(1) 管理权限：受 CEO 委托，行使对公司仓储工作全过程的管理权限，并承担执行公司规章制度、管理规程及工作指令的义务。

(2) 管理职能：负责各种物资的验收、保管和盘点等工作。

(3) 岗位设置：物流部经理、仓库主管。

(4) 岗位职责简介。

(扫二维码，进入物流仓储部岗位职责简介)

6. 质检部

(1) 管理权限：受 CEO 委托，行使对企业生产产品全过程的质量管理权限，承担执行公司规章制度、管理规程及工作指令的责任和义务。

(2) 管理职能：制定质量工作标准、产品质量检验标准，确定检验与监督管理方式，组织质量管理培训，逐步推进企业生产经营活动全过程的质量管理工作，对所承担的工作负责。

(3) 岗位设置：质检部经理、质检员。

(4) 岗位职责简介。

(扫二维码，进入质检部岗位职责简介)

7. 人力资源部

(1) 管理权限：受 CEO 委托，行使对公司人事、劳动工资管理权限，并承担执行公司规章制度、管理规程及工作指令的义务。

(2) 管理职能：对公司人事工作全过程中的各个环节实行管理、监督、协调、培训、考核评比的专职管理部门，对所承担的工作负责。

(3) 岗位设置：人力资源总监、人力资源经理、人力资源助理、人力资源专员、招聘主管、员工培训与发展主管、培训师、绩效考核主管、薪酬福利主管、员工记录主管。

(4) 岗位职责简介。

(扫二维码，进入人力资源部岗位职责简介)

8. 行政部

(1) 管理权限：受 CEO 委托，行使对公司企管、信息、综合计划、统计工作全过程的管理权限。

(2) 管理职能：对公司企管、信息、计划、统计工作的各个环节实行管理、监督、实施和协调的专职部门，对所承担的工作负责。

(3) 岗位设置：行政总监、行政经理、总经理秘书、行政秘书、总务主管、档案员、前台、行政事务专员、物业主管、法律事务主管等。

(4) 岗位职责简介。

(扫二维码，进入行政部岗位职责简介)

实训环节

CEO 们，请试着和你们的人力资源部主管一起，将各部门的职责明晰出来吧！

(扫二维码，看视频)

| 任务：确定成立企业前的各项事宜 |
| 坐标：CEO |

成立企业需要做的事情很多，请自己来整理一下吧。

工作笔记

如果我想成立自己的企业，需要做哪些事情呢？

小 结

什么是企业？

企业是指在社会再生产过程中，直接从事生产、流通及服务性经济活动的独立的经济组织。

企业的结构是怎样的？

企业一般采用扁平化组织结构，设有销售部、采购部、生产部、财务部、物流仓储部、质检部、人力资源部、行政部等部门。

想要成立一个企业，需要先做什么？

要成立一个企业，首先要发起和募集，接着确定企业的经营范围，然后进行部门划分、人员招聘和岗位分工。

本课回顾

实训流程回顾

掌握企业的基本知识→熟悉企业的分类→规划企业的部门结构与经营范围→准备成立企业。

知识梳理

企业由劳动力、劳动对象、劳动手段和经济信息四个要素组成。它的活动表现在满足社会生产和生活需要以及自身的盈利追求。

公司制企业又包含了国有、私营、全民所有制、集体所有制、股份制、有限责任等。

拓展学习

什么是股东?

股东是股份公司或有限责任公司中持有股份的人,有权出席股东大会并有表决权,也指其他合资经营的工商企业的投资者。

股东作为投资者享有所有者的分享收益、重大决策和选择管理者等权利,能推动经济的发展效果,促进资金的横向融通和经济的横向联系,提高资源配置的总体效益。

股东有权参加(或委托代表参加)股东(大)会并根据出资比例或其他约定行使表决权、议事权。股东有权选举和被选举为董事会成员、监事会成员。

股东的主要分类有哪些?

- 隐名股东与显名股东。
- 个人股东与机构股东。
- 创始股东与一般股东。
- 控股股东与非控股股东。

股东的义务有哪些?

- 遵守法律、行政法规和公司章程。
- 按时足额缴纳出资,不得抽逃出资。

- 不得滥用股东权利损害公司或者其他股东的利益；应当依法承担赔偿责任。
- 不得滥用公司法人独立地位和股东有限责任损害公司债权人的利益。公司股东滥用公司法人独立地位和股东有限责任，逃避债务，严重损害公司债权人利益的，应当对公司债务承担连带责任。

模块二　我要成为CEO

得到了投资者的帮助后准备创立公司，我理所当然要成为公司的CEO。但是，要想成为CEO，我需要做什么？怎么才能胜任CEO的工作？如何才能让我的公司办起来呢？

——陷入沉思的小章

刚从人力资源部升任CEO的王先生不知道如何安排新一天的工作，他甚至会时不时关注人力资源部的发展情况。可这已不是他该管的事了，不是吗？那么一个合格的CEO究竟该不该插手部门中的事呢？

"CEO可没什么事做。其实只要管大方向就好了。"相比其他公司的CEO，李董可是悠闲了很多。"小陈，今天帮我把这个报表搞定。""明天开个会，让部门经理自己解决一下。"似乎所有事情都和CEO无关了。权力越大，事情就越少吗？

学习要点
- 企业CEO的基本职能。
- 如何成为CEO？

实训要点
- 罗列出CEO的日常工作。
- 准备一篇完整的竞聘演讲稿。

主体学习

任务一　企业 CEO 的基本职能

一、什么是 CEO

首席执行官(Chief Executive Officer，CEO)是在一个企业中负责日常经营管理的最高级管理人员，又称作行政总裁(我国香港和东南亚的称呼)或最高执行长(日本的称呼)。在香港，大企业和大集团的 CEO 口头上也被称作"大班"，这是一个带有褒义的尊称，是企业掌舵人的意思。

严格来说，首席执行官是一个不恰当的称呼，它是英语 Chief Executive Officer 逐字逐句的生硬翻译，行政总裁才是 CEO 最恰当的翻译。但由于"首席执行官"这个名词在中国内地已经广泛传开，人们也已经慢慢习惯了这个不恰当的称谓。

二、CEO 的基本职责

概括地说，CEO 向公司的董事会负责，而且往往是董事会的成员之一。CEO 在公司或组织内部拥有最终的执行经营管理决策的权力。在较小的企业中，首席执行官可能同时又是董事会主席和总裁，但在大企业中这些职务往往是由不同的人担任的，避免一个人在企业中扮演过大的角色、拥有过多的权力，同时也可以避免公司本身与公司的股东之间发生利益冲突。

1. 拟定公司战略和目标

CEO 负责对公司的一切重大经营运作事项进行决策，包括对财务、经营方向、业务范围的增减等。作为一名 CEO，几乎要对公司所有的事情负责，特别是在公司的启动阶段，有关公司运作、市场选择、战略规划、财务决策、企业文化的创立、人力资源、雇用、解聘及遵守安全法规、销售、公共关系等，这一切都要落到 CEO 的肩上。CEO 的职责是别人无法替代的，并且有些事情是无法授权给他人的。

2. 创立企业文化

任何工作都要通过人去完成，而人又深受文化的影响。一个极差的工作环境会让一些人才望而却步，而一个好的工作环境能够吸引并留住好的人才。企业文化的构筑可以通过许多方法、途径，但 CEO 要定主基调。他的一举一动都传递着文化的信息，CEO 的穿着可以体现出公司的文化是庄重严肃还是积极活泼；CEO 怎样对待错误能够传递出公司关于承担风险方面的信息；CEO 重视什么、鼓励什么、批评什么的背后都在塑造着企业文化。比如，公司组建了一个项目小组，要在有限的时间内完成某项工作，团队的每个成员周末了都还在加班忙碌着，而当工作完成时，他们的 CEO 正在度假，而且 CEO 也并没有致电团队成员表示慰问。对于 CEO 而言，这可能表明他的私人时间是神圣不可侵犯的，而对于这个项目小组的成员来说，CEO 的做法无疑传递了这样一个信息：相对于他们日日夜夜的奋斗来说，相对于他们努力争取的最后期限来说，CEO 的私人时间更为重要。那么，下一次他们就不会工作得如此卖力了。

3. 团队建设

CEO 要聘用一支高水平的管理队伍带领着全公司向着既定的战略目标前进。CEO 负责雇用、解聘、领导高层管理团队，然后由下面的团队雇用、解聘、领导其余的员工。CEO 必须有权雇用人才和解雇不利的执行者；必须能够解决高层管理团队成员之间的分歧，并使他们为了一个共同的目标同心协力。CEO 通过传达企业将要实现的战略思想来确立工作的方向。如果公司的目标明确，整个团队会凝聚在一起，从而圆满地实现组织目标。在团队建设中，CEO 可以通过他对其他人的一举一动传递出其对团队的重视程度。比如，临时取消了已定的行程去会见质量管理层，这表明其很重视质量问题；当一支团队通过努力成功避免了可能出现的问题时，CEO 没有过分宣扬该团队的挽救能力，这暗示 CEO 认为能够预防和控制问题是必需的。人们总能够从人与人之间的接触中获得一些暗示，CEO 则需要通过这种特征传递团队建设的核心——真诚、信任、公开。

4. 资金分配

公司的所有财务预算都是由 CEO 来决定的。这并不是说 CEO 要负责编制公司内部预算，CEO 更多的是在决定公司的主要财务决策。有些 CEO 认为公司的财务状况和自己并无直接关系，但事实上，CEO 所做的决策会影响公司的财务命运。CEO 要决定是否拨款给可能有利于战略发展的项目，是否立刻将亏损项目或可能对公司战略发展不利的项目停产等。

5. 其他职责

除此以外，CEO 的职责还包括参与董事会的决策，执行董事会的决议；主持公司的日常业务活动；对外签订合同或处理业务；定期向董事会报告业务情况，提交年度报告等。

三、CEO 所需要的基本能力

不同公司的 CEO 尽管性别不同、性格迥异，但在一些基本能力方面总是有相似之处的，具体如下。
(1) 管理者应具有良好的形象。
(2) 管理者应具有良好的威信。
(3) 管理者应具有一定的管理能力。
(4) 管理者应注重依"法"管理。
(5) 管理者应具备解决问题的能力。
(6) 管理好员工是管理者管理的核心工作。
(7) 优秀的管理者一定注重团队建设。
(8) 管理者应与时俱进，开拓创新。
(9) 管理者应视学习为进步的阶梯。
(10) 达成目标是管理素质和能力的最佳体现。

那么，立志成为 CEO 的你，具备了其中的几点呢？

实训环节

请 CEO 们罗列出你们每天需要做的事情。会议、出访、战略、融资、市场、开发、拓展？而你又擅长哪些呢？

任务二　商务人士的基本职场素养

小讨论：一个成功的商务人士应该具备哪些基本的职场素养？

CEO 是商务人员。商务人员的着装、举止和谈吐是个人教养、审美品位的体现，也是企业规范。CEO 不仅需要注意自身在商务场合的言行举止，也需要对公司员工提出一定的职场礼仪要求，以展示公司员工的职场素养，同时也树立公司规范运营的对外形象。

商务人士的基本职场素养体现在商务礼仪、办公室礼仪、职业着装等方面，而对于 CEO 和某些岗位的管理层和员工而言，公开场合的演讲或发言也是展示其基本职场素养的重要部分之一。

小贴士：

案例透视："一口痰事件"

某制药厂濒临倒闭，政府牵手为他们引进德国投资。就在签约之前，德国总裁到该厂视察，由厂长陪同参观车间。就在其间，这位厂长不经意间吐了一口痰，德国总裁看到后，当时就结束了视察，并告知政府领导他已经决定不再签约，理由很简单，这是制药厂，是关系人命的地方，怎能随地吐痰呢？这家工厂本来可以借助外商投资起死回生并且兴旺发展，但是，由于该厂长在社交场合一个不经意的失礼和失误，导致了工厂之后的破产。

一、商务礼仪

1. 问候礼仪

在商务场合常见的问候礼仪包括微笑、点头、招手、握手、鞠躬和拥抱等。

微笑是最基本的商务礼仪。商务场合的微笑应适度、适宜。通常，不露齿的一度微笑和露出4~6颗牙齿的二度微笑是商务场合比较常见的笑容。在商务场合捂嘴笑或者笑得全身发抖都是失礼的。

点头和微笑通常配合使用。在商务场合，女性可以通过较为缓慢的点头和微笑来展示其优雅，但是要注意在面对很多人的时候，不要过于频繁点头，应通过慢慢移动目光来展示你的关注。

招手的使用场合一般是和人群相隔较远距离时，近距离的问候往往采用握手形式。由于握手存在身体碰触，因此应由身份高的人优先决定是否握手；长幼之间一般是长者先伸手；男女之间一般男士根据女士的情况，配合反应；主客之间有所区分，欢迎时主人先伸手表示欢迎，而送行时客人先伸手表示感谢。商务场合的握手禁忌包括：不可以左手握手；不可以交叉握手；不可以戴着墨镜、帽子、手套握手；不可以坐着握手；最好不要隔着物体握手等。握手时要目视对方，面带微笑，礼节性的握手一般控制在三秒钟左右。

由于不同国家对于礼节的习惯存在差异，因此对于鞠躬、拥抱等特殊问候礼仪，采用的基本原则是：别人使用什么样的礼节欢迎你，你就应该用什么样的礼节回礼，如鞠躬的深度、拥抱的形式等。

2. 介绍

商务场合上的介绍一般包括介绍自己和介绍他人。

介绍自己时要注意时长，一般控制在15秒钟左右，要配合眼神的交流和微笑，并按照相对固定的格式进行介绍，比如，我是谁、我来自哪里、我从事何种工作……

介绍他人时通常都带有称呼。称呼可以是职务性称呼(如张总)、职称或者职业性称呼

(如张律师)、性别性称呼(如张小姐)、姓名性称呼(如张姐)等,在介绍不知道姓氏的女性时称呼女士比较稳妥。介绍他人时应注意介绍的顺序,其基本原则是:"地位高"的人有优先知情权。因此,应将下级介绍给上级;将主人介绍给客人;将男士介绍给女士;将后来的人介绍给先来的人;将熟悉的人介绍给生疏的人等。

3. 名片的递送与接收

名片通常使用在初次见面、被别人介绍以及别人向自己递送名片以后。递送名片一般由近及远,或在递送完场合内最尊重的人以后,再按照一定顺序递送。递送的名片一般放在腰部以上的口袋里,递送时上身前倾,字朝对方,通常不应该隔着桌椅递送名片。

接受名片时应立即起立,面向对方,双手接下端,举至齐胸高度,认真拜读,表示感谢,并妥善保管。沟通中名片可放在桌子上,便于沟通称呼。不要用水杯等物品压住对方的名片。

4. 商务拜访与接待

在商务往来中,拜访的一方往往需要提前预约时间和地点,并提前做好拜访准备。比如,准备我方的基本材料、了解对方公司相关信息和关注点、确认接待人员、准备拜访礼品和名片等。拜访的一方到达后,应首先联系前台,确认拜访安排,并在前台的带领下和接待方会面。

接待商务拜访的一方应在预约拜访后,确认己方是否需要安排食宿、来访人员、接待人员、对方行程以及安排会场的布置(如席卡、餐食、媒体设备等),做好迎接准备。

作为接待的一方,迎宾时一般让客户走在右边,如果对方知道目的地可以走在稍后方陪伴,而如果对方不知道目的地,则陪同方应走在前方引导。进出电梯时应让拜访的客人先进先出。商务场合落座的原则是面门为上、远门为上、居中为上和依景为上。

送宾时,接待方的负责人一般应送至出门。送远道且较为尊贵的客人时,应目送车辆起步、客人离开后再离开。处于高层写字楼中的公司可以不送至楼下,而是送出公司门以后,将客人送至电梯口,等电梯下行一层再离开。

实训环节

请根据下列提示完成情景模拟。
(1) 主要参与角色:拜访者、前台、被拜访者、被拜访者的上级主管。
(2) 场景设置:前台在一楼,被拜访者在三楼。拜访者与被拜访者认识,但与被拜访者的上级不认识,需要由被拜访者引荐给上级主管。
(3) 基本要求:应包含介绍、握手、名片递接、落座、送客等基本环节。

(扫二维码，看视频)

二、办公室礼仪

在商务办公场合，需要加以注意的礼仪主要有接打电话礼仪、电子邮件礼仪和传真礼仪等。

1. 接打电话礼仪

在拨打商务电话时首先应注意沟通顺序，常见的沟通顺序为："您好，我是……请问您是……吗？我今天是为了……(目的)，请问您有时间吗？"沟通顺序如果打乱的话可能会造成沟通障碍。比如，在没有做自我介绍的前提下直接询问对方身份，可能会引起对方的反感；仅做了自我介绍而没有确认对方的身份，则有可能造成无效沟通。拨打电话时还应注意时长。商务电话一般要精简概要，如非紧急情况，重要的商务沟通电话一般不在吃饭时间拨打。

2. 电子邮件礼仪

一封格式规范、内容完整的电子邮件能够向对方传递公司规范运营的潜在信号。电子邮件应包括主题、称呼、正文、落款等信息。主题应与邮件内容相关，简明扼要，不要使用"Hi"或者"王经理收"之类的无意义词语作为主题；主题不要太长，否则导致Outlook等客户端只能使用"……"来缩减显示；可以使用大写字母或者"！"等符号来突出主题，但不要随便使用"紧急"等字样。称呼应顶格书写，并带有问候语。俗话说"礼多人不怪"，邮件开头礼貌一些，即便邮件正文有些地方措辞不妥或跟对方观点背离，对方也能相对平静地看待。正文内容要清晰规范。内容不宜太长，如果太长可以用附件代替，但是即使有附件也不能不写正文。电子邮件消息末尾加上签名档是非常必要的。签名档可包括姓名、职务、公司、电话、传真、地址等信息，但信息不宜行数过多，一般不超过 4 行。你只需将一些必要信息放在上面，对方如果需要更详细的信息，自然会与你联系。将自己的座右铭或公司的宣传口号放在签名处有利于宣传，但是要分清收件对象与场合，切记一定要得体。而在处理对内、对私、对熟悉的客户等群体的邮件往来时，签名档应该进行简化，过于正式的签名档会与对方显得疏远。可以设置多个签名档，根据需要灵活调用。最后在发送前，应注意收件人的排序，通常应把职位高的、重要的收件人排在最前面。发送时还要注意发送、抄送和密送的区别。

在回复邮件时，最好把相关问题抄到邮件中并做相应回复，以帮助对方理解答案。回复内容仅有"对""谢谢""已知"是非常失礼的，应有较为完整的回复邮件格式。如果发送邮件后不需要对方回复，可在文尾加上"仅供参考，无须回复"等字样。

3. 传真礼仪

发送传真之前要和对方确认有没有人接收、传真机里有没有纸张等。私人信件和保密文件不适合使用传真发送。感谢信和邀请函通常不使用传真发送，而是送至或寄至对方公司，以示礼貌和诚意。

三、职业着装

商务人员职场着装包括西装套装和工作制服。男士可选择西装套装，女士可选择西装套裙。常规的西装颜色有铁锈灰色和藏青色两种，而黑色是比较常见的工作制服用色。在商务场合中，可以通过正式规范的着装来体现你的郑重其事；同时，选择符合身份的服装，在任何商务场合中都会显得至关重要。

男士在选择西服时应相对合体，不要为了可以在西装内穿更多的衣服而特意选大一号。西装的尺寸以扣上扣子后向外拉开能够塞一个拳头为宜，臂长以露出1~2指宽的袖口为宜。男士只宜穿黑色或深咖啡色皮鞋。黑色的皮鞋可以跟黑色、灰色、藏青色西装搭配，咖啡色的皮鞋与咖啡色西装搭配。白色和灰色的皮鞋，只适宜游乐时穿，不适合正式场合。

女士在商务场合的正式着装为职业套裙，裙长一般在膝盖上下10cm左右。色彩以冷色调为主，体现出典雅、端庄、稳重，套装一般无图案或仅有格子、圆点、条纹类图案，不宜有过多的点缀。鞋以高跟、半高跟黑色牛皮鞋为宜，也可选择与套裙色彩一致的皮鞋。穿裙子应当配长筒袜或连裤袜，颜色以肉色、黑色最为常用，尤其要注意的是，袜口不能露在裙摆或裤脚外边(俗称三截腿)。

无论是男士还是女士，西服套装内都应配有衬衫，衬衫应挺括整洁无褶皱，颜色以单一色为宜。穿着时，衬衫下摆应掖入裤腰或裙腰里，纽扣要一一系好。不可在外人面前直接脱下西服上装，以衬衫示人。

总体而言，商务场合的着装应根据自身的特征，掩饰自己的缺点，但也没有必要过于张扬自己的优点，体现内敛，更容易获得他人的尊重。

四、演讲能力

一名商务人士如果不能成功地当众讲话或发表自己的观点，其基本职场素养也是不完整的。现在，通过专业培训来提高演说能力，越来越受到在职人士的青睐，而即便不通过专业机构培训，只要在演讲前做足充分的准备并在演讲中使用一些小技巧，也能提升自己的演讲能力。

1. 演讲前的准备

在演讲前应该准备讲稿并反复练习。在那些精心准备的 presentation 里，看起来像是自由发挥，其实都是打了腹稿的。排练时应注意控制时间，能脱稿的就脱稿演讲。如果觉得脱稿演讲紧张的话，可以准备一些小尺寸的手卡，将演讲的要点写在手卡上，以防止遗忘。对于一些比较重要的演讲，为谨慎起见，可以多准备几个不同时长的演讲稿，以应对不同的突发事件。

2. 演讲时的小技巧

1) 控制不利情绪

有调查表明，80%的人具有不同程度的临场恐惧症。因此，相信紧张是每一个公开场合演讲的人必经的心理历程。有效地控制这种情绪，可以帮助演讲者顺利完成演讲。为了缓解紧张情绪，可以提前到达会场，熟悉周围的环境。如果是在大会堂或其他大场合演讲，可以先在会场内走动走动，或坐在观众席中感受一下，以便更好地把握观众的感受。著名演说家戴尔·卡耐基曾说过："不要怕推销自己。只要你认为自己有才华，你就应该认为自己有资格担任这个或那个职务。"当你充满自信时，你站在演讲台上，面对众人，就会从容不迫，就会以最好的心态来展示你自己。当然，自信必须建立在丰富的知识和经验的基础上。

2) 吸引人的开头

好的开始就成功了一半。这句话同样也适用于演讲中。千万不要用道歉作为一个演讲的开头，例如"今天耽误大家的宝贵时间了""很抱歉占用大家的时间来介绍一下我们的公司"，这样的开头只会让受众对演讲主题的期望值大打折扣。演讲最好是在开口的瞬间就能引起受众的兴趣，并坚持听完你的整场演讲。比如，用震惊人的事件或相关的事实、有趣的名人逸事，或者名人名言开头。不管用什么开头，一定要与你的主题有关，而且不单单只是娱乐一下大众而已。

3) 吐字清晰

即使演讲内容准备得很充分，但如果演讲者讲得太轻、太快或口齿不清的话，受众则很难抓住重点所在，也就很难集中精神听到最后。因此，演讲者要做到口齿清晰，语速慢，语音响亮，确保每个人都能听到。每句话之间稍作停顿，尽量少出现"嗯""啊"之类的语气词。但是也要注意，完全不用"嗯""啊"之类的语气词，有时会让演讲显得刻板、刻意。因此，某些演讲者会适度使用一些语气词来使演讲听起来更自然，只是这些语气词的使用也都是准备阶段特意安排好的。

实训环节

有志于成为 CEO 的候选人们，请完成你们的演讲稿(见实训表单 2-1)，准备好面对全体公司员工了吗？本书中所有实训表单均设计为可裁剪形式，学生可根据需要裁下使用并作为作业提交，后期经营中需要重复使用相同实训表单时，可将同组全部实训表单统一裁剪后归并使用。

实训指导：

有意竞选 CEO 的学生可填写竞选演讲表格，并在公开场合进行 3~5 分钟的演讲，如参选学生较多，可以采用差额选举的形式选定。其余学生将根据 CEO 的表现，决定自己未来加入哪家公司完成实训活动。

工作笔记

在演讲技巧上，我还有以下不足之处值得改进。

_____

_____

_____

_____

_____

_____

_____

小讨论：除了在工作技能方面，还有哪些方面是一个 CEO 必须要具备的？

小　结

什么是 CEO？

首席执行官(Chief Executive Officer，CEO)是在一个企业中负责日常经营管理的最高级管理人员。

如何成为 CEO？

CEO 是企业的最高级管理人员。想要成为 CEO 必须要有良好的形象(如穿着、言谈、举止)以及个人能力(如管理能力、演讲能力、处事态度等)。

首席执行官（CEO）是在一个企业中负责日常经营管理的最高级管理人员，又称作行政总裁。

CEO负责对公司的一切重大经营运作事项进行决策，包括对财务、经营方向、业务范围的增减等。

CEO应具备丰富的管理业务知识、良好的举止谈吐，以及竞聘演讲能力等。

所以快去准备你的演讲稿吧！

本课回顾

实训流程回顾

了解 CEO 是做什么的→了解 CEO 需要具备的条件和个人能力→了解 CEO 的日常管理工作→准备竞选 CEO 的演讲稿→竞选 CEO。

知识梳理

首席执行官(Chief Executive Officer，CEO)是在一个企业中负责日常经营管理的最高级管理人员，又称作行政总裁。

CEO 负责对公司的一切重大经营运作事项进行决策，包括对财务、经营方向、业务范围的增减等。

CEO 应具备丰富的管理业务知识、良好的举止谈吐，以及竞聘演讲能力等。

拓展学习

优秀企业家案例

(扫二维码，看一看)

快乐工作的秘诀

A——(action)行动

当发现问题时问问自己可以做些什么、有什么选择，可以主动和老板沟通发生了什么问题，应该如何解决等。A 计划永远是优先的策略，也是改变问题的根本方法，其他都是辅助型的做法。

B——(belief)调整观念

如果你已经努力了，A 计划仍无法解决，应该考虑调整自己的主观心态。也许是你的战略不对，而不是努力得不够。

C——(catharsis)疏导

可以通过找朋友聊天或其他渠道，把情绪抒发出来，坏情绪最好能得到疏导。

D——(distraction)散心

你的一些兴趣、爱好，能够让你暂时转移注意力。

E——(existentialism)发现意义

好好问问自己，到底想要什么？这个工作对自己还有没有意义？如果找不到意义的所在，考虑换换工作吧。

F——(fitness)健康

保持健康的身体，因为所有的心理健康其实都要以身体健康为基础。

竞聘演讲稿的准备

竞聘演讲稿是竞聘者在竞聘演讲之前写成的准备用作口头发表的文稿。竞聘演讲的目的，就是要使听众对演讲者有充分的了解和认识，从而鉴别其是否能胜任该职位。演讲稿的撰写，是竞聘上岗演讲时一个不可忽视的重要环节，值得每一位竞聘者注意。

1) 竞聘演讲稿的开头方法

竞聘演讲的时间是有限制的，因此精彩而有力的开头显得非常重要。有经验的竞聘者常用下面的方法来开头。

用诚挚的心情表达自己的谢意，这种方法能使竞聘者和听众产生心理相融的效果。例如，"非常感谢各位领导、同志们给了我这次竞聘的机会。"

竞聘演讲要简要介绍自己的有关情况，如姓名、学历、职务、经历等，然后概述竞聘演讲的主要内容。这种方法能使评选者一开始就明了演讲者演讲的主旨。例如，"我今天的演讲内容主要分两部分：一是我竞聘人事主管的优势；二是谈谈做好人事主管工作的思路和创新点。"

2) 竞聘演讲稿的主体内容

竞聘演讲的目的，就是要把自己介绍给评选者，让评选者了解你的基本情况，了解你对竞聘岗位的认识和当选后的打算。因此，竞聘演讲的主体内容应该包括以下两个方面的内容。

(1) 介绍自己竞聘的基本条件。所谓基本条件，就是政治素质、业务能力和工作态度等。这一部分实际上是要说明为什么要竞聘，凭什么竞聘的问题。竞聘者在介绍自己的情况时，一定要有针对性，即针对竞聘的岗位来介绍自己的学历、经历、政治素质、业务能力、已有的政绩等，并非要面面俱到，而应根据竞聘职务的职能情况有所取舍。

(2) 简要介绍自身的不足之处。竞聘者在介绍自己竞聘的基本条件时，要尽可能地展示自己的长处，但不是让你对自身的不足之处闭口不言。人贵有自知之明。对自身不足的分析可以展示自身谦逊的一面。但在谈及缺点的时候要概括集中，不要出现过多的缺点描述，过多的自我否定，明明是谦虚，也会影响评选者的判断。谈及缺点时，除了说明现已清醒地认识到了不足，要特别着重表明有改变缺点的信心和方法。在对自己的评价中，不要泛泛而谈，最好用事实说明问题。

3) 竞聘演讲稿的写作要求

(1) 气势要先声夺人。竞聘演讲的一个重要特征就是具有竞争性，而竞争的实质，是争取听众的响应和支持。要做到这一点的有效方法之一，就是要有气势，"气盛宜言"。这气势不是霸气，不是娇气，不是傲气，而是浩然正气。有了渊博的才识、正大的精神以及对党的事业和人民的深厚感情，就不难找到恰当的语言表达形式。

(2) 态度要真诚老实。竞聘演讲其实就是"毛遂自荐"。自荐，当然应该将自己优良的方面展示出来，让他人了解自己。但要注意的是，在"展示"时，态度要真诚老实，有一分能耐说一分能耐，不能为了自荐成功而说大话、说谎话。

(3) 语言要简练有力。老舍先生说："简练就是话说得少，而意包含得多。"竞聘演讲虽是宣传自己的好时机，但也决不可"长篇累牍"。应该用简练有力的语言把自己的思想表达出来。

实训表单 2-1 CEO 竞选演讲稿

CEO 竞选演讲稿

竞聘公司		姓　名	
院　系		专　业	
学　号		班　级	
内　容			
自我介绍			
竞选优势			

续表

拟竞选成功，如何带领企业经营和发展	

模块三 We need you!——人才招聘

来到招聘会,小王将精心制作、激光打印的一摞厚厚的简历虔诚地递上,没想到对方的一句话却将他打入谷底:"对不起,我们要的是简历,不是笔记本!"

——铩羽而归的小王

小王是一个学习十分优秀的学生,所以投递简历后往往会收到面试通知,对于面试,他有些不以为然,觉得面试官要看的就是他平时的状态,所以面试前一般不做准备,只是一次次的面试失败让他有些灰心,你能帮他分析一下为何他面试总是被拒吗?

小李是某公司人力资源部的职员,这次上级让他去人才招聘会帮助公司招人。他在了解公司职位空缺后,制作了一份只写着公司名称和空缺职位的海报去了招聘会,结果到他这里投简历的人却没有几个,这是为什么呢?

学习要点
- 什么是招聘?
- 一场招聘的诞生。
- 招聘技巧。
- 应聘技巧。

实训要点
招聘:
- CEO雇用人力资源部门主管。
- 企业绘制招聘海报。
- 现场面试招聘。

应聘:
- 填写应聘登记表。
- 现场面试应聘。

主体学习

任务一　什么是招聘

　　招聘是企业运营过程中必不可少的一件事,因为企业或各个岗位正常替补流动人员会引起职位空缺。所以,为了弥补企业人力资源的不足,企业就需要从社会引入合适人才进行填补。这个行为就是招聘。

　　可以说,企业招聘的成功与否间接地决定着企业未来的发展情况。

> 任务：招聘公司需要的人才
> 坐标：人力资源部
> 相关：人力需求部门

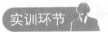 实训环节

CEO们,请雇用你们的人力资源部门主管,协助你们一起展开招聘工作!

工作笔记

什么是"公司需要的人才"?

如果我是CEO,我会基于什么标准雇用公司的人力资源部门主管?

_____

_____

_____

_____

任务二　一场招聘的诞生

企业招聘的步骤如下。

1. 明晰招聘需求，制订招聘计划

首先，需要诊断人力需求，这个步骤可以由公司统一进行人力资源规划或由各部门根据长期或短期的实际工作需要，提出人力需求。

然后由人力需求部门填写"人员需求计划表"，再交人力资源部审核。

人力资源部再根据计划表制订招聘计划，内容包括：录用人数以及达到规定录用率所需要的人员；从候选人应聘到雇用之间的时间间隔；录用基准及录用来源等。

实训环节

> CEO 们，请试着和你们的人力资源部门主管一起，将你们对于人才的需求，明晰出来吧！

2. 确定招聘方式，展开招聘

确定了岗位空缺及用人需求后，就可以着手确定招聘方式了，可以通过现场招聘会，也可以委托职业中介机构，还可以进行网上招聘等。

工作笔记

我找到了这些招聘渠道：

_____

_____

_____

_____

_____

3. 面试选拔，选定人才

接下来，人力资源部要按岗位需求筛选简历。简历初选完成后，人力资源部门就可以安排面试了。面试轮数根据公司情况和人才需求情况而异。面试结束后，合适的人才将会被招募进入公司就职。

如果面试阶段候选者"全军覆没"，那么将要再次重启整个招聘过程。

任务三　招聘技巧

一、制作吸睛且有号召力的招聘海报

不同的形式所要求的招聘广告也不相同，现在我们以现场招聘会所用的招聘海报为例，详细了解一下如何制作一份合格的招聘海报。

常规的招聘海报通常由以下这些元素组成：公司名称、广告软文、招聘职位及要求、工作地址、联系人及其电话，此外，还可以加上薪酬待遇等内容，如图 3-1 所示。

图 3-1　招聘海报模板

当然，优秀的海报设计并不局限于以上内容，还会加入许多艺术效果在其中。

实训环节

一起来绘制我们的招聘海报吧！Let's do it!

实训指导：

本环节考察 CEO 和人力资源部的配合能力。在公司发起成立阶段，仅有 CEO 和其选定的人力资源主管。其余公司员工均需要通过集中招聘产生。招聘海报的设计和招聘组织的成功与否将展示出 CEO 所创建的公司的吸引力及其与 HR 的配合能力。

二、面试安排要点

为了保证面试招聘一次成功,避免资源和时间上的浪费,企业方在面试时有以下几个需注意的要点。

(1) 面试人员的安排应合理。不要外行面试内行,低岗位面试高岗位。

(2) 面试的提问应该合理,涉及隐私的问题尽量不要问。

(3) 要通过多种渠道通知应聘者面试。现在的技术手段和网络工具方便快捷,一个短信群发就搞定通知工作,但事实是不少人并未收到,或者未加在意。面试安排建议通过邮件、短信、QQ 等多种渠道发出。

群发通知后,最好电话确认求职者是否收到面试短信,并了解其是否能按时参加面试等。如果电话关机或停机,还可发邮件至其邮箱。

此外,企业应端正一个心态,即就业是双向选择,因此,虽然用人单位处在相对主动地位,但对求职者也需要尊重。多一份尊重就会换来更多信任,也会吸引更多人才加盟。

实训环节

各位人力资源主管,请为你们的公司安排一场成功的现场面试会,以选定你们需要的人才!

实训指导:

公司拟招聘的人员应根据岗位需要确定,具体可以参考模块一 认识企业中的公司组织结构部分,也可以通过第三篇的相关内容进行深入了解。

工作笔记

基于我对招聘的理解,怎样的求职者会更容易被录取呢?

_____

_____

_____

_____

企业成立 第一篇

 小讨论：和同学们一起分享一下你的应聘经历吧！

任务四 应聘技巧

在了解了招聘的程序之后，我们可以看到，投递简历和进行面试在应聘中是十分重要的两个环节。

一、制作简历

一份合格的简历(见图3-2)一般包括以下信息。

首先是基本信息，例如，姓名、性别、年龄、通信方式等。虽然简历要求简洁明了，但在个人基本信息方面不要省略。除上述基本信息以外，学历、毕业院校、电话、其他各种联系方式(如通信地址与电子邮箱)、政治面貌、照片、籍贯等都属于基本信息，这些有助于招聘企业了解你的基本情况。但有些不必要的信息可以不写，以免个人重要信息泄露，如身份证号码。制作好简历后自己先认真看看，避免出现错别字等常识性错误。

其次，还要写上你所要应聘的岗位。一定要在显要位置表明你的求职意向，如果招聘单位有多个岗位都适合你，别贪心，只填写一个即可。

再次，还有能力信息，如计算机水平、英语水平等。

图3-2 简历示例

另外，关于工作经验或教育经历，建议按时间顺序对所拥有的工作经验进行梳理，教育背景重点需要突出在本科、研究生时的时间、专业及学历学位，如有必要可注明部分主要课程。如果有工作经历或者实习经历，请有序地描述，要采用事件(项)、过程、数据等表达，这个是比较被看重的。至于奖励荣誉类的，简单陈列一些重要的就好，别把简历搞成荣誉展览馆。

简历的书写还有一些技巧，具体如下。

1．主次分明，重点突出

不要把简历弄成一碗粥，以填满所有的内容为好。如果自己看着费劲别人看着就更费劲了。太长的简历往往让招聘方抓不住重点。对于光辉事迹要有所取舍，归类划分，做到有重点有层次。简历的核心信息以一页为宜。

2．使用描述性语言

切忌使用修饰性、形容性的华丽辞藻。

3．不要过于信赖网站上的简历模板

网站提供的模板版块内容大多非常丰富、全面，但很多版块不一定适合你，简历不在于模板是否漂亮，关键是里面内容的质量。简洁易看的就是好模板。

4．实事求是，有所升华，不要谦虚

简历要突出自己的实际，千万别把自己美化成万能，能凸显自身特点就好。当然，有必要在一定事实的基础上加以提炼升华，还是那句话，要自信，不需要谦虚的时候千万别谦虚。

5．备好两种简历

一份简单些、内容清晰明了的简历(单页或不超过两页)，一份复杂些、有厚度的简历(全面的)。海投简历时就用那种最简单的；而当有目的地投递时要做特别准备，根据应聘岗位的不同，内容也应略作修改，要与所应聘的工作岗位相匹配。如果你的简历描述与所应聘的岗位风马牛不相及，那跟没投一样。

6．不要写薪资要求

虽然公司的招聘需求上可能会要求你写上薪资要求，但若写的薪资和公司的心理预期差别较大时，可能会断送面试的机会，因此不建议写上薪资要求。

7．要讲究简历与应聘岗位的匹配度

可以将应聘单位的一些要素(如标志、信条、企业文化等)嵌入简历中，这样才能凸显你的简历。

8．求职信可不写

如时没特殊需要就不用写求职信了，招聘的人没那么多时间看。

小贴士：

简历上要写的内容应该是对你将要应聘的岗位有所助益的，比如应聘公司文员的情况下，在技能方面写上舞蹈六级水平则是毫无助益的。

实训环节

请制作一份你自己的简历，并在现场招聘会上找到你想应聘的岗位，填写应聘登记表(见实训表单 3-1)。

实训说明：

根据实训需要，应聘的学生可自行准备简历，也可直接使用实训表单 3-1 的应聘登记表。本表格为招聘公司准备，具有简历的基本功能。

工作笔记

重新审视自己以前制作的简历，针对这次想要申请的工作，检查一下有什么需要修改的地方吗？针对岗位的描述，该增加什么内容？又该减少哪些内容？

_____

_____

_____

_____

_____

_____

_____

二、面试须知

　　面试是应聘环节中最重要的一个环节,影响着用人单位对你的第一印象,直接关系到你是否会被录用。因此,在面试中,我们要注意以下要点。

　　首先,仪表要整洁大方。一般来说,服饰要给人以整洁、大方得体的感觉,穿着应以保守、庄重一点为好,不要追求时髦,浓妆艳抹。

　　其次,要注意面试时间。面试时,千万不能迟到,而且最好能够提前十分钟到达面试地点,以有充分的时间调整好自己紧张的情绪,也表示求职的诚意。

　　再次,应聘时的礼貌也非常重要,能够给面试官留下好印象,增加自己被录取的可能性。例如,进门时应主动打招呼,对方请你坐下时应说声"谢谢"等,这些都是在面试时需要注意的礼仪。

　　最后,也是最重要的,谈吐要沉着冷静,回答问题要条理清晰。建议在应聘前对所应聘公司有所了解,对可能被问到的问题做好准备,这样会非常有助于你面试成功。

　　做到以上几点,距离用人单位聘用你也就不远了。

(扫二维码,看视频)

小讨论:看完以上案例之后,说一说面试需要注意的事项有哪些?与同学进行讨论,看看有没有自己遗漏的细节,然后把讨论成果写在下面。

_____

_____

_____

_____

小 结

工作是怎么回事？

通过这一模块的学习，你明白招聘到底是怎么回事了吗？写下你所理解的招聘工作到底在做些什么？

我要做哪些准备？

通过这一模块的学习，你对招聘工作是否产生了兴趣？评估一下自身，如果以后想要做招聘专员，你能胜任的地方在哪儿？需要努力的地方又在哪儿？

入职后我要怎么做好这份工作？

如果你已经成为一名招聘专员，你觉得怎样可以把这份工作做得更出色？

招聘，在公司中属于人力资源管理部门方面的工作。

招聘时，首先要了解企业内的职位空缺，然后制作广告、筛选简历、面试、进行选拔，以找出企业需要的员工。

应聘者在应聘前，要确定自己的应聘方向，然后制作简历，在初选通过后，再准备面试。

说了这么多……快来应聘啊！你在等个啥！

本课回顾

实训流程回顾

招聘方：CEO 雇用人力资源部门主管→企业绘制招聘海报→现场面试招聘。

应聘方：填写应聘登记表→现场面试应聘。

应聘失败的同学进入外围机构任职。

知识梳理

招聘，在公司中属于人力资源管理部门方面的工作。

招聘时，首先要了解企业内的职位空缺，然后根据职位需求制作招聘广告，在收集简历、初步筛选后，就可以对应聘者进行面试了，然后通过面试进行选拔，以找出企业需要的员工。

应聘者在应聘前，要确定自己的应聘方向，然后制作简历，突出自己与所应聘职位有关的技能及经历。在初选通过后，就要准备面试了，面试前对所应聘公司要有所了解，对可能被问到的问题应做好准备，且面试时要注意仪表和礼貌。

拓展学习

企业如何与应聘者进行电话沟通

如果是通过电话和应聘者进行初步沟通，那么，要注意以下要点。

(1) 招聘官要始终体现出对候选人的重视和尊重。必要时以专业的态度帮助他们分析个人职业发展前景，帮助他们树立职业目标，让目标候选人感到接到这样一个电话对于自己是一种收获，并对招聘官产生认可，从而极大地提高公司对于人才的吸引力。

(2) 提高电话沟通的成功率。一次电话邀约沟通可能会占用 10 分钟甚至更长时间，但招聘官的职业及专业性会给目标人才留下深刻印象，从而大大提高面试成功的概率，比简单、直接通知对方来面试效果会好得多。

(3) 专业人才面前要善于求教，放低姿态。应聘者如果是行业专业人士，那么应聘者极有可能是会高于人力资源部的招聘官的，因此在电话沟通中，涉及专业问题时，一定抱着请教的态度，这会让对方在获得满足感的同时感受到被重视和被认可。

面试时经常被提及的问题及回答思路

问题：对这项工作，你有哪些可预见的困难？

回答思路：

(1) 不宜直接说出具体的困难，否则可能会令对方怀疑应聘者能力不足。

(2) 可以尝试迂回战术，说出应聘者对困难所持的态度，例如，"工作中遇到一些困难是正常的，也是在所难免的，但是只要有坚韧不拔的毅力、良好的合作精神以及事前周密而充分的准备，任何困难都是可以克服的。"

问题：如果我录用你，你将怎样开展工作？

回答思路：

(1) 如果应聘者对于应聘的职位缺乏足够的了解，最好不要直接说出自己开展工作的具体办法。

(2) 可以尝试采用迂回战术来回答，如："首先听取领导的指示和要求，然后就有关情况进行了解和熟悉，接下来，制订一份近期的工作计划并报领导批准，最后根据计划开展工作。"

问题：与上级意见不一致时，你将怎么办？

回答思路：

(1) 一般可以这样回答："我会给上级以必要的解释和提醒，在这种情况下，我会服从上级的意见。"

(2) 如果面试你的是总经理，而你所应聘的职位另有一位经理，且这位经理当时不在场，可以这样回答："对于非原则性问题，我会服从上级的意见，而对于涉及公司利益的重大问题，我希望能向更高层领导反映。"

实训表单 3-1　应聘登记表

<h2 style="text-align:center">应聘登记表</h2>

姓　　名		性　　别	(　)男　(　)女
出生日期		籍　　贯	
学　　历		毕业院校	
联系方式		电子邮箱	
现居城市		通信地址	
求职意向			
期望工作性质		期望工作地点	
期望从事职业		期望从事行业	
期望月薪			
自我评价			

模块四　企业的第一次会议

——公司名称、LOGO、口号及海报制作

"尊敬的各位股东大家好，董事长××先生好！"这是我在公司成立的第一天的会议讲稿，今天我正面对股东，尽我所能扮演着 CEO 的角色。"我们先讨论公司的情况、资质，然后分析一下产品和整个市场的情况以及未来的打算，最后确定公司的 LOGO 和名称。"

——有模有样的小章

小刘是某公司的新人，他之所以选择加入新公司，是因为他想和公司一起努力，并且让自己获得更多的发展空间。不过，最近的一件事情让他很烦恼，那就是设计公司的 LOGO。虽然之前做过很多海报，但是公司 LOGO 可是一件很庄严的事情，他该怎么着手呢？

小李是某公司的主管，这次新公司让他组织一次会议，需要在会议上确定公司 LOGO 和口号事宜。这下让小李犯了难，他应该准备什么？应该从哪里着手开始做呢？

学习要点
- 企业文化。
- 为什么要有公司 LOGO 及口号？
- 确定公司名称的规则。

实训要点
- 设立符合自己企业文化的标语。
- 设立符合自己企业文化的口号。
- 设立符合自己企业文化的公司名称。

主体学习

任务一　企业文化

在学习企业文化之前，让我们先来看一下IBM的案例吧。

小托马斯·沃森在1956年任IBM公司的总裁，老沃森所规定的"行为准则"被小沃森由总裁告知至收发室，没有一个人不知晓，例如：

- 必须尊重个人。
- 必须尽可能给予顾客最好的服务。
- 必须追求优异的工作表现。

这些准则一直牢记在公司每个员工的心中，任何一个行动及政策都直接受到这三条准则的影响。"沃森哲学"对公司的成功所贡献的力量，比技术革新、市场销售技巧，或庞大财力所贡献的力量更大。在企业运营中，任何处于主管职位的人必须彻底明白"公司原则"。他们必须向下属说明，而且要一再重复，直至使员工知道，"原则"是多么重要。IBM公司在会议中、内部刊物中、备忘录中、集会中所规定的事项，或在私人谈话中都可以发现"公司哲学"贯彻其中。如果IBM公司的主管人员不能在其言行中身体力行，那么这一堆信念都将成为空口说白话。主管人员需要勤于力行，才能有所成效。全体员工都知道，不仅是公司的成功，即使是个人的成功，也一样都是取决于员工对沃森原则的遵循。若要全体员工一致对你产生信任，是需要很长时间才能做到的，但是一旦你做到了这一点，你所经营的企业在任何方面都将受益无穷，这就是所谓的企业文化。

当海尔还是一家小冰箱厂时，张瑞敏因为质量问题，砸了一批质量不合格的冰箱。当时，整个家电市场处于供不应求的短缺状态，直接砸冰箱而不是返厂维修，显得那么不近乎人情，似乎也没有道理。然而，冰箱确实砸了，不但砸了，而且还砸得满城风雨，砸得沸沸扬扬，砸上了媒体，砸进了每个海尔人的心里，也砸出了消费者对海尔的信赖，这也是一种企业文化。

史蒂夫·乔布斯一向主打以用户个人化引导产品和服务，以员工个人化来塑造公司文化和创新能力，以自身个人化获得自由和惬意的人生。他所掌控的Pixar公司最著名的企业文化就是"以下犯上"，娱乐和自由的工作环境，我行我素、稀奇古怪的员工，随时随地随便提出的新主意，都构成了一种职业文化中的高度个人化的元素。"什么中层、部门、领导，这些词我们统统没有，这就是我们独一无二的地方。"这是Pixar员工的描述。虽然另类了些，但这也是一种企业文化。

小讨论：企业文化的特征反映的是不是公司的一种特质？比如坚韧、负责、更好的客户服务等。

一、企业文化的特征

1．独特性

企业文化具有鲜明的个性和特色，具有相对独立性，每个企业都有独特的文化淀积，这是由企业的生产经营管理特色、企业传统、企业目标、企业员工素质以及内外环境不同所决定的。

2．继承性

企业在一定的时空条件下产生、生存和发展，因此企业文化是历史的产物。企业文化的继承性体现在三个方面：一是继承优秀的民族文化精华；二是继承企业的文化传统；三是继承外来的企业文化实践和研究成果。

3．相融性

企业文化的相融性体现在它与企业环境的协调和适应性方面。企业文化反映了时代精神，它必然要与企业的经济环境、政治环境、文化环境以及社区环境相融合。

4．人本性

企业文化是一种以人为本的文化，其最本质的内容就是强调人的理想、道德、价值观、行为规范在企业管理中的核心作用，强调在企业管理中要理解人、尊重人、关心人。注重人的全面发展，用愿景鼓舞人，用精神凝聚人，用机制激励人，用环境培育人。

5．整体性

企业文化是一个有机的统一整体，人的发展和企业的发展密不可分，引导企业员工把个人奋斗目标融入企业发展的整体目标之中，追求企业的整体优势和整体意志的实现。

二、企业文化的内涵

1．经营哲学

一个企业在激烈的市场竞争环境中，面临各种矛盾和多种选择，因此要求企业有一个科学的方法论来指导，有一套逻辑思维的程序来决定自己的行为，这就是经营哲学。例如，日本松下公司"讲求经济效益，重视生存的意志，事事谋求生存和发展"，这就是它的战略决策哲学。

2．团体即组织

团体意识是指组织成员的集体观念。有了团体意识就会为实现企业的目标而努力奋斗，自觉地克服与实现企业目标不一致的行为。

3．企业使命

所谓企业使命，是指企业在社会经济发展中所应担当的角色和责任。

4．企业道德

企业道德与法律规范和制度规范不同，其更广泛的适应性，是约束企业和职工行为的重要手段。中国老字号同仁堂药店之所以三百多年长盛不衰，在于它把中华民族优秀的传统美德融入企业的生产经营过程之中，形成了具有行业特色的职业道德，即"济世养身、精益求精、童叟无欺、一视同仁"。

实训环节

CEO们，请在集思广益的基础上讨论决定自己的企业文化吧。

实训指导：

关于企业文化设计的理论指导，请参考本模块最后的拓展学习部分。

(扫二维码，看视频)

任务二　确定公司名称的规则

任务：为新公司起个响亮的名字

坐标：CEO办公室

商务流程综合实训教程

一、确定公司名称的基本原则

1. 合法性

给公司起名后需要经过工商注册机构审核,每个企业只能有一个名称,而且在起名方面还有许多具体的规定。在我国,有关公司名称的法律规定主要包括在《中华人民共和国公司法》(2014)、《中华人民共和国公司登记管理条例》(2016年修正)、《企业名称登记管理规定》(2012年修正)三个法律文件中。

公司名称的设计具体可以参考《企业名称登记管理规定》的各项要求。一般情况下,企业名称应当是下列形式:企业行政区划+字号(或者商号)+行业或者经营特点+组织形式。行政区划是指县以上行政区划的名称,企业名称在冠以行政区划名称时可以省略"省""市""县"等字。字号是构成企业名称的核心要素,应当由两个或两个以上的汉字组成。例如,西安纳学电子科技有限责任公司。"西安"是行政区划,"纳学"是字号,"电子科技"是行业,"有限责任公司"是组织形式。

需要注意的是,"中国""中华""国际"等字样需要符合相应规定的企业方可使用,而汉语拼音字母(外文名称中使用的除外)、数字等不应出现在公司名称中。合法性是公司起名的首要条件,虽然有工商注册机构加以审核,一般不会出问题,但也要引起重视。

2. 品牌唯一性

新成立的公司一般没有什么品牌,但是,一旦企业发展起来,可能很快就创立出自己的品牌地位。对于公司的品牌,需要注意以下两点。

一是新成立的公司名称不要与现有的公司名称或市场品牌重音或近形。这是因为一旦陷入侵权纠纷,不仅浪费大量的人力和资金投入,还有可能在诉讼失败的情况下白为别人作了宣传。

二是要注意维护公司品牌的唯一性。新成立的公司品牌一旦打响,有可能会在不同的领域被其他公司抢占先机。信息如果不具有独特性、唯一性,就很容易被他人获得打擦边球的机会,这个在国际市场上非常常见。公司要将发展目光放得长远,不要仅仅局限于目前的经营领域,要积极地在各领域维护公司品牌的唯一性。

3. 取名和发音要树立全球意识

为了拓展公司的海外业务,在拟定公司中文名称的时候,可以同时确定公司的英文名称。英文名称可以采用拼音、缩写、甚至组合创造,但应和中文名称保持一致。采用拼音命名的方式在中、日、韩企业中比较常见,而采取字母缩写作为英文名称的中国企业较少,但是韩国、欧美公司很多,如 HP、P&G、IBM、3M 等。这些字母缩写相比中文，更容易形成公司的LOGO，因此在设计时尤其要慎重。

二、确定公司名称的小技巧

企业取名不仅字音、字义要好，还要遵循商业原则，要根据自身商业项目、商品、消费对象、商业特点等情况来取名。

1. 寓意美好

例如，中国长虹股份公司，其长虹之名，是取雨过天晴之意，有瑰丽壮观的寓意，"太阳最红，长虹更新"。同样，以生产彩色电视机著名的康佳公司，其名是取"康乐人生，佳品纷呈"之意。深圳三九药业集团公司，其"三九"之名，在中国古代汉语中有数多不可胜记之意，寓有不懈追求之义。剑南春酒厂，其名剑南春，寓春意盎然、春机无限之义。

2. 企业名称要能够招徕生意

在现实生活中，具有高度概括力与强烈吸引力的商店招牌(商店名)，对消费者的视觉刺激和心理影响是很重要的。比如，我国一些传统老字号店，多采用典雅、古朴、考究的名字，药铺起名如"鹿鸣春""同仁堂"，经营古董珍玩的起名"荣宝斋"等，不仅用词典雅，而且都和自己的主营业务有着密不可分的关系。

3. 具有想象力和创造力

公司名称不一定是常规用词，很多时候可采用创造新词的方法产生。这需要公司名称的设计者充分发挥想象力和创造力。例如，一家叫"田歌"的纺织用品公司把自己公司的英文名命名为Texong。其中，tex是纺织(textile)的缩写，发音又与"田"谐音，表示田歌专注于纺织行业；song是英文"歌"的意思，因与前音节相连，故省略s。Texong完全是新造词，是中英文的完美结合，texong就是田歌，含义为"纺织之歌"，意境幽美，整个单词发音清晰，有节奏感，大气并有国际感，适于传播。

小贴士：

可口可乐的中文译名

可口可乐四个字生动地暗示出了产品给消费者带来的感受——好喝、清爽、快乐——可口亦可乐。20世纪20年代，可口可乐已在上海生产，一开始被翻译成一个非常奇怪的中文名字——"蝌蚪啃蜡"，被接受的状况自然也是可想而知。于是，可口可乐专门负责海外业务的出口公司，公开登报悬赏350英镑征求译名，当时身在英国的一位上海教授蒋彝，便以"可口可乐"四个字击败其他所有对手，拿走了奖金。

实训环节

CEO 们，为你们的企业起一个合适的名称吧！

小贴士：

本次模拟的企业是制造业企业(名字由各组自己拟定)。企业主要从事计算机制造，主导产品有普通配置电脑、中端配置电脑、中高端配置电脑、高端配置电脑。产品销往本地、国内其他区域及亚洲其他各国等，为我国计算机制造事业做出了巨大贡献。公司注册资本 500 万元。

任务三　确定公司 LOGO 及口号的规则

> 任务：为新公司准备 LOGO 和口号
> 坐标：CEO

　　LOGO 是徽标或者商标的英文说法，起到对徽标拥有公司的识别和推广的作用，通过形象的 LOGO 可以让消费者记住公司主体和品牌文化。它在企业传递形象的过程中是应用最广泛、出现次数最多，也是一个企业 CIS 战略中最重要的因素，企业将其所有文化内容(包括产品与服务，整体的实力等)都融合在这个标志里面，通过后期的不断努力与反复策划，使之在大众的心里留下深刻的印象。

　　苹果的第一个标志是由罗·韦恩(Ron Wayne)用钢笔画的，设计灵感来自牛顿在苹果树下进行思考而发现了万有引力定律，苹果也想要效仿牛顿致力于科技创新。

　　1976 年，由乔布斯决定重新指定 Regis McKenna 公关公司的艺术总监 Rob Janoff 重新设计一个更好的商标来配合 AppleⅡ的发行使用。于是 Janoff 开始制作了一个苹果的黑白剪影。

　　1998 年，在新产品 iMac、G4 Cube 上应用了全新的半透明塑胶质感的新标志，标志显得更为立体、时尚。这一次标志变化的原因是新产品都采用透明材质的外壳，为了配合新产品的质感而改变。黑色标志也几乎同时出现，大部分出现在包装、商品或需要反白的对比色上，以配合产品的宣传。至今，苹果的单色标志仍然被使用着，也是最能体现乔布斯对苹果的品牌定位的标志。苹果公司 LOGO 如图 4-1 所示。

Apple's First LOGO(1976)　　1976—1998　　Current LOGO

图 4-1　苹果公司 LOGO

一、为什么要有公司 LOGO 和口号

1. LOGO 和口号的识别作用

识别性是企业 LOGO 的重要功能之一。在当前激烈的市场竞争中，公众面对的信息纷繁复杂，各种 LOGO 商标符号更是数不胜数，只有特点鲜明、容易辨认和记忆、含义深刻、造型优美的标志，才能在同业中突显出来。它能够区别于其他企业、产品或服务，使受众对企业留下深刻印象。当企业的 LOGO 及口号随着企业的经营活动、广告宣传、文化建设、公益活动被大众接受，并通过对标志符号的记忆刻画在脑海中，经过日积月累，当标志再次出现在大众眼前时，就会使其联想到曾经购买的产品、曾经受到的服务，从而将企业与大众联系起来，成为连接企业与受众的桥梁。

2. LOGO 和口号的导向作用

LOGO 和与之相关的企业口号是企业经营理念和活动的集中体现，贯穿于企业所有的经营活动中，具有权威性的领导作用。它可以将员工个人目标引导到企业目标上来，用人性化的管理方法将员工的个性、自我实现、平等、沟通等价值观与企业的发展联系在一起，为企业文化提供凝聚力和向心力。设计美观、简洁易记的 LOGO 和口号容易被员工接受，比较直观地塑造了企业的形象，传递着企业的文化，可以激发员工对本公司的自豪感、责任感和崇尚心理。同时，LOGO 和口号还能够更深刻地反映出企业文化的特点和内涵，比长篇大论的企业文化讲座和宣传作用大，而用对外也具有较强的辐射作用。

二、公司 LOGO 和口号的设计

1. 公司 LOGO 的设计

公司 LOGO 的设计技巧很多，概括来说要注意以下几点。

(1) 保持视觉平衡、讲究线条的流畅,使整体形状美观。
(2) 用反差、对比或边框等强调主题。
(3) 选择恰当的字体。
(4) 注意留白,给人想象空间。
(5) 运用色彩,因为人们对色彩的反应比对形状的反应更为敏锐和直接,更能激发情感。

小贴士:

福特汽车的商标设计

福特汽车公司是世界上最大的汽车企业之一,1903年由亨利·福特先生创立创办于美国底特律市。现在的福特汽车公司是世界上的超级跨国公司,总部设在美国密歇根州迪尔伯恩市。福特汽车公司的标志是采用福特英文Ford字样,蓝底白字。因为创建人亨利·福特喜欢小动物,所以标志设计者把福特的英文画成了一只小白兔样子的图案。

雪佛兰汽车的商标设计

雪佛兰(Chevrolet)属于通用汽车公司的一个分部。该部除生产大众化车型之外,还生产各种运动型跑车。"雪佛兰"取自原雪佛兰汽车公司创始人路易斯·雪佛兰(瑞士车手)的姓氏;图标商标是抽象化了的蝴蝶领结,象征雪佛兰轿车的大方、气派和风度。

2. 公司口号的设计

公司口号作为促进生产经营活动的一种方式方法,不必像革命口号那样激烈悲壮,应当如诗如歌,行云流水。只要恰如其分地运用,公司口号就能在促进经营、生产、质量和管理方面起到一定的作用。

设计公司口号是一项系统性的工作,目的是激励员工更好地完成工作,帮助企业创造更大的利润价值。

公司口号设计主要包括以下三个方面。

(1) 明确设计流程。

(2) 掌握设计方法。

(3) 了解设计原则。

我们可以看看如图4-2所示的思维导图,它能让你更加形象地理解和明白该如何设计公司口号。

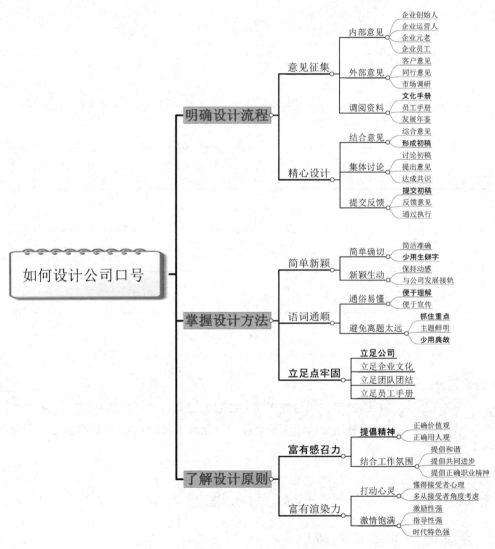

图4-2 公司口号设计思维导图

实训环节

CEO 们，请设计符合自己公司形象的 LOGO 和口号，并制作成海报。

工作笔记

我们成立的公司已经走到了_____这一步，现阶段还存在如下困难：

_____

_____

_____

_____

_____

_____

确定了公司名称、LOGO 以及口号，企业的第一次会议就完成了，接下来要用会议记录把这些内容记录下来，那么，要怎么做会议记录呢？

任务四　公司会议

一、会议记录的基本要求

(1) 准确写明会议名称(要写全称)，开会时间、地点，会议性质。

(2) 详细记下会议主持人、出席会议应到和实到人数,缺席、迟到或早退人数及其姓名、职务,记录者姓名。如果是群众性大会,只要记录参加的对象和总人数,以及出席会议的较重要的领导成员即可。如果是某些重要的会议,出席对象又来自不同单位,应设置签名簿,并请出席者签署姓名、单位、职务等。

(3) 忠实记录会议上的发言和有关动态。会议发言的内容是记录的重点。其他会议动态,如发言中的插话、笑声、掌声、临时中断及其他重要的会场情况等,如有必要也应予以记录。

(4) 记录发言可分摘要与全文两种。多数会议只需记录发言要点,即把发言者讲了哪几个问题,每一个问题的基本观点与主要事实、结论,对别人发言的态度等,作摘要式的记录,不必"有闻必录"。某些特别重要的会议或特别重要人物的发言,需要记下全部内容。有录音设备的,可先录音,会后再整理出全文;没有录音设备的,应由速记人员担任记录;没有速记人员的,可以多配几个记得快的人担任记录员,以便会后互相校对补充。

(5) 记录会议的结果,如会议的决定、决议或表决等情况。

(6) 会议记录要求忠于事实,不能夹杂记录者的任何个人情感,更不允许有意增删发言内容。会议记录一般不宜公开发表,如需发表,应征得发言者的审阅同意。

会议记录应该突出的重点有:①会议中心议题以及围绕中心议题展开的有关活动;②会议讨论、争论的焦点及其各方的主要见解;③权威人士或代表人物的言论;④会议开始时的定调性言论和结束前的总结性言论;⑤会议已议决的或议而未决的事项;⑥对会议产生较大影响的其他言论或活动。

二、会议记录的一般格式

一般来说,会议记录由两部分组成:一是会议的组织情况,要求写明会议名称、时间、地点、出席人数、缺席人数、列席人数、主持人、记录人等;二是会议的内容,要求写明发言、决议、问题,这是会议记录的核心部分。

对于发言的内容,一是详细具体地记录,尽量记录原话,主要用于比较重要的会议和重要的发言;二是摘要性记录,只记录会议的要点和中心内容,多用于一般性会议。

会议结束,记录完毕,要另起一行写"散会"二字,如中途休会,要写明"休会"字样。

小贴士：

会议记录样本
××公司会议记录

时间：20××年××月××日
地点：公司办公楼二楼会议室
主持：章××
参加人员：张××、王××、李××……
记录人：王××
会议内容：
一、讨论公司组织结构架设
王经理提出：……
赵总经理提出：……
经与会人员讨论后确定：
公司组织结构包括：
……
各部分职责具体分工如下：
……
二、各部门经理报告本部门组织人事架构及岗位设置计划
王经理提出：……
李经理提出：……
经讨论确定了公司各部门的岗位设置和人员编制如下：
……
三、会议讨论了各职级薪酬设置
赵总经理提出：……

实训环节

请写一份符合要求的会议记录，将公司第一次全体大会的会议内容记录下来。

实训指导：

公司会议记录样本如实训表单 4-1 所示。CEO 应确定会议记录人员的具体安排，一般由行政部人员承担。会议记录情况作为行政部人员工作考核内容之一。

小　　结

企业文化的特征和内涵有哪些？

企业文化必须要有独特性、继承性、相融性、人本性和整体性。中国企业的企业文化受着中国传统文化的影响，有些企业文化是经营哲学，有些是团体意识；有些企业文化是企业使命，为了生存，为了赢利；有些则是为了企业道德而存在的企业文化。

为什么要设计公司LOGO和口号？

公司的LOGO和口号是企业文化的象征，是企业独特性，与其他公司不同，是独一无二的体现。LOGO和口号反映了企业文化并塑造着企业形象，优良的企业形象是企业成功的标志。

设计公司的名字、LOGO和口号有哪些小技巧？

首先要寓意美好，其次企业名称要能够吸引人、招徕生意，同时还要具有想象力和创造力。

LOGO要保持视觉平衡、讲究线条的流畅，使整体形状美观，用反差、对比或边框等强调主题。在设计中要注意明确设计流程，掌握设计方法，并了解设计原则。

企业文化的特征有独特性、继承性、相融性、人本性、整体性等。

企业的口号折射着企业的文化，有着导向、凝聚、约束、促进、激励和辐射的作用。

设计公司LOGO和口号也有一些小技巧，在设计之前必须掌握设计的流程，明白设计的原则和和方法。

你们设计的LOGO和口号有没有符合这些要素呢？快交上来给老师看看！

本课回顾

实训流程回顾

了解自己设立的公司的企业文化要求→根据企业文化要求设计自己公司的名称、LOGO 和口号。

知识梳理

企业文化的特征有独特性、继承性、相融性、人本性和整体性等。企业文化的内涵通常是该企业的经营哲学、团体理念、企业使命或企业道德。

企业的口号折射着企业的文化,有着导向、凝聚、约束、促进、激励和辐射的作用。

设计公司 LOGO 和口号也有一些小技巧,在设计之前必须掌握设计的流程,明白设计的原则和方法。

拓展学习

荷兰心理学家吉尔特·霍夫斯泰德(Geert Hofstede)(见图 4-3)提出的文化维度理论(Hofstede's cultural dimensions theory)是用来衡量不同国家文化差异、价值取向的一个有效架构,这一理论在企业管理特别是跨国企业管理中具有较为深远的影响。

霍夫斯泰德提出了五个文化维度,具体如下。

(1) 权力距离(power distance)。权力距离是指"一个社会对组织机构中权力分配不平等的情况所能接受的程度"。在权力距离大的文化中,下

图 4-3　吉尔特·霍夫斯泰德

属对上司有强烈的依附性,人们心目中理想的上司是开明专制的君主,是仁慈的独裁者;在权力距离小的文化中,员工参与决策的程度较高,下属在其规定的职责范围内有相应的自主权。大权距的组织结构更容易实现令行禁止,而小权距的组织结构更容易激发员工的创造力和参与意识。

(2) 个人主义与集体主义(individualism VS. collectivism)。本维度分析个人对于人际关系(他们所属的家庭或组织)的认同与重视程度。个人主义是指在一个松散的社会结构

中，假定其中的人们都只关心自己和最亲密的家庭成员；而集体主义则是在一个紧密的社会结构中人们分为内部群体与外部群体，人们期望自己所在的那个内部群体照顾自己，而自己则对这个内部群体绝对忠诚。

(3) 男性气质与女性气质(masculinity VS. femininity)。本维度分析社会中"男性"价值观占优势的程度，即自信、追求金钱和物质、不关心别人、不重视个人生活质量等。男性气质的文化有益于权力、控制、获取等社会行为的实现，与之相对的女性气质文化则更有益于关怀、情感以及更好的个人生活质量的实现。

(4) 不确定性的规避(uncertainty avoidance)。所谓"不确定性的规避"，是指一个社会对不确定和模糊态势所感到的威胁程度。对不确定性规避意识越强烈，则该组织在试图保障职业安全、制定更为正式的规则方面越突出，他们更倾向于拒绝越轨的观点和行为，相信并依赖绝对忠诚和专业知识来规避上述态势。

(5) 长期取向与短期取向(long-term VS. short-term)。长期取向着眼于未来的价值取向，如储蓄习惯和坚持力；短期取向着眼于短期和眼前的价值取向，如尊重传统、重视履行社会义务。具有长期导向的文化和社会主要面向未来，较注重对未来的考虑，对待事物以动态的观点去考察；注重节约、节俭和储备；做任何事均留有余地。短期导向的文化与社会则面向过去与现在，注重眼前的利益，注重对传统的尊重，注重负担社会的责任；在管理上最重要的是此时的利润，上级对下级的考绩周期较短，要求立见功效，急功近利，不容拖延。

尽管霍夫斯泰德的研究理论在今天看来有很多局限，但是刚刚步入管理层的各位仍然可以通过了解这些基本的理论来更清醒地认识自己的公司，并基于此分析、设计、完善自己的企业文化。霍夫斯泰德的文化维度理论同时提醒管理人员必须牢记：人总会习惯性地根据他的既有经验去思考、感受和行动，尤其是在国际环境中工作的时候。

实训表单 4-1　会议记录

会议记录　　　　　　　　No:

会议名称		主持单位	
时　　间		地　　点	
主 持 人		记 录 人	
应到人数		实到人数	
与会人员			
会议内容			

续表

会议内容	
会议结论 (待办事宜)	

第二篇 企业注册

模块五　企业核名

  在会议上得到投资股东们的一致肯定后，当天我就登录了工商局网站，想尽快申请公司的营业执照。自认为已经准备好了所有申请材料，然而在网页上却看到了一行字——"企业名称预先核准申请书"。这是什么？难道还有我没有准备的东西吗？"顿感被泼了一头冷水。

——马失前蹄的小章

  某公司行政部的小裘被董事长委托去办理企业核名业务。但是，她不知道应该准备哪些材料，也不知道去哪个单位办理，她应该怎么办？

  小张是某公司行政部的职员，他在公司没有办理租赁合同的情况下直接去进行企业核名业务，他能成功吗？

学习要点	实训要点
● 企业核名是什么？ ● 为什么要进行企业核名？ ● 企业核名的流程。	为自己的企业办理核名手续。

主体学习

任务一　企业核名是什么

　　企业核名是指对即将注册的企业名称进行工商、商标局、公众号等多个领域的预核对。在第一篇的企业成立中,我们已经了解到企业的名称不是想怎么起就可以怎么起的,而是要避免与同行业内的其他企业出现相同或者相近的名称,同时也要规避法律不允许的名称。企业名称需要工商局批准,首先要到工商局去领取一张"企业(字号)名称预先核准申请表",并填写你准备取的公司名称,由工商局上网(工商局内部网)检索是否有重名,如果没有重名,就可以使用这个名称,则会核发一张"企业(字号)名称预先核准通知书"。

任务二　企业核名的流程

> 任务：完成企业核名业务
> 坐标：行政部
> 相关：租赁公司、工商局、公安局等

　　由于简化了行政审批手续,因此企业的批准成立手续也随之简化了,目前,很多地方的企业核名已经采用网上核名的形式。为配合实训环节,本书中介绍的企业核名流程为先网上核名,再去工商局大厅提交申请并领取通知书的基本流程,并在其中穿插了后续申请营业执照的材料准备环节。

一、自行设计企业名称

1. 拟定4~8个企业备用名称

　　由于新定企业名称不能与现有同行业的企业名称重复或相近,在网上核名之前,企业应先行拟定4~8个企业备用名称。

2. 确定公司的类型

　　企业需要明确自己的公司类型是有限责任公司、股份有限公司、合伙企业还是个人独资企业等。2014年3月1日新《公司法》取消了对一般性公司最低注册资本及注册资本实缴的限制,让创业者拥有自己的创业公司的梦想变得触手可及。不同的公司形式,具有不同的特性和制度限制,对创业者来讲,在注册公司时如何选择合适的公司形式尤为重要。创业者更应当结合实际情况,认真权衡利弊,选择适合自己的公司形式。目前,我国经济体系中,不同形式的公司类型所占的比重如图5-1所示。

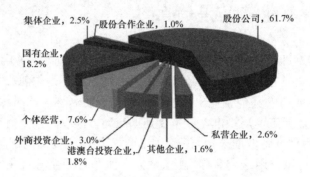

图5-1　不同形式的公司类型占比图

3. 确定公司的经营范围

根据国民经济行业分类(见图5-2),确定公司的经营范围。

图5-2　国民经济行业分类

拟定公司备用名,并明确相应岗位人员(通常为行政部)完成工作。

二、网上核名

申请核名的企业需要先到所在地"工商局登记注册网上服务系统"申请用户名,完成注册后,在"名称设立登记申请"模块进行公司名称查重。(本书中使用的操作界面为实训虚拟界面(见图5-3),实际工作中,各地区的申请界面可能略有不同,但内容相近,此后不再一一标明。)

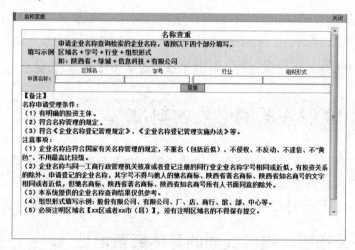

图5-3 名称查重界面

三、领取并填写《企业名称预先核准申请书》

领取并填写《企业名称预先核准申请书》,如实训表单5-1所示。

四、受理并核准通过

工商局工作人员对于已经提交的名称预先核准申请书进行业务受理,并向企业发放《企业名称申请受理通知书》(见实训表单5-2)。

五、查重业务办理

工商局工作人员对于公司提交的名称进行查重业务办理。

六、领取通知书

工商局工作人员在经过对企业提交公司名称查重后,对于未重复的企业名称,予以下发《企业名称预先核准通知书》(见实训表单 5-3),企业需带上负责人及经办人的身份证复印件前去领取。

小讨论:通过以上对于企业核名流程的学习,大家有没有记住,企业核名流程需要经过哪几个部门的协同操作?

实训环节

CEO 们,请为自己已经想好的公司名字进行核名手续吧,别忘记一些必要证件哦!

任务三 企业注册的必要材料准备

由于前期核名主要通过网上操作,需要提供的企业材料不多,但是在接下来的营业执照申领过程中,必要的身份证明、出资证明、场地证明等都需要提供,建议在进行企业核名的同时,也将下列基本材料准备齐全,以缩短企业注册的时间,提高工作效率。

一、租赁办公场所,提供公司的具体经营地址

企业应当有必要的工作场所,初设企业往往通过租赁形式取得工作场地。租房后要签订租房合同,并且一般要求用工商局的同一制式租房协议,并让房东提供房产证的复印件,房东身份证复印件。如果房屋提供者为经工商行政管理机关核准具有出租经营权的企业,可直接在"房屋提供者证明"栏内加盖公章,同时应出具加盖本企业公章的营业执照复印件,不再要求提供产权证。

房屋租赁合同样本可见实训表单 5-4。

实训环节

参与实训的各个企业都应和租赁公司签订办公场地租赁合同。

二、完成公司章程

各地工商局的网站上一般会提供公司章程样本,企业可以下载作为参考。或者经由发起人或者股东大会讨论,确定公司的基本章程。章程的最后由所有发起人签名并签署日期。

实训环节

公司章程完成后,由行政部负责管理,如有需要,由行政部打印或复印提供。

三、确定相关领导基本信息及任命书

确定公司法人、董事、监事、经理,填写相关人员的基本信息,并对身份证件进行复印备用,完成总经理任命书。(公司董事、监事、经理情况如实训表单5-5所示,公司法定代表人登记表如实训表单5-6所示,公司总经理任命书如实训表单5-7所示。)

实训环节

行政部负责管理相关材料,如有需要,由行政部打印或复印提供。

实训指导:

身份证需做正反两面复印,并注意在相应位置标明授权使用许可,以保证个人隐私。

四、确定出资比例和方式

确定出资方或者股东的出资比例和出资方式[见实训表单5-8 公司股东(发起人)出资情况表],并提供出资方的身份证明,保存股东(负责人)身份证和经办人身份证复印件备用。

行政部负责管理相关材料,如有需要,由行政部打印或复印提供。

五、私章刻制

办理过程中如有必要,可以先行进行法人和经办人的私章刻制。企业公章需要申请了营业执照后到公安局进行刻章备案。

工作笔记

今天去工商局进行了企业核名业务办理，目前的进展为_____，还差_____没有办理。

小 结

什么是企业核名？

企业核名是指对即将注册的企业名称进行工商、商标局、公众号等多个领域的预核对。

企业名称需要工商局批准，到工商局去领取一张"企业(字号)名称预先核准申请表"，填写准备取用的公司名称，由工商局上网(工商局内部网)检索是否有重名，如果没有重名，就可以使用这个名称，则会核发一张"企业(字号)名称预先核准通知书"。

为什么要进行企业核名？

企业依法核名一是要规避一些法律不允许使用的名称，同时也可以避免在同行业内出现相同或相近的名称，从而导致经营混乱的现象。

企业注册登记的前期准备有哪些？

行政部工作人员在与租赁公司签订租赁合同后，依次完成公司章程、任命书的编辑，并上传股东(负责人)身份证和经办人身份证。准备好4～8个企业备用名，进行网上核名。

公司名称，不是你想怎么起就怎么起的，是要工商局批准的。

公司核名首先要到工商局去领取一张"企业（字号）名称预先核准申请表"，填写准备取用的公司名称，由工商局核准是否有重名。

如果没有重名，就可以使用这个名称，工商局则会核发一张"企业（字号）名称预先核准通知书"。

所以，给公司起一个不容易重复的名字吧，嗯……蓝瘦香菇怎么样？

本课回顾

实训流程回顾

与租赁公司拟定合同→企业行政部准备股东材料、任命书和公司章程等→网上核名→填写核准申请书→取得企业名称预先核准通知书。

知识梳理

为避免与同行业内的其他企业出现相同或者相近的名称，同时也规避出现法律不允许使用的名称，企业成立前需要进行核名。在完成网上核名后，到工商局去领取一张"企业(字号)名称预先核准申请表"，填写准备取用的公司名称，由工商局上网(工商局内部网)确认是否有重名，如果没有重名，就可以使用这个名称，则会核发一张"企业(字号)名称预先核准通知书"。

拓展学习

企业核名注意事项如下。

1. 登记依据

(1) 《企业名称登记管理规定》(2012年修正本)。

(2) 《企业名称登记管理实施办法》(2004年实施)。

2. 登记条件

需要在工商行政管理机关登记注册的有限责任公司(股份有限公司)，非公司企业、合伙企业、个人独资企业、分公司、营业单位均应向工商行政管理机关申请企业名称登记，并符合下列条件。

(1) 企业名称中不得含有其他法人的名称，国家工商行政管理局另有规定的除外。

(2) 企业名称中不得含有另一个企业的名称。企业分支机构的名称应当冠以其所从属企业的名称。

(3) 企业名称应当使用符合国家规范的汉字，不得使用外国文字、汉语拼音字母、阿拉伯数字。

企业名称需译成外文使用的，由企业依据文字翻译原则自行翻译使用，不需报工商行政管理机关核准登记。

(4) 企业名称应当由行政区划、字号、行业、组织形式依次组成,法律、行政法规和本办法另有规定的除外。

(5) 除国务院决定设立的企业外,企业名称不得冠以"中国""中华""全国""国家""国际"等字样。

企业名称中间使用"中国""中华""全国""国家""国际"等字样的,该字样应当是行业的限定语。

使用外国(地区)出资企业字号的外商独资企业,可以在名称中间使用"(中国)"字样。

(6) 企业名称中的行政区划是本企业所在地县级以上行政区划的名称或地名。

市辖区的名称不能单独用作企业名称中的行政区划连用的企业名称,由市工商行政管理局核准。

(7) 具备下列条件的企业法人,可以将名称中的行政区划放在字号之后,组织形式之前。

- 使用控股企业名称中的字号。
- 该控股企业的名称不含行政区划。

(8) 经国家工商行政管理局核准,符合下列条件之一的企业法人,可以使用不含行政区划的企业名称。

- 国务院批准的。
- 国家工商行政管理局登记注册的。
- 注册资本(或注册资金)不少于5000万元人民币的。
- 国家工商行政管理局另有规定的。

(9) 企业名称中的字号应当由2个以上的字组成。

行政区划不得用作字号,但县以上行政区划的地名具有其他含义的除外。

(10) 企业名称可以使用自然人投资人的姓名作字号。

实训表单 5-1　企业名称预先核准申请书

企业名称预先核准申请书

申请企业名称	
备选企业名称 (请选用不同的 字号)	1.
	2.
	3.
经营范围	许可经营项目： 一般经营项目： (只需填写与企业名称行业表述一致的主要业务项目)
注册资本	(万元)
企业类型	
住所所在地	
指定代表或者 委托代理人	
指定代表或者委托代理人的权限： 1. 同意□　不同意□　核对登记材料中的复印件并签署核对意见； 2. 同意□　不同意□　修改有关表格的填写错误； 3. 同意□　不同意□　领取《企业名称预先核准通知书》。	
指定或者委托的 有效期限	自　　　年　　月　　日至　　　年　　月　　日

注：1. 手工填写表格和签字，请使用黑色或蓝黑色钢笔、毛笔或签字笔，请勿使用圆珠笔。

　　2. 指定代表或者委托代理人的权限需选择"同意"或者"不同意"，请在□中打√。

　　3. 指定代表或者委托代理人可以是自然人，也可以是其他组织；指定代表或者委托代理人是其他组织的，应当另行提交其他组织证书复印件及其指派具体经办人的文件、具体经办人的身份证件。

企业名称预先核准申请书

投资人姓名或名称	证照号码	投资额 (万元)	投资 比例(%)	签字或盖章

填表日期	年　　　月　　　日

指定代表或者委托代理人、具体经办人信息	签　　字：
	固定电话：
	移动电话：

(指定代表或者委托代理人、具体经办人身份证明复印件粘贴处)

注：1. 投资人在本页表格内填写不下的可以附纸填写。

　　2. 投资人应对第(1)、(2)两页的信息进行确认后，在本页盖章或签字。自然人投资人由本人签字，非自然人投资人加盖公章。

实训表单 5-2　企业名称申请受理通知书

企业名称申请受理通知书

(_____)名称受理字[_____]第_____号提交

的_____企业名称申请材料收到并已受理，我局将在收到

申请材料原件 15 日内做出是否核准决定，特此通知。

(企业名称核准机关名称专用章)

日　期：_____

实训表单 5-3　企业名称预先核准通知书

企业名称预先核准通知书

(　)登记内名预核字[　　]第_____号

根据《企业名称登记管理规定》《企业名称登记管理实施办法》等规定，同意预先核准下列各投资人出资，注册资本(金)_____万元(人民币)，住所设在_____的企业名称为：_____

投资人、投资额和投资比例：

以上预先核准的企业名称保留期至____年__月__日。在保留期内，企业名称不得用于经营活动，不得转让。经企业登记机关设立登记，颁发营业执照后企业名称正式生效。

(名称核准机关盖章)

核准日期：____年__月__日

注：1. 预先核准的企业名称未到企业登记机关完成设立登记的，通知书规定的有效期满后自动失效。有正当理由，需延长预先核准名称有效期的，申请人应在有效期满前 1 个月内申请延期。有效期延长时间不超过 6 个月。

2. 名称预先核准时不审查投资人资格和企业设立条件，投资人资格和企业设立条件在企业登记时审查。申请人不得以企业名称已核为由抗辩企业登记机关对投资人资格和企业设立条件的审查。企业登记机关也不得以企业名称已核为由不予审查就准予企业登记。

3. 企业应在企业设立登记之日起 30 日内，务必将加盖企业公章的营业执照复印件反馈给企业名称核准机关备案。未备案的，企业名称核准机关将对预核准名称作为超过保留期、未登记的作废名称处理。

4. 企业设立登记后，企业登记机关应将本通知书原件存入企业档案。

实训表单 5-4　房屋租赁合同

房屋租赁合同

出　租　方：_____

承　租　方：_____

出租方：(以下简称甲方)
承租方：(以下简称乙方)

依据《中华人民共和国合同法》及有关法律、法规的规定，甲乙双方在平等、自愿的基础上，就房屋租赁的有关事宜达成协议如下。

第一条 房屋基本情况

该房屋坐落于_____。

该房屋具体情况为：_____结构，总建筑面积_____平方米综合用房，装修状况_____现状_____，乙方对该租赁标的物的现状已充分了解，并自愿按现状租赁。

第二条 房屋用途

该房屋租赁用途为：办公。乙方保证，在租赁期内未征得甲方书面同意以及按规定经有关部门审核批准前，不擅自改变该房屋用途。如需增减或变更经营种类，需提前30天书面通知甲方，经甲方同意并出具确认书后，作为本合同附件，乙方方可进行经营，否则视为违约，甲方有权单方终止合同，乙方按本合同承担违约责任。

第三条 房屋改善

租赁期内，乙方对该房屋及附属设施进行装修、装饰或添置新物需提前15日向甲方提交装修方案，经过甲方书面同意后，方可实施。乙方不得擅自拆改房屋主体结构和房屋外观，不得擅自在承租范围内建设其他建筑物。

第四条 租赁期限

(一)房屋租赁期自____年__月__日起至____年__月__日止，共计_____年。

(二)租赁期满，甲方有权收回该房屋。本合同期满乙方自愿放弃优先承租权，乙方有意继续承租的，应提前_____日向甲方提出书面续租要求，征得同意后甲乙双方重新签订房屋租赁合同。

(三)租赁期限届满前，双方应提前6个月就事后事宜进行协商。

第五条 租金及保证金

(一)租金标准：租赁期间，年租金(币种为人民币)为：_____万元(大写_____整)。

(二)租金支付时间：乙方应于本合同签订之日起3日内，支付____年__月__至____年__月__日租金_____元，按先支付租金后使用的原则，上半年年租金_____万元分别于上一年12月20日前支付，下半年租金_____万元分别于当年6月20日前支付。

(三)租金支付方式：乙方通过银行将租金汇入甲方指定账户(开户行：_____ 账户名：_____，账号：_____)。

(四)租赁保证金：

1. 甲、乙双方商定本房屋租赁保证金为_____万元(大写：_____万元整)，在本合同签订之日乙方向甲方一次性交纳。

2. 对乙方拖欠的租金及其他应交纳款项，甲方有权从保证金中扣除。在保证金扣除后___日内乙方应补足保证金。

3. 甲、乙双方商定在租赁期满或本合同正常终止后___日内，若乙方无拖欠房租及其他应交纳费用时，并且对房屋主体结构无损坏，甲方需将租赁保证金计息全额退还给乙方(保证金按照央行同期存款利率计息)。

第六条 其他费用

房屋交付后，与该房屋有关各项费用的承担方式如下。

(一)乙方承担其自身消耗的包括但不限于水、电、气、热、空调、通信、电视等各项费用。

(二)乙方承担政府有关部门按规定收取的其他各项费用及物业管理相关费用。

(三)乙方应保存并按甲方要求出示相关缴费凭据。

(四)甲方依法承担房屋租赁相关税费。

第七条 房屋的交付及返还

(一)交付：

合同生效后，租金自____年__月__日起计算。乙方于____年__月__日自行按房屋现状接收使用。

(二)返还：

1. 乙方应在租赁期满或合同解除后___日内返还该房屋及其附属设施。甲乙双方验收认可后在《房屋附属设施、设备清单》上签字盖章，视为房屋实际返还时间。乙方拒不按约交房的，乙方除按合同约定承担违约责任外，甲方还有权采取停电、停水等措施，乙方将承担因此而造成的一切后果和损失。

2. 返还房屋时，乙方应清偿其所欠甲方及其他各项应交费用。

3. 对乙方添置的新物，在保证不损伤甲方原有设施的基础上，乙方可拆除搬迁属于乙方的财产、设备等物件，而对于乙方装饰、装修的与建筑不可分离的部分，具体处理方法为乙方放弃收回。

4. 返还后对于该房屋内乙方未经甲方同意遗留的物品，甲方有权自行处置并从保证金中扣除发生的处置费。

第八条 房屋及附属设施的维护

(一)租赁期内，甲方承担该房屋主体结构的维护、维修责任。该房屋结构经有关部门鉴定有损坏或故障时，乙方应负责及时修复，因维修房屋结构影响乙方使用的，应相应减少租金或延长租赁期限。

(二)乙方承担所承租范围内全部房屋附属设施的维护、维修责任和费用(包括给排水、热力、电力、空调、电梯、消防、弱电、电信、电视等管线及设施设备)。

(三)对于乙方的装修、改善和增设的他物甲方不承担维修的义务。

(四)乙方应合理使用并爱护该房屋及其附属设施。因乙方保管不当或不合理使用,致使该房屋及其附属设施发生损坏或故障的,乙方应负责维修或承担赔偿责任。如乙方拒不维修或拒不承担赔偿责任,甲方可代为维修或购置新物,费用由乙方承担。

(五)对于该房屋结构因自然属性或合理使用而导致的损耗,乙方不承担责任。

第九条 转租

乙方未征得甲方书面同意,不得将该房屋整体转租、转借他人。

第十条 水电气

(一)乙方自行或委托甲方安装单独计量租赁房屋的水、电、气表,安装费用由乙方承担。

(二)租赁房屋的水、电、气使用费用由乙方自行承担,并按期自行交纳使用费用。收费标准根据国家水、电、气供应部门制定的价格执行。

(三)根据水、电、气供应部门规定,在使用前需办理申请或开户手续等的,由乙方自行办理,甲方协助。

(四)如乙方未按时交纳水、电、气费,导致停水、停电、停气给自身造成损失的,由乙方自行承担责任。

第十一条 物业管理

(一)乙方应认同该房屋所在的物业管理,自觉遵守物业管理的各项规章制度,并遵守物业所在社区居委会或管委会的各项要求。

(二)乙方经营项目须符合国家相关要求,污水排放等应符合国家标准。

(三)乙方自行负责其经营场地内的物业管理,以及场地内的供电线路、消防设施、通信线路、宽带网络、自用空调系统等的维修与更换。

(四)乙方空调外机的安装应统一有序,原则上不能破坏和妨碍建筑立面的整体观瞻,具体安装方案以甲乙双方议定并书面签字确认后的《装修方案》为准。

第十二条 双方的权利和义务

(一)甲方的权利和义务:

1. 在租赁期内,如该房屋产权变更,要及时以书面形式通知乙方,本租赁合同继续有效。

2. 甲方应尽可能向乙方提供便利,以配合乙方的营业。甲方有义务向乙方提供该房屋的相关证照,配合乙方在办理营业执照及消防、环保、用电等方面的许可,费用由乙方自理。

3. 甲方按合同约定收取租金,对电费、水费等其他应付费用的交纳以及租赁场所的环境卫生、安全等影响到甲方的各类情况有权进行监督。

4. 甲方不得擅自干涉乙方在自己承租的房屋内进行合法的正常经营活动。若乙方有违法经营行为并损坏甲方名誉，甲方有权追究其赔偿责任；若乙方发生重大安全责任事故，责任由乙方自负，且不得影响甲方商业信誉，否则，甲方有权要求乙方赔偿。

5. 甲方有权对乙方的经营活动是否合法、是否遵守双方协议进行监督。

(二)乙方的权利和义务：

1. 乙方在租赁期内应按照其营业执照所规定的经营范围内从事经营活动。在经营过程中，乙方应严格遵守国家各项法律法规，否则乙方须承担由此引起的一切法律责任。

2. 乙方应按时交纳租金、电费、水费。所涉及的卫生、排污、垃圾清运及物业管理等各类规费由乙方负责交纳。

3. 乙方自行负责租赁范围内的物业管理工作，包括保安、保洁、设备设施的维修维护及日常管理，由此产生的相关费用由乙方承担。

4. 乙方按《改造方案》要求并经消防部门验收合格后使用，由乙方承担该房屋的消防风险责任。乙方应购买火灾保险及租赁标的内所有的有关设施设备财产险、公众责任险及其他必要的保险，并承担费用。由于乙方未购买火灾保险或保险赔偿不足的，而导致甲方损失的由乙方承担全部赔偿责任。

5. 乙方应爱护所使用的租赁房屋，在租赁期间，由乙方原因造成的房屋损害应由乙方负责赔偿或修缮。

6. 乙方在租赁期间，应对该房屋区域内的治安、消防、卫生、环保负责，并制定、落实各项安全制度和措施，确保租赁场所的安全。对在租赁场所内或因租赁场所及承租人引起的各类事故承担责任。

7. 乙方使用所租赁房屋或在经营过程中不得影响居民生活。因乙方原因影响居民生活的，由乙方负责解决并消除影响，且承担相应的责任。

8. 乙方同意甲方因房屋保养、水电维修以及防盗、防火检查等情况而进入乙方场所。

9. 乙方对房屋进行必要的装修，但不得破坏房屋结构，装修方案需事先取得甲方书面认可，装修期间与附近居民造成矛盾由乙方自行解决。乙方在装修或设施改造时，应根据规定取得政府有关部门批准手续并符合安全要求。擅自装修、改造所造成的后果及损失由乙方自行承担。

10. 乙方在约定的使用范围内开展活动，不得占用未经甲方认可的任何场所。

11. 租赁期满，乙方应立即清理现场，所移交的房屋、场所以及水电等设施应保证处于良好使用状态。各类广告、宣传、标识、标牌及临时搭建物自动拆除，并保证场所的清洁卫生。

12. 甲方已告知该房屋的目前租赁状态，乙方须承担对上一轮承租户的清退腾空工作。清退腾空过程中，如发生现承租人或其转租的第三人所主张的任何赔偿、补偿或迟延交付房屋等一切后果，均应由乙方自行承担，乙方不得因此向甲方主张任何赔偿或补偿。

第十三条 合同的解除

(一)经甲乙双方协商一致，可以解除本合同。

(二)有下列情形之一的，本合同终止，甲乙双方互不承担违约责任。

1. 该房屋因城市建设需要被依法列入房屋拆迁范围的。

2. 因地震、火灾(非乙方或第三方责任)以及其他自然灾害、突发公共事件等不可抗力致使房屋毁损、灭失或造成其他损失的。

(三)甲方交付的房屋经有关部门鉴定为危及乙方安全而致使乙方无法使用的，乙方有权单方解除合同。

(四)乙方有下列情形之一的，甲方有权单方解除合同，收回该房屋。

1. 乙方不按照约定支付租金或未按期补足保证金达____日以上的。

2. 因乙方欠交各项费用达____日以上的或金额累计达____万元以上的。

3. 擅自改变该房屋用途的。

4. 擅自拆改变动或损坏房屋主体结构及附属设施或未经甲方书面同意擅自装修改造的。

5. 擅自将该房屋整体转租、转借给第三人的。

6. 利用该房屋从事违法活动的。

7. 本合同规定的其他情形。

第十四条 违约责任

(一)在租赁期内，如果甲、乙双方任何一方擅自终止履行合同，视为违约，违约方应按剩余租期的租赁费总额的10%支付违约金，且已支付款项不予退还。

(二)甲方有本合同第十三条第(三)款约定情形的，应按三个月的租金标准向乙方支付违约金。

(三)乙方有本合同第十三条第(四)款约定的情形之一的，甲方有权收回房屋，单方解除本合同，乙方应缴清欠付房租及其他欠款，并按三个月的租金向甲方支付违约金，有本条第四款情形的，同时适用。

(四)乙方拖欠租金或迟延返还房屋的，每逾期一日按年租金标准的千分之三向甲方支付违约金，累计至违约行为终止。

(五)因不可抗力因素或政府行为(如拆迁)导致本合同不能履行时，本合同自行终止，租金按实际使用日计算，拆迁赔偿中涉及乙方自行装修的赔偿部分归乙方所有，其余赔偿归甲方所有。

(六)乙方违反本合同任何承诺、义务和保证的，甲方有权限期纠正，拒不纠正或逾期不纠正的，甲方有权单方解除本合同，同时乙方应按三个月租金的标准向甲方支付违约金。

第十五条 合同争议的解决办法

本合同项下发生的争议,由双方当事人协商解决或申请调解解决;协商或调解不成的,依法向标的物所在地人民法院起诉。

第十六条 其他约定事项

1. 本合同生效后,双方对合同内容的变更或补充应采取书面形式,作为本合同的附件。附件与本合同具有同等的法律效力。

2. 双方未发出书面的经由对方签收的新地址修正通知函件之前,以本合同中地址为最终确认地址,有确认函的,以确认函中的新地址为准,以中国邮政发出信函的,寄出后第6日视为对方收悉。

3. 本合同经甲乙双方签字盖章后生效。本合同一式___份,甲乙双方各执___份。

出租方(签字):_____　　　　　承租方(签字):_____

联系电话:_____　　　　　联系电话:_____

___年__月__日　　　　　___年__月__日

实训表单 5-5　公司董事、监事、经理情况

公司董事、监事、经理情况

姓　　名：_____　　　　姓　　名：_____
职　　务：_____　　　　职　　务：_____
身份证号：_____　　　　身份证号：_____

身份证复印件粘贴处：　　　　　　　　　　身份证复印件粘贴处：

姓　　名：_____　　　　姓　　名：_____
职　　务：_____　　　　职　　务：_____
身份证号：_____　　　　身份证号：_____

身份证复印件粘贴处：　　　　　　　　　　身份证复印件粘贴处：

实训表单 5-6　公司法定代表人登记表

公司法定代表人登记表

姓　　名		是否公务员	
职　　务		手机号码	
身份证号		法定代表人签字	
任免机构		政治面貌	
法人照片：			
日期：			

实训表单 5-7　总经理任命书

任命书

　　经股东大会研究决定，自____年__月__日起由_____担任_____公司总经理一职，由其全权代理法定代表人负责公司的运行，并定期向股东大会汇报公司的运行情况，以供股东大会讨论，并授权其任命各部门负责人，具体如下。

　　1. 负责主持本公司行政、技术、业务的全面工作和开展各项质量活动，对本公司的质量管理和工作质量负全责。

　　2. 负责组织制定本单位的规章制度、发展规划、年度计划并组织实施。

　　3. 主持本公司经理办公会议和管理评审会议，对本公司重大问题做出决策。

　　① 按照管理权限，设置和调整机构，任免人员。

　　② 决定本公司各部门及其领导的职责和权限。

　　③ 向各部门或工作人员布置工作并进行监督检查，责令部门或工作人员纠正不合格项，决定本公司工作人员的奖惩。

　　④ 与客户签订合同或协议。

　　4. 其他本公司《公司章程》所规定的总经理职权。

　　以上任命决定自发布之日起即开始执行。

　　　　　　　　　　　　　　　　　　　法定代表人签名：_____　　（公章）

　　　　　　　　　　　　　　　　　　　签字日期：_____

实训表单 5-8　公司股东(发起人)出资情况表

公司股东(发起人)出资情况表

投资人姓名或名称	证照号码	投资额(万元)	投资比例(%)	签字或盖章

模块六　申请营业执照

　　马上就可以创立公司了,可是突然被告知2015年10月1日开始实行"三证合一",这和我原来知道的不一样,这是什么情况呢?会不会影响申请营业执照?

——不知所措的小章

　　帆帆是一名刚毕业的大学生,他和几个朋友研讨完计划后就兴冲冲地跑去工商局申请营业执照。然而他并不知道,在申请营业执照之前还要撰写公司章程、进行企业核名等。

　　某公司行政部的经理为节约时间而在网上进行填写申请营业执照的流程,可他看到表格之后傻眼了,这么多项内容,哪些是必填的,哪些可以不填呢?

学习要点	实训要点
● 营业执照是什么? ● 营业执照正本和副本的区别。 ● 申请营业执照的流程。	完成营业执照的申请。

主体学习

任务一　营业执照是什么

营业执照是证明企业或组织合法经营权的凭证。《营业执照》的登记事项有：名称、地址、负责人、资金数额、经济成分、经营范围、经营方式、从业人数、经营期限等。营业执照分正本和副本，二者具有相同的法律效力。正本应当置于公司住所或营业场所的醒目位置，营业执照不得伪造、涂改、出租、出借、转让。

任务二　营业执照正本和副本的区别

营业执照的正副本是具有同等法律效力的，在实质上是没有区别的。如果讲区别，那仅仅是外表的形式而已。在使用方面，正本"必须悬挂"在经营场所的明显处，否则可能因未悬挂执照而受到处罚；副本一般用于外出办理业务使用，如办理银行开户许可证、注册商标、签订合同等。

任务三　申请营业执照的流程

> 任务：申请营业执照
> 坐标：行政部
> 相关：工商部门

根据国家工商总局、税务总局等部门的相关规定，自 2015 年 10 月 1 日起，我国企业将实行"三证合一、一照一码"的登记模式。所谓"三证合一"，是将企业依次申请的工商营业执照、组织机构代码证和税务登记证三证合为一证，提高市场准入效率；而"一照一码"则是在此基础上，通过"一口受理、并联审批、信息共享、结果互认"，实现由一个部门核发加载统一社会信用代码的营业执照。我国不同的省市地区根据这一要求陆续出台了相应规定，以上海市为例，在 2015 年 10 月 1 日至 2017 年 12 月 31 日的过渡期内，企业未换发的证照可继续使用，相关税务登记按照原有法律制度执行；而过渡期结束后，一律使用加载统一代码的营业执照办理相关业务，未换发的营业证照不再有效。

图 6-1～图 6-3 就是原先的"三证",三证合一后为一张竖版的营业执照,2019 年 3 月 1 日起改为横版,营业执照上有二维码,可供查询企业信息,如图 6-4 所示。

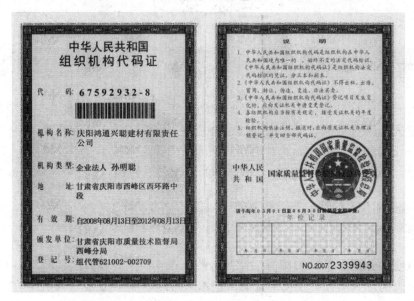

图 6-1 中华人民共和国组织机构代码证

图 6-2 企业法人营业执照

图 6-3　税务登记证

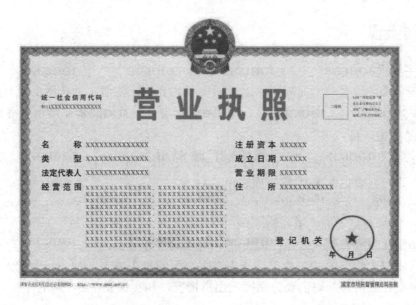

图 6-4　2019 版"三证合一"形式的营业执照

现在,让我们一起来看一下申请营业执照的新流程吧。

一、所需材料

(1) 企业名称预先核准申请书。
(2) 租赁合同复印件。
(3) 指定代表或者共同委托代理人授权委托书。
(4) 法人身份证复印件。
(5) 代理人身份证复印件。
(6) 公司登记(备案)申请书。
(7) 公司章程。
(8) 股东决定。
(9) 指定代表或者共同委托代理人的证明。

小讨论：对比一下现场申请营业执照和网上申请营业执照，哪个更方便呢？

二、操作步骤

1. 网上预审

拿到核名函之后登录工商局网站进行网上预约登记，注册之后在网上填写相关资料并提交，等待三至四个工作日预审通过。如果有问题会另行通知企业修正后继续提交。

2. 打印预审材料

预审通过后，可以在网站上下载自动生成的文件，具体如下。

(1) 公司设立登记申请书(见实训表单 6-1)。
(2) 公司章程。
(3) 股东决定(见实训表单 6-2)。
(4) 指定代表或者共同委托代理人证明(见实训表单 6-3)。

说明：本书中给出的股东决定为一人有限公司的股东决定，如公司发起人为多个，就成了有限责任公司等，则需要分别写明出资情况，和实训表单 6-2 略有不同。

3. 向工商局提交预审后的资料

网审通过后，需要跟工商局预约提交书面材料的时间。在资料准备完毕后，携带下列材料到工商局提交申请。

(1) 公司设立登记申请书(见实训表单6-1)，内含公司董事、监事、经理情况(见实训表单5-5)、公司法定代表人登记表(见实训表单5-6)、公司股东(发起人)出资情况表(见实训表单5-8)、指定代表或者委托代理人证明(见实训表单6-2)。

(2) 公司章程(打印件一份，全体股东签字)。

(3) 股东决定(见实训表单6-2)。

(4) 董事会成员、经理、监事任职证明/总经理任命书(见实训表单5-7)。

(5) 法人身份证、代理人身份证。

(6) 企业名称预先核准通知书(见实训表单5-3)。

(7) 企业住所证明/租赁协议复印件(见实训表单5-4)。

说明：由于实行了注册资金认缴制，因此验资环节已经不是必做环节，为和实训模拟相一致，本文省略了对验资部分的介绍和相关要求。

相关材料提交后，等待7个工作日左右，工商局会通知企业领取营业执照。

实训环节

股东大会也开过了，公司的口号和LOGO也设计完毕，公司核名也过了，现在就到了注册公司最关键的一步——申请营业执照。CEO们，还不赶快去行动？

任务四 企业公章刻制

取得营业执照一个月内，企业需到公安局完成公章的刻制备案。公章是指机关、团体、企事业单位使用的印章。由于公安部对办理刻制印章的手续未作统一规定，因此各地公安机关对刻制印章手续的规定有所不同，但都对公章的新刻、增刻、重刻、补刻等提出了备案要求，而法人代表和代理等个人的私章则不需要到公安局刻制并备案。

企业常用印章包括公司印章(圆形)、发票专用章(椭圆形)、财务专用章(方形)等。新成立的企业申请刻制印章，须持以下资料，并附印章样模，到属地公安机关办理。

(1) 《营业执照》副本原件和复印件一份。

(2) 法人代表和经办人身份证原件及复印件一份。

(3) 法人代表授权刻章委托书。

印章刻制的流程一般如下。

(1) 申请人向公安机关递交申请。

(2) 经公安机关审核符合要求的，现场发给申请人《印章审批回执》。

(3) 申请人持《印章审批回执》到辖区内任意一家具有《特种行业许可证》的刻章企业刻制印章，印章在备案以后方能使用。

印章的刻制一般有固定的样式和尺寸。例如，财务专用章对外需要备案的为方形章，尺寸为 22×22mm 或者 25×25mm，内部使用的财务专用章不需要备案，一般为圆形或者椭圆形，其中圆形尺寸为 38×38mm，椭圆形尺寸为 45×30mm。上海金锐铝业有限公司在其开户行预留的财务专用章及常规发票专用章如图 6-5 所示。

图 6-5　财务专用章和常规发票专用章

任务五　补充税务信息

三证合一后，企业不用单独进行税务登记，不再领取税务登记证。纳税人在办理工商登记、领取营业执照时，就等同于办理了税务登记证。而对于工商登记已采集的信息，税务机关也不再重复采集，其他必要的涉税基础信息，税务机关会在企业办理有关涉税事宜时，及时采集，陆续补齐。在完成补充信息采集后，企业凭加载统一代码的营业执照即可代替税务登记证使用。

虽然信息的共享使得税务登记流程得到了简化，但为了保证实训环节信息的完整，本书仍然提供国税税务登记(见实训表单 6-4)和地税税务登记(见实训表单 6-5)以供参考。

由于企业取得营业执照后就会开展正常的经营业务，因此一些必要的企业信息仍需及时到税务局进行备案。

一、财务制度备案

企业应在领取营业执照之日起 15 日内将其财务、会计制度或财务、会计处理办法报送主管税务机关备案，在开立存款账户之日起 15 日内，向主管税务机关报告全部账号，并按规定进行申报纳税。需要网上申报的，应前往主管税务机关开通"网上(电子)办税服务厅"网报功能。

二、增值税一般纳税人资格认定

增值税是以商品(含应税劳务)在流转过程中产生的增值额作为计税依据而征收的一

种流转税，是我国最主要的税种之一。增值税实行凭增值税专用发票抵扣税款的制度。常规情况下，只有取得了增值税一般纳税人资格，才能开具增值税专用发票。因此，企业在经营初期，会根据经营规模的大小和业务需求，向税务机关申请一般纳税人资格认定。由于增值税是向国税局缴纳，因此需要到国税局递交如下资料。

(1) 《增值税一般纳税人申请认定表》(见实训表单6-6)。
(2) 《营业执照》副本(原件)。
(3) 财务负责人和办税人员的身份证明及其复印件。
(4) 会计人员的从业资格证明或者与中介机构签订的代理记账协议及其复印件。
(5) 经营场所产权证明或者租赁协议。

国税服务厅在接收到相关资料后，符合要求的即时办理，不符合要求的则会当场提示应补充资料或告知不予办理的原因。

三、地税局纳税人税种认定

根据我国分税制财政管理体制的设定，地方企业的企业所得税、房产税、城镇土地使用税、个人所得税等需要上缴给地税局，因此企业在向国税局完成增值税一般纳税人申请认定的同时，还需要携带相同的资料到地税局完成其他相关税种的纳税人税种认定表(见实训表单6-7)。

四、发票申领

企业在登记机关完成登记，领取统一社会信用代码的营业执照后，在首次领取发票时，应当持有统一社会信用代码的营业执照、经办人身份证明、新的发票专用章印模，向主管税务机关办理发票领取手续，并填写发票购领资格申请表(见实训表单6-8)，取得发票领购簿(见实训表单6-9)。后续经营活动中，企业需凭发票领购簿到税务机关申请领购发票。

五、补录信息

在纳税人首次办理申报纳税事项时，诸如企业所拥有的房产、土地、车船等财产信息、银行账号、财务负责人信息以及核算方式、从业人数、会计制度、代扣代缴、代收代缴税款业务情况等，都需要补录，企业在初次办理时应提前做好充分准备。

小　结

营业执照是什么？

营业执照是企业或组织合法经营权的凭证。

营业执照正本和副本的区别是什么？

在使用方面，正本"必须悬挂"在经营场所的明显处；副本一般用于外出办理业务使用。

申请营业执照的流程有哪些？

网上预审并注册填写资料，打印预审材料并向工商局提交，等待工商局的审核。

取得营业执照后，还需要办理税务登记吗？

三证合一后，企业不用单独进行税务登记，不再领取税务登记证。纳税人在办理工商登记、领取营业执照时，就等同于办理了税务登记证。但由于企业取得营业执照后就会开展正常的经营业务，因此一些必要的企业信息仍需及时到税务局进行备案。

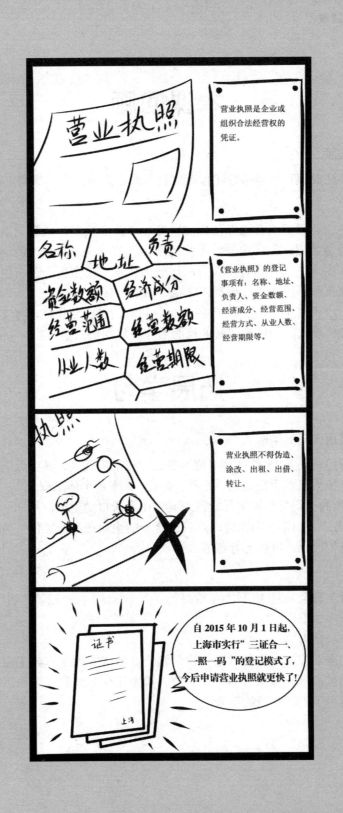

本课回顾

实训流程回顾

网上预审并注册填写资料→打印预审材料并向工商局提交→等待工商局的审核。

知识梳理

营业执照是企业或组织合法经营权的凭证。《营业执照》的登记事项有：名称、地址、负责人、资金数额、经济成分、经营范围、经营方式、从业人数、经营期限等。营业执照分正本和副本，二者具有相同的法律效力。正本应当置于公司住所或营业场所的醒目位置，营业执照不得伪造、涂改、出租、出借、转让。

自2015年10月1日起，上海市各类企业和农民专业合作社，将实行"三证合一、一照一码"的登记模式，今后申请营业执照的流程将加快三倍！

拓展学习

统一社会信用代码的构成

统一社会信用代码共18位：第1位为登记管理部门代码，其中数字9表示工商行政管理部门；第2位为机构类别代码，1表示企业，2表示个体工商户，3表示农民专业合作社；第3~8位为登记管理机关行政区划码，由系统自动生成；第9~17位为主体识别码(组织机构代码)；第18位为校验码。三证合一的企业在注册微信、微博等平台时，如需要提供组织机构代码，可以自行截取。

执照年检

每年的3月1日至6月30日为年检时间。

具体年检程序如下。

(1) 领取年检报告书。

参加年检的企业应在规定的时限内携带该企业营业执照副本到工商行政管理机关企业年检主管部门领取《年检报告书》。目前，国家工商行政管理总局制定的《年检报告书》有四种，适用于不同类型的企业。

(2) 提交资料。

凡是填写《公司年检报告书》和《企业法人年检报告书》的企业，应当报送如下材料：《公司年检报告书》或《企业法人年检报告书》(一式两份)；年度汇总资产负债表；年度汇总损益表；营业执照副本(一份)；工商行政管理机关要求提供的其他材料。

凡是填写《年检报告书》的企业，应当提交下列材料：《年检报告书》(一式两份)；营业执照副本(一份)；由所属法人的法定代表人签字并加盖企业法人印章的营业执照复印件；工商行政管理机关要求提供的其他材料。

凡是填写《外商投资企业、外国(地区)企业年检报告书》的企业，应当提交下列材料：《外商投资企业、外国(地区)企业年检报告书》(一式两份)；年度资产负债表；年度损益表；审计报告书(或称查账报告)；验资报告(资金已到位且已提交过验资报告的除外)；工商行政管理机关要求提供的其他材料；营业执照副本(一份)。

实训表单 6-1　企业设立登记申请书

企业设立登记申请书

公司名称			
公司地址		邮政编码	
法定代表人姓名		职　务	
注册资本		公司类型	
实收资本		出资方式	
经营范围			
营业期限	自＿＿＿＿＿＿＿＿至＿＿＿＿＿＿＿＿＿		
备案事项			

本公司依照《中华人民共和国公司法》《中华人民共和国公司登记管理条例》设立，提交材料真实有效。谨此对真实性承担责任。

法定代表人签字		指定代表或委托代理人签字	
签字时间		签字时间	

实训表单 6-2　股东决定

首次股东决定

　　_____公司首次股东会于____年__月__日在_____(地址)做出如下决定：

　　1. 审议通过了公司章程。

　　2. 决定设立执行董事，由_____(姓名)担任公司执行董事，兼经理、公司法定代表人。

　　3. 本公司不设监事会，决定由_____担任公司监事。

　　4. 其他事项：_____。

股东(法人)签章：

(自然人)签字：

实训表单 6-3　指定代表或者共同委托代理人证明

<h2 style="text-align:center">指定代表或者共同委托代理人证明</h2>

指定代表或者委托代理人姓名	
指定代表或者委托代理人权限	
□同意　　　　□不同意	修改有关表格的填写错误
指定或者委托的有效期限	自＿＿＿＿＿＿至＿＿＿＿＿＿
指定代表或者委托代理人	固定电话：
	移动电话：
身份证复印件粘贴处	
委托人	□全体设立人　□法定代表人　□清算组全体人员
签字或盖章	
日期：	

实训表单 6-4　国税税务登记

国税税务登记

填表日期：　　　　　　审核状态：

纳税人名称			纳税人识别号		
登记注册类型			批准设立机关		
组织机构代码			批准设立证明或文件号		
开业(设立)日期			生产经营期限		
证照名称			证照号码		
注册地址		邮政编码		联系电话	
生产经营地址		邮政编码		联系电话	
核算方式	请选择对应项目打"√"		从业人数		____其中外籍人数____
	( )独立核算　( )非独立核算				
单位性质	请选择对应项目打"√"				
	( )企业　( )事业单位　( )社会团体　( )民办非企业单位　( )其他				
网站网址				国标行业	
适用会计制度	请选择对应项目打"√"				
	( )企业会计制度　　　( )小企业会计制度				
	( )金融企业会计制度　( )行政事业单位会计制度				
经营范围					
请将法定代表人(负责人)身份证件复印件粘贴在此处					

职务	姓名	身份证件	固定电话	移动电话	电子邮箱
法定代表人					
财务负责人					
办税人					

续表

税务代理人名称		纳税人识别号		联系电话		电子邮箱	
注册资本或投资总额		币种	金额	币种	金额	币种	金额
投资方名称	投资方经济性质	投资比例		证件种类		证件号码	国籍或地址
自然人投资比例		%	外资投资比例		%	国有投资比例	%
代扣代缴、代收代缴税款业务情况		代扣代缴、代收代缴税款业务内容			代扣代缴、代收代缴税种		
附报资料							
经办人签章		法定代表人(负责人)签章			纳税人公章		

以下由税务机关填写：

纳税人所处街(乡)			隶属关系	
国税主管税务局		国税主管税务所(科)		是否属于国税、地税共管户
经办人(签字)： 受理日期：			国家税务登记机关(签字)： 核准日期： 国税主管税务机关：	
国税核发《税务登记证副本》数量： 本			发证日期：	

实训表单 6-5 地税税务登记

地税税务登记

填表日期：　　　　　　　　　　　　审核状态：

纳税人名称		纳税人识别号	
登记注册类型		批准设立机关	
组织机构代码		批准设立证明或文件号	
开业(设立)日期		生产经营期限	
证照名称		证照号码	
注册地址		邮政编码		联系电话	
生产经营地址		邮政编码		联系电话	
核算方式	请选择对应项目打"√" (　)独立核算　(　)非独立核算	从业人数	＿＿＿＿其中外籍人数＿＿＿＿
单位性质	请选择对应项目打"√" (　)企业　(　)事业单位　(　)社会团体　(　)民办非企业单位　(　)其他		
网站网址		国标行业	
适用会计制度	请选择对应项目打"√" (　)企业会计制度　(　)小企业会计制度 (　)金融企业会计制度　(　)行政事业单位会计制度		
经营范围			
请将法定代表人(负责人)身份证件复印件粘贴在此处			

职务	姓名	身份证件	固定电话	移动电话	电子邮箱
法定代表人					
财务负责人					
办税人					

续表

税务代理人名称		纳税人识别号		联系电话		电子邮箱	
注册资本或投资总额		币种	金额	币种	金额	币种	金额
投资方名称	投资方经济性质	投资比例		证件种类	证件号码		国籍或地址
自然人投资比例		%	外资投资比例		%	国有投资比例	%
代扣代缴、代收代缴税款业务情况		代扣代缴、代收代缴税款业务内容			代扣代缴、代收代缴税种		
附报资料							
经办人签章		法定代表人(负责人)签章			纳税人公章		

以下由税务机关填写：

纳税人所处街(乡)		隶属关系	
地税主管税务局		地税主管税务所(科)	是否属于国税、地税共管户
经办人(签字)： 受理日期：		国家税务登记机关(签字)： 核准日期： 地税主管税务机关：	
地税核发《税务登记证副本》数量： 本		发证日期：	

实训表单 6-6 增值税一般纳税人申请认定表

增值税一般纳税人申请认定表

纳税人名称			纳税人识别号			
法定代表人		证件名称及号码			联系电话	
财务负责人		证件名称及号码			联系电话	
办税人员		证件名称及号码			联系电话	
生产经营地址						
核算地址						
纳税人类别	( )企业性单位 ( )非企业性单位 ( )个体工商户 ( )其他					
纳税人主业	( )工业 ( )商业 ( )其他					
认定前累计应税销售额 (连续不超过 12 个月的经营期内)	___年__月__日至___年__月__日 共_____元					
纳税人声明	(签章): 日 期:					
税务机关						
受理意见	(签章): 日 期:					
查验意见	(签章): 日 期:					
主管税务机关意见	(签章): 日 期:					
认定机关意见	(签章): 日 期:					

实训表单 6-7　纳税人税种认定表

纳税人税种认定表

纳税人识别号：　　　　　　　　　审核状态：

微机编码		纳税人名称	
一、企业所得税			
类　　别	（　）独立核算　（　）非独立核算		
预缴方式	（　）每季度按上年度四分之一　（　）每季度按实际所得　（　）每月按实际所得　（　）每季按销售额和预征率预征		
二、资源税			
名　　称		应税项目	
三、土地增值税			
类　　别	（　）非房地产开发 （　）房地产开发	缴纳方式	（　）按月预缴 （　）按次预缴
四、房产税			
类　　别	（　）自用房产　（　）出租房产	缴纳方式	（　）按月　（　）按季 （　）按半年
五、车船税			
类　　别	（　）机动船　（　）非机动船　（　）机动车　（　）非机动车		
六、城镇土地使用税			
类　　别	（　）大城市　（　）中等城市　（　）小城市县城、建制镇、工矿区　（　）农村		
等　　级	（　）一级　（　）二级　（　）三级　（　）四级　（　）五级		
七、城市维护建设税			
类　　别	（　）增值税　（　）消费税		
性　　质	（　）市区　（　）县城、建制镇　（　）其他		
八、教育费附加			
类　　别	（　）增值税　（　）消费税		
九、个人所得税			
方　　式	（　）按月计算　（　）按年计算，分月预缴　（　）按次		
类　　别	（　）工资薪金所得　（　）个体工商户生产经营所得　（　）劳务报酬所得　（　）稿酬所得　（　）特许权使用费所得　（　）利息股息红利所得　（　）财产租赁所得　（　）财产转让所得　（　）偶然所得　（　）其他所得		

续表

十、印花税		
类　别	( )购销合同　( )加工承揽合同　( )建设工程勘察设计合同　( )财产租赁合同　( )建筑安装工程承包合同　( )货物运输合同　( )仓储保管合同　( )借款合同　( )财产保险合同　( )技术合同　( )产权转移书据　( )营业账簿　( )权利许可证照	
十一、提防维护费		
类　别	( )增值税　( )消费税	
十二、文化事业建设费		
类　别	( )娱乐业　( )广告业	
十三、地方教育发展费		
类　别	( )商业批发　( )运输企业联运　( )建筑业的转包　( )金融企业一般贷款　( )外汇有价证券买卖　( )其他	
十四、旅游开发基金		
类　别	( )旅游企业	

以下由税务机关填写

税种名称	税目或品目	税目或品目	申报期限	税率或单位税额	缴款方式	金库	预算级次	款项分类	款项分类名称	是否单独纳税
认定人			认定日期			录入人			录入日期	

实训表单 6-8　发票领购资格申请表

发票领购资格申请表

编号：　　　　　　　审核状态：

纳税人名称		法人代表姓名		用票单位公章	发票专用章
工商登记号		经 济 性 质			
税务登记号		上级主管部门			
经营范围					
纳税人地址		电话号码			
许可证					
发票购买人姓名		身份证号码			

以下由税务机关填写

准予印制购用票种类	普通发票	增值税发票	增值税发票	增值税发票	普通发票	普通发票	普通发票
数量							
税务所：	科：		主管税务机关盖章：		核发发票印制购用簿号码：		

实训表单 6-9　发票领购簿样张

领购簿

纳税人识别号	
发票领购簿代码	
纳税人名称	
法定代表人	
发票管理人	

纳税人(签章):
税务机关(签章):
时间:

核准使用发票情况	发票种类	发票代码	发票名称	单位	限购数量		备注
					每次领购/每月限购		
					数量	票面金额	
	增值税专用发票	1130	增值税专用发票	本			
	普通发票	20020	普通发票	本			
	购票方式: (　)批量供应　　(　)交旧购新 (　)验旧购新　　(　)其他				须提供发票担保的,是否已提供担保人或缴纳保证金 (　)是　　　(　)否		

领购簿

纳税人识别号	
发票领购簿代码	
纳税人名称	
法定代表人	
发票管理人	

纳税人(签章):
税务机关(签章):
时间:

核准使用发票情况	发票种类	发票代码	发票名称	单位	限购数量		备注
					每次领购/每月限购		
					数量	票面金额	
	增值税专用发票	1130	增值税专用发票	本			
	普通发票	20020	普通发票	本			
	购票方式: (　)批量供应　　(　)交旧购新 (　)验旧购新　　(　)其他				须提供发票担保的,是否已提供担保人或缴纳保证金 (　)是　　　(　)否		

模块七　开户

我是行政部的新人小邱，今天被老板安排去银行为公司开户，然而到了银行，看着排队的人群，一下子就懵了，开户到底要去哪个柜台呢？

——不知所措的小邱

某公司行政部的小李去银行为公司开户，在拿到"开立单位银行结算账户申请书"之后，看着其中的这些条目完全不敢下笔，有些内容的含义根本就看不懂。这可怎么办好呢？

小张是某公司行政部的职员，他带着营业执照、企业组织机构代码证、自己的身份证，可还是没有办成开户，这究竟是为什么呢？

学习要点
- 什么是开户？
- 开户的流程有哪些？

实训要点
- 领取"开立单位银行结算账户申请书"并填写。
- 提交所需相关资料。
- 颁发开户许可证。

主体学习

任务一　开户是什么

　　开户是指投资者(包括个人或单位)与银行建立储蓄、信贷等业务关系,开设结算账户、证券账户、资金账户等的行为。企业常用的账户包括基本存款账户和一般存款账户等。基本存款账户是办理转账结算和现金收付的主办账户,经营活动的日常资金收付以及工资、奖金和现金的支取均可通过该账户办理。开立基本存款账户是开立其他银行结算账户的前提。按《人民币银行结算账户管理办法》的规定,一家单位只能选择一家银行申请开立一个基本存款账户。

任务二　企业为什么要开户

　　国务院颁布的《现金管理暂行条例》规定,企业可以使用现金结算的是"结算起点(1000元)以下的零星支出",超过结算起点的应实行银行转账结算。因此,一般来说,企业一定要开对公账户。通过银行转账结算,一方面能够方便银行与公司对账,加强对企业资金的管理;另一方面也方便国家监管机构对企业进行监督。

　　对于企业来说,开户也是有好处的。因为公司日常经营活动的资金收付及其工资、奖金和现金的支取,都要通过该账户进行,公司的银行账户能够进行转账、提现、扣税和开具支票等业务,银行账户能够让公司的经营更加方便且有法律保障。

任务三　企业可以开设的账户

一、基本存款账户

　　基本存款账户是企事业单位的主要存款账户,该账户主要办理日常转账结算和现金收付,存款单位的工资、奖金等现金的支取只能通过该账户办理。基本存款账户的开立须报当地人民银行审批并核发开户许可证,许可证正本由存款单位留存,副本交开户行留存。企事业单位只能选择一家商业银行的一个营业机构开立一个基本存款账户。

二、一般存款账户

一般存款账户是企事业单位在基本存款账户以外的银行因借款开立的账户,该账户只能办理转账结算和现金的缴存,不能支取现金。一般存款账户开立数量没有限制,通常自正式开户之日起,3个工作日后,方可办理付款业务。

三、临时存款账户

临时存款账户是企业因临时经营活动需要开立的账户,该账户可办理转账结算并支取现金。通常,开立临时存款账户是因为企业要设立临时机构、在异地临时进行经营活动或办理注册验资等。一般情况下,一个临时机构或一个临时活动地只能开设一个临时存款账户。

四、专用存款账户

专用存款账户是存款人按照法律、行政法规和规章,对其特定用途资金进行专项管理和使用而开立的银行结算账户。专用存款账户可用于办理各项专用资金的收付,但允许支取现金的专用存款账户,须经批准同意。基本建设资金、更新改造资金、财政预算外资金、证券交易结算资金、单位银行卡备用金、期货交易保证金以及党、团、工会设在单位的组织机构经费等可以申请开立专用存款账户。

任务四 企业办理银行开户的基本步骤

> 任务:帮助企业在银行开立结算账户
> 坐标:财务部
> 相关:银行

一、需要携带的材料

在办理基本存款账户开户之前,银行需要审核企业的基本材料,因此应将下列材料提前准备好。

(1) 新版营业执照正本+副本。
(2) 法人代表身份证原件或单位负责人身份证原件。

(3) 经办人身份证原件。
(4) 办公场所证明(房屋产权证明或租赁合同)。
(5) 企业公章、财务章、出纳人名章。
(6) 公司股东身份证复印件(若股东为机构则为营业执照复印件)。
(7) 公司章程。
(8) 财务主管和财务经办人的身份证复印件。

注意：要求原件的材料，一般都应准备好相应的复印件。复印件必须清晰，可以辨认文字，身份证要求复印正反面并且在一张A4纸上。

二、填写开立银行结算账户申请表

公司选好开立基本存款账户的银行后，应该先去银行找客户经理进行预约开户。因为开户相对于普通结算业务来说，用时较长，且如果银行开户客户多的话，可能需要排期，所以先确认好时间后，办理开户的工作人员再前往银行领取"开立单位银行结算账户申请书"(见实训表单7-1)并进行填写。

实训环节

公司财务部的职员们，快去银行填写"开立银行结算账户申请书"吧！

实训指导：

由于"开立银行结算账户申请书"及需要签字的"银行结算账户管理协议"等都是正式文件，不允许涂改，为避免填错，需要提前了解相关填写要求。

企业需要填写的是在"以下为存款人上级法人或主管单位信息"之前的内容。在"存款人名称"栏填企业名称，"电话"栏填企业联系电话，"地址"栏填企业地址，"邮编"栏填企业邮政编码，"存款人类别"栏填企业法人，在法定代表人上打钩，"姓名"栏填法人代表的名字，"证件种类"栏填身份证，"证件号码"栏填法人代表身份证号码，在所从事的行业分类中打钩，"经营范围"栏填企业经营活动的种类，如皮类鞋制品、美容服务等，"证明文件种类"栏填营业执照并填写文件编号，"关联企业"栏填"列在'关联企业登记表'上"，在"账户性质"栏勾选基本账户，"资金性质"栏填经营资金，其他(如组织机构代码、注册资金和税务登记证(国税或地税)编号)需照实填写，当然，新办的三证合一的企业只需要填写统一的社会信用代码就可以了。

小贴士：

"行业分类"中各字母代表的行业种类

A：农、林、牧、渔业；B：采矿业；C：制造业；D：电力、燃气及水的生产供应业；

E：建筑业；F：交通运输、仓库和邮政业；G：信息传输、计算机服务及软件业；H：批发和零售业；I：住宿和餐饮业；J：金融业；K：房地产业；L：租赁和商务服务业；M：科学研究、技术服务和地质勘查业；N：水利、环境和公共设施管理；O：居民服务和其他服务业；P：教育业；Q：卫生、社会保障和社会福利业；R：文化、教育和娱乐业；S：公共管理和社会组织；T：其他行业。

小讨论：对比一下大家填的申请表，看看自己填的对吗？

三、提交结算账户材料

企业行政部人员提交填写完成的"开立单位银行结算账户申请书"的同时要携带相关资料上交到商业银行。

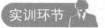

填写完"开立单位银行结算账户申请书"之后，请把结算账户材料提交给银行。

工作笔记

今天去银行开户，我带了下面这些材料。

_____

_____

_____

_____

_____

四、办理结算账户开户

银行审核材料后,通知企业交费,然后等待 7 个工作日就可以收到正式的开户许可证。通常,在办理结算账户开户时,银行还会询问企业是否需要办理企业网银、是否需要支付密码器、是否需要电子回单柜等。网银是现在企业常用的结算工具之一,员工发放工资、转账等都可以通过网银操作,建议企业开通网银。而支付密码器是用来生成支票密码的,电子回单柜主要取决于公司的办公地点距银行的远近,因为都属于额外收费项目,所以企业可以根据实际情况来决定。

实训环节

待审核通过之后,银行就会予以颁发开户许可证了。开户许可证如图 7-1 所示。

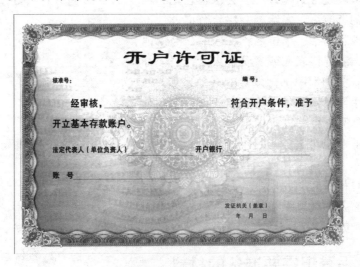

图 7-1　开户许可证

拿到开户许可证,企业就算开户成功了!

(扫二维码,看视频)

任务五 企业社保登记

> 任务：帮助企业在社保中心开设账户
> 坐标：财务部
> 相关：社保中心

为保障企业员工的合法权益，根据《社会保险费征缴暂行条例》的规定，新成立的企业应当自成立之日起 30 日内，持营业执照或者登记证书等有关证件，到社会保险经办机构办理社会保险登记。社会保险经办机构审核后，发给社会保险登记证件。社会保险登记内容包括：单位名称、住所、经营地点、单位类型、法定代表人或者负责人、开户银行账号以及国务院劳动保障部门规定的其他事项。办理好缴费登记手续后，缴费单位应当在每月 1 日至 15 日内，按社会保险经办机构指定的日期缴纳社会保险费。本企业职工个人应当缴纳的社会保险费，由企业从职工本人工资中扣除后代为缴纳。

我国各地对社保缴纳的规定各有不同，以上海市为例，企业需要为员工缴纳的以及需员工承担的各项保险的比例如图 7-2 所示。

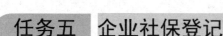

2016年度上海市职工社会保险缴费标准

缴费基数：上限 17817元 下限 3563元

		机关、事业、企业、社会团体等单位	可雇工的个体工商户	非正规就业劳动组织从业人员	灵活就业人员(含非全日制从业人员)
缴费基数		3563-17817元(注1)	3563-17817元	3563-17817元	3563-17817元
养老	单位缴费	20%	20% 业主	28%	28%
	个人缴费	8%	8% 个人(含雇主)		
医疗	单位缴费	10%	10% 业主	12%	12%
	个人缴费	2%	2% 个人(含雇主)		
失业	单位缴费	1%	1% 业主	1.5%	/
	个人缴费	0.5%	0.5% 个人(含雇主)		
生育	单位缴费	1%	1% 业主	/	/
工伤	单位缴费	0.2-1.9%	0.2-1.9% 业主	0.2-1.9%	(注2)

图 7-2 社保缴费比例

一、企业社保登记需要准备的材料

(1) 新版营业执照副本及复印件(复印件两份)。
(2) 公司银行开户许可证复印件。
(3) 法人身份证正反面复印件。
(4) 社会保险单位信息登记表(见实训表单 7-2)。
(5) 企业员工花名册(含应发工资、实发工资和身份证号码)及其身份证复印件(正反面)。

注意：公司可到公司注册地或经营地办理社保开户手续。但到经营地办理社保开户手续的，一定需要带齐经营地的房屋租赁合同复印件，以及房产证复印件。

小贴士：

各地办理社保登记需要的具体材料及办理流程可能会稍有不同，办事前建议咨询当地社保经办部门确定。以社会保险单位信息登记表为例，有些地方是在当地社保中心申领并当场填写，而有些地方则是先在网上填写提交，打印后盖上企业公章，再连同其他材料一起送社保中心审核。

二、社保登记流程

社保登记流程如图 7-3 所示。

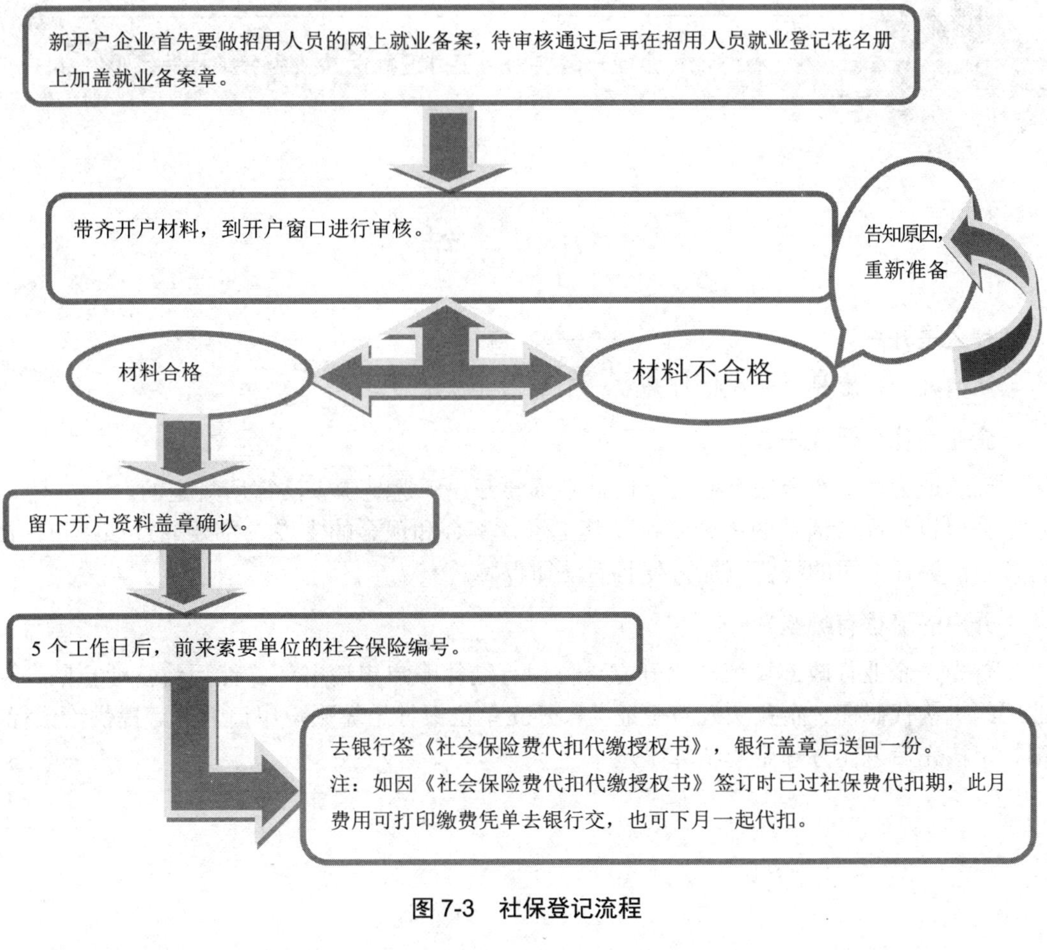

```
新开户企业首先要做招用人员的网上就业备案，待审核通过后再在招用人员就业登记花名册上加盖就业备案章。
                ↓
带齐开户材料，到开户窗口进行审核。              告知原因，
                                              重新准备
       材料合格  ←→  材料不合格
          ↓
留下开户资料盖章确认。
          ↓
5 个工作日后，前来索要单位的社会保险编号。
          ↓
去银行签《社会保险费代扣代缴授权书》，银行盖章后送回一份。
注：如因《社会保险费代扣代缴授权书》签订时已过社保费代扣期，此月费用可打印缴费凭单去银行交，也可下月一起代扣。
```

图 7-3　社保登记流程

实训环节

请准备好相关材料，到社保中心为员工们办理好登记手续吧。

实训指导：

新设企业一次性办理社保登记需填写"社会保险单位信息登记表"(见实训表单 7-2)，后期如有新的员工加入，可单独填写"企业增员信息登记表"(见实训表单 7-3)。

如有必要，请财务部员工结合社保计提的各项要求向全体公司员工解释应发工资和实发工资的区别。

小讨论：企业一定要为员工办理社保并按月缴纳社保费吗？

小 结

什么是开户？

所谓开户，就是企业在银行开立一个基本存款账户。

企业为什么要开户？

简单地说，一个合法企业成立后，必须要开户，这是国家法律所规定的。

公司日常经营活动的资金收付及其工资、奖金和现金的支取，都要通过该账户，银行账户能够让公司的经营更加方便且有法律保障。

开户的流程有哪些？

首先，企业行政部要填写"开立单位银行结算账户申请书"，然后将营业执照、企业组织机构代码证、企业法人身份证、"开立单位银行结算账户申请书"等提供给银行，银行审核完后就会办理企业结算账户。

企业成立后，必须在银行开立一个基本存款账户，这是国家法律规定的。

首先行政部工作人员要填写"开立单位银行结算账户申请书。"

然后将营业执照、企业组织机构代码证、企业法人身份证、"开立单位银行结算账户申请书"等提供给银行。

本课回顾

实训流程回顾

企业行政部填写"开立单位银行结算账户申请书"→企业行政部提供结算账户材料→银行审核办理企业结算账户。

企业行政部到社保局申请开户→填写公司参保人员名单,并复印参保人员身份证号码→到地税部门开票→到银行交钱→领取社保卡和社保证书。

知识梳理

企业成立后,必须在银行开立一个基本存款账户,这是国家法律所规定的。

开立的账户能够实现公司日常经营活动的资金收付及其工资、奖金和现金的支取,让公司的经营更加方便且有法律保障。

企业要开立银行账户,首先,行政部工作人员要填写"开立单位银行结算账户申请书",然后将营业执照、企业组织机构代码证、企业法人身份证、"开立单位银行结算账户申请书"等提供给银行,银行审核完后就会办理企业结算账户了。

除银行开户,对于新办企业,需要在员工转正或者协商好后,办理保险,对于新办企业,在办理保险前,需到所在区域管辖的社保局进行开户。

拓展学习

变更银行结算账户

银行结算账户的变更是指存款人名称、单位法定代表人或主要负责人、住址以及其他开户资料发生的变更。

根据《账户管理办法》和《账户管理办法实施细则》的有关规定,银行结算账户的存款人名称发生变更,但不改变开户银行及账号的,应于5个工作日内向开户银行提出银行结算账户的变更申请,并出具有关部门的证明文件。

单位的法定代表人或主要负责人、住址以及其他开户资料发生变更时,应于5个工作日内书面通知开户银行并提供有关证明。

银行接到存款人有关核准类银行账户的存款人名称、法定代表人或单位负责人的变更申请后,需在两个工作日内,将存款人的"变更银行结算账户申请书"、开户许可证以及证明文件报送中国人民银行当地分支行。当地分支行对符合变更条件的，核准其变更申请，收回原开户许可证，颁发新的开户许可证；对不符合变更条件的，不核准其变更申请。

需撤销银行结算账户的情况

银行结算账户的撤销是指存款人因开户资格或其他原因终止银行结算账户使用的行为。

根据《账户管理办法》的规定，发生下列事由之一的，存款人应向开户银行提出撤销银行结算账户的申请。

(1) 被撤并、解散、宣告破产或关闭的。
(2) 注销、被吊销营业执照的。
(3) 因迁址需要变更开户银行的。
(4) 其他原因需要撤销银行结算账户的。

存款人有第(1)、(2)项情形的，应于5个工作日内向开户银行提出撤销银行结算账户的申请。

存款人尚未清偿开户银行债务的，不得申请撤销银行账户。

实训表单 7-1　开立单位银行结算账户申请书

开立单位银行结算账户申请书

存款人名称				电话	
地　　址				邮编	
存款人类别			组织机构代码		
法定代表人(√)		姓　名			
单位负责人( )		证件种类		证件号码	
行业分类	□A　□C　□E　□G　□I　□K　□M　□O　□Q　□S □B　□D　□F　□H　□J　□L　□N　□P　□R　□T				
注册资金				地区代码	
经营范围					
证明文件种类				证明文件编号	
税务登记证(国税或地税)编号					
关联企业	关联企业信息填列在"关联企业登记表"上。				
账户性质	□基本　　□一般　　□专用　　□临时				
资金性质				有效日期至	

以下为存款人上级法人或主管单位信息：

上级法人或主管单位名称			
基本存款账户开户许可证核准号		组织机构代码	
法定代表人( ) 单位负责人( )	姓　名		
	证件种类		
	证件号码		

以下栏目由开户银行审核后填写：

开户银行名称		开户银行代码	
账户名称		账号	
基本存款账户开户许可证核准号		开户日期	
本存款申请开立单位银行结算账户，并承诺所提供的开户资料真实、有效。 存款人(公章) ____年__月__日	开户银行审核意见： 经办人： 银行(签章) ____年__月__日	人民银行审核意见： (非核准类账户除外) ____年__月__日	

填表注意：
1. 存款人名称
　　填写内容要与营业执照和存款人公章上的名称一致。
2. 注册地址
　　填写内容与营业执照、组织机构代码证和税务登记证上的地址一致，地址填写应规范，如"××省××市××县(区)××××"，电话应提供能确保银行可以联系的固定或移动电话号码。
3. 存款人类别
　　企业法人-企业法人营业执照。
4. 组织机构代码
　　企业、机关、事业单位、社会团体、宗教组织、民办非企业组织、外地常设机构、外国驻华机构、有字号的个体工商户等有组织机构代码证的，应填写组织机构代码。
5. 法定代表人、单位负责人及姓名、证件种类、证件编号
　　如营业执照为"企业法人营业执照"，则该单位为法人企业，应勾选法定代表人。有效身份证种类主要包括居民身份证、军官证、文职干部证、警官证、士兵证、港澳居民往来内地通行证、台湾居民往来大陆通行证、外国人永久居留证等。
6. 行业分类
　　可选择一项或多项，该企业如不是"国际组织"，不得选择"Ⅰ"。
7. 注册资金
　　开户证明文件上记载注册资金的，要填写注册资金币种以及注册资金金额。
8. 地区代码
　　填明单位注册地(或住所)六位地区代码、城市，如100000(北京市)。
9. 证明文件种类、编号
　　证明文件种类包括"营业执照""政府批文""登记证书""开户证明"等；
　　证明文件有编号的必须填写完整字号，如"企独京字第××××号"。
10. 税务登记证(国税或地税)编号
　　存款人有国税、地税登记证的，则填写国税、地税登记证种类及编号；只有国税的，则填写国税登记证编号；只有地税的，则填写地税登记证编号。
11. 账户性质
　　基本存款账户。
12. 资金性质及有效日期
　　申请开立基本存款账户，无须填写资金性质及有效日期。

实训表单 7-2　社会保险单位信息登记表

社会保险单位信息登记表

单位名称		组织机构代码	
地　　址		单位电话	
工商登记执照号码		法定代表人姓名	
法定代表人公民身份号码		开户银行	
开户基本账号		开户户名	
税务机构		税　　号	
缴费方式			
参加险种	□养老　□失业　□工伤　□医疗　□生育 (请在相应的项目前打"√")		
审核意见			
审核人		日　期	

实训表单 7-3　企业增员信息登记表

企业增员信息登记表

姓　　名		公民身份证	
性　　别		出生日期	
民　　族		户口性质	
参加工作日期		文化程度	
婚姻状况		个人身份	
联系电话		邮政编码	
户口所在地		现居住地址	
参加险种	□养老　□失业　□工伤　□医疗　□生育 (请在相应的项目前打"√")		
就业状态		缴费基数	
备　　注			
审核意见			
审核人		日期	

第三篇 企业运营

模块八 我是大老板
——企业中的 CEO

我是小宋，因为销售业绩突出，被公司老板寄予厚望，升职成为分公司的 CEO，但在当上 CEO 之后，却发现完全管不住下属的职员，公司的运营也越来越糟糕，难道业绩突出的自己会能力不够吗？

——茫然失措的小宋

小李想要经营一家公司，但是在选择经营范围时犯了愁，究竟应该按照自己的兴趣去经营动漫产业呢？还是去经营相对简单些的餐饮行业和服装行业呢？

小张是一家服饰行业的 CEO，公司经营得非常好，现在想转型做制造业，但又不想更改公司的组织框架，就这样，在经营了几个月后，新公司的发展就遇到了瓶颈，这是怎么回事呢？

学习要点	实训要点
● CEO 的领导力。 ● CEO 的工作职能。	● 各部门权限和职责的分配。 ● 做好各部门的协调工作。

主体学习

任务一　CEO 的领导力

作为 CEO，在企业运营中要具备足够的领导力，带领其团队以最小的成本实现其目标。为此，CEO 应该会凝聚人心，使其他人能够齐心协力配合他的指挥。CEO 的领导力体现在决策、组织、教导、执行等不同方面，但简单来说，一个 CEO 的领导力通常来自以下几个方面。

(1) 要对事业聚精会神。CEO 自己要有很强的定力，无论是什么挑战，都不会对他本人产生太大的影响。即便仅仅是对过去经历的描述，也能感受他当时的那份热爱。要知道，唯有使命感及坚定的信仰才能引领企业获得成功。

(2) 要有远见。一个好的 CEO 要眼光独到，能够看清企业未来的发展方向和路径，"领导者生活在未来"。如果 CEO 能拨开迷雾，一针见血地指出公司面临的核心问题，人们肯定会服从。

(3) 要有人格魅力。人格魅力摸不着，看不见。只可意会，难以言传。它是个人内在知识和修养的自然露出，是一个人的态度、个性、气质、人品、能力、经历等特征的总和。人格魅力一定是自然的流露，而不是刻意的包装和作秀。CEO 的人格魅力并不能简单地建立在几次新闻稿或者媒体访谈中，它需要自身散发出来的正能量气场，通过创业、生活等方方面面潜移默化地影响受众，而具备外倾、可靠、随和、情绪稳定、自信等特质的 CEO 更容易让受众感受到他的人格魅力。

(4) 智商高。卓越的 CEO 知道什么时候需要运用逻辑思考，什么时候要相信直觉，什么时候需要顺其自然，什么时候需要管理，什么时候又需要引导。

(5) 充满激情。CEO 要有驾驭变化的能力，愿意和希望迎接挑战，能够带领被领导者实现长远的目标。时刻充满激情，既能激励自己，也能启发他人。

小讨论：大家觉得如何提升领导力呢？

商务流程综合实训教程

任务二　CEO 的工作职能

作为一名 CEO，他需要对企业所有的事情负责。特别是在公司的启动阶段，CEO 甚至需要担负起公司的成败。因此，公司运作、市场、战略、财务、企业文化的创立、人力资源、雇用、解聘及遵守安全法规、销售、公共关系等，这一切都落到了 CEO 的肩上。那么，CEO 的主要工作职能是什么呢？

一、经营业务设计

企业经营好比大海行船，船长手握方向盘指挥船务人员，依靠水手，以最短的航线、最快的速度将大船驶向目的地。在行船过程中可能会遇到风浪雷雨，而船长会指示船员勇往直前与风雨斗争或是会临时改变航线避开风险，但最终还是会驶向目的地，并且会成功抵达。公司的 CEO 正如船长，要对公司的经营业务进行全盘设计和决策。虽然企业的重大经营决策需要投资者们通过股东大会投票表决，但最终还是要 CEO 执行并实现企业的发展方向和经营范围。

例如，这家公司的目标市场是哪些？要面临怎样的竞争对手？具体建立什么生产线？怎样树立特有的企业形象？CEO 需要根据董事会或集团公司提出的战略目标，制定公司战略，提出公司的业务规划、经营方针和经营形式。

小贴士：

1. 实训企业基本信息

本次模拟的核心企业是制造业企业。企业主要从事计算机制造，初始注册资本 500 万元。企业向材料供应商购入各种电脑配件，在生产线上完成组装，形成完整的产品出售给商贸公司或者其他模拟市场。

2. 企业产品

企业主导产品有普通配置电脑、中端配置电脑、中高端配置电脑、高端配置电脑等。在企业的初始运营阶段，仅能生产普通配置电脑，其他型号的电脑需要经过研发后方能投入生产，研发需要投入一定的时间和经费。

3. 企业市场

企业所在的本地市场可以即时开拓，但本地市场需求有限。企业可以面向其他地区开拓不同的区域市场，开拓市场需要一定的时间，而且需要付出不同额度的开拓费用，用以维护销售渠道。

*详细信息可以通过后面模块中关于采购、生产、销售等部门的介绍获得。

> 实训环节

CEO 们，请搜集相关信息，做出公司经营的基本业务设计，为公司的后续发展规划一幅宏伟蓝图吧！

二、组织框架设计

确立了公司的经营业务之后，当然还要聘用一支高水平的管理队伍去带领着全公司向着既定的战略目标前进。这时候，CEO 就需要使用组织结构设置的权利，组成一支持续、制衡、高效的队伍来达成企业目标，确保企业高效、平稳的运行。

小贴士：

实训企业组织结构建议如图 8-1 所示。

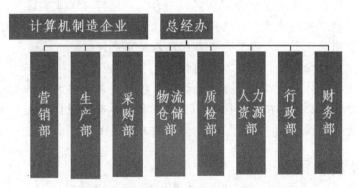

图 8-1　本次模拟经营的企业组织结构

三、对各部门的权限和职责进行设定

> 任务：设定各部门的权限和职责
> 坐标：CEO
> 相关：公司各部门

在确定公司的组织结构后，需要对各部门的工作内容提出基本要求，合理、有效地设置各部门和岗位，建立部门和岗位责任制度，明确工作职责，建立、健全内部牵制制度，实行不相容职务相分离。公司各部门的常规职责和权限在本书模块一了解企业中已经有较为全面的介绍，此处不再重复。

实训环节

CEO们，快去给你的职员们分配任务吧！

实训指导：

为了更好地完成实训，除财务部因不相容职务分工的需要，分设财务主管、出纳等岗位外，其余部门的人员既是部门主管也是部门员工，需要同时承担部门决策和部门业务执行的工作。例如，承担CEO工作的学生既要完成CEO的各项决策职责，也要承担总经理办公室的通知下发、联系部门等职责。

(1) 使用软件实训，请按照如下流程操作。
① CEO以自己的用户名和密码登录系统。
② 选择"我的实验"，进入实验选择页面，选择需要操作的实验。
③ 进入"现代企业运营综合仿真实训平台"，选择"工业园区"，进入企业。
④ 进入"组织机构设置"，选择"部门设置"，选择本次实验的部门。
⑤ 选择"岗位设置"，设置每个部门的人员角色。
⑥ 选择"岗位安排"，安排人员岗位。

(2) 使用手工操作，请在部门分工确认后，填写实训表单8-1 机构人员登记表。

为了更好地管理公司，在实训期间，CEO应要求各部门逐日提交工作内容汇报(见实训表单8-2)并进行审核确认，以便了解各部门的工作情况。

四、重要经营决策

> 任务：公司重大经营决策
> 坐标：CEO
> 相关：公司各部门

在公司成立初期，从厂房的选择、生产线的购买、产品的类型到员工的薪酬、资金的调配等，无一不需要CEO的决策。而这些决策对公司未来的发展都起到了至关重要的作用。俗话说："好的开始是成功的一半。"那么，企业成立初期，有哪些必要的重大决策呢？

1. 企业选址

企业成立之后必须先进行生产选址。生产选址和办公选址有所不同，办公选址往往考虑商务往来、人员交通的便利性，而生产选址则会考虑生产设施的安全性、货物运输的便利性等。有些大型公司甚至会将生产地点和办公地点放在不同的城市，但对于中小型企业来说,往往生产地点也就是办公地点了。

实训指导:

在模拟实训中,企业可以选在华北地区、华东地区等任一个区域,公司的选址将影响公司在未来可能开拓的市场范围、开拓的时长、材料和货物运输的时间等,且企业选址后不可更换地址。采用手工实训不产生相应影响,可自行指定。

2. 厂区购买

企业选定生产地址后,需要建造厂房,但是在建造厂房之前,需要先通过合法途径取得生产用地的土地使用权,也就是通常所说的购买厂区。企业可以采用出让方式从国家土地管理部门取得土地使用权,也可以通过转让方式从其他土地使用权人手中取得土地使用权。

实训指导:

在模拟实训中,每个企业限购买一个厂区,厂区使用权的土地出让价格为100 000元,厂区购买的决定需要由总经理签字后生效,而资金的使用需要财务人员做相应的记录。手工实训可使用实训表单18-5转账支票向银行支付,本书提供样张,可复印多张备用。财务部门所需凭证账册需另备,本书未提供。

3. 厂房的建造、购买或租赁

建造厂房需要经过策划决策、勘察设计、建设准备、施工阶段、生产准备、竣工验收、经济考核评价等环节,花费较多的人力、物力、时间、金钱。在条件许可的情况下,有些企业也可以直接购买或者租赁房地产开发企业直接开发好的工业园区用地及厂房,这会节约大量的建造时间和精力,提高经营效率。

实训指导:

在模拟实训中,提供购买建造厂房或租赁工业园区的厂房两种选择。购买厂房的价格为80 000元,所有权归企业所有,企业需要对厂房进行维护,并按月计提折旧费用,厂房使用寿命为8年,每季度维护费用为500元,在不需要时可以出售厂房并收回部分资金。租赁的厂房按季度支付租金费用,每季度的租金为2000元。如果下一个季度不再需要,则当季度末必须进行退租,否则厂房出租方会继续收取租金。无论自建或是租赁,每座厂房均能容纳5条生产线。企业在进行决策后,请财务人员根据决策内容进行相应的会计处理(会计处理包括一次性处理和此后与之相关的各项活动,以后不一一提醒)。

需要租赁厂房的公司可以用租赁合同样张(见实训表单8-3),同租赁公司签订租赁协议。

4. 生产线的购买与安排

一般情况下,技术含量越高的生产线价格越贵,但也能够生产更多的产品或者生产更高等级的产品。企业需要根据自己的产品类型、销售市场的大小决定产品的市场需求量，进而预估生产产量，并由此决定将要购买的生产线的类型。

实训指导：

在模拟实训中，不同的生产线的参数指标如表 8-1 所示。

表 8-1　企业生产线参数

设备名称	人工费/季度	产能	购置费	维修费/季	使用期限/季	残值率	转产费用
手工生产线	9 000	300	120 000	5 000	12	5%	
半自动生产线	12 000	450	160 000	6 000	16	5%	600
全自动生产线	15 000	600	300 000	8 000	20	5%	800
柔性生产线	18 000	800	420 000	12 000	24	5%	

购买生产线后需要进行产品安排，设定生产线生产某种产品，设定后，此生产线只能生产设定的产品，如需生产另外一种产品，则必须进行生产线转产，转产需要停工一个月不能生产，并要付出相应的金钱。

5. 仓库建设或租赁

企业购买的原材料和生产的产品都需要仓库储存。企业可以选择建设或租赁仓库，其中，材料仓库的选址建议尽可能靠近企业的生产车间，而产品仓库的选址建议尽可能靠近终端市场，以便提高货物配送时效，降低配送成本。仓库在建造时必须具有延展性，遇公司业务量扩大时，仓库可在原址不动的情况下进行面积扩增；又因为时常有货物进出，建议仓库与办公场地分离，具备独立运作能力。

实训指导：

在模拟实训中，每个企业至少需要两个仓库，一个为原材料仓库，另一个为成品仓库。自建大型仓库的费用是 30 000 元，使用寿命为 8 年，每季度维护费用为 500 元，自建的仓库可以永久使用，在不需用的时候可以处置并收回资金；租赁的仓库必须按季度支付租金，租金费用为每季度 3 000 元，如果下一个季度不再需要，则当季度末必须进行退租；如果下一个季度继续使用，则在下一个季度进行续租。无论自建或租赁，每个仓库能容纳的货物件数均为 20 000 件。

小讨论：CEO 做出重要经营决策的依据是什么？

小贴士：

其实，一个重大的决策有很多步骤，包括商讨前的一系列程序步骤和研究过程，也包括决定做出之后，不断跟踪检查、修正完善的过程。决策的核心是选优，即通过比较分析，从多种方案中甄选出一个最好的方案，没有经过选优的决定是不够周密也不够合理的，不能称之为决策。

做决策时要有科学依据，遵循科学程序，运用科学方法，同时要借用员工和集体的智慧，进行民主决策。领导在决策上有所失误，大多是因为违背了决策的基本要求。但这种基本要求并不是必需的要求，尤其是民主决策，有时被优秀的领导弃之不用，也能取得成功。

随着社会的发展，决策方式也应当不断变化，以往的经验不能简单照搬，要掌握信息论、系统论、控制论等科学理论，采用现代科学方法，谨慎地进行决策。

实训环节

CEO 们，你们的决定将影响公司的未来！在做出重大决策之前，是否需要和公司高管们开一次公司会议呢？

工作笔记

我们成立的公司已经走到了_____这一步。现阶段还存在以下的困难。

_____

_____

_____

(扫二维码，看视频)

实训结束后，请 CEO 填写员工考核评价表(见实训表单 8-4)，对本公司员工进行业绩考评。

小　　结

什么是 CEO？

CEO，即 Chief Executive Officer 的缩写，译为首席执行官，是一种高级职务名称。首席执行官对公司的董事会负责，而且往往就是董事会的成员之一。在公司或组织内部拥有最终的执行权力。

CEO 的领导能力如何培养？

作为 CEO，要实现其领导力，应具备以下基本素质：对事业聚精会神、有远见、有人格魅力、智商高、充满激情。

CEO 有哪些工作职能？

作为一名 CEO，他对所有的事情负责。因此，公司运作、市场、战略、财务、企业文化的创立、人力资源、雇用、解聘及遵守安全法规、销售、公共关系等，这一切都落到了 CEO 的肩上。

CEO，即首席执行官，对公司的董事会负责，在公司或组织内部拥有最终的执行权力。

因此，作为一名CEO，要对公司运作、市场、战略、财务、企业文化、公共关系等所有的事情负责。

正因为如此，作为CEO，就要具备学习能力、管理变革的能力、领导能力以及个性魅力。

只有这样，CEO才能肩负起引领企业前进的责任！

本课回顾

实训流程回顾

对各部门的权限和职责进行设定→召开企业会议→协调部门工作。

知识梳理

CEO，即首席执行官，对公司的董事会负责，而且往往就是董事会的成员之一，在公司或组织内部拥有最终的执行权力。

因此，作为一名CEO，他要对公司运作、市场、战略、财务、企业文化的创立、人力资源、雇用、解聘及遵守安全法规、销售、公共关系等所有的事情负责。

正因为如此，作为CEO，要具备如下基本技能：学习能力、集中精力抓要害问题的能力、有策略头脑、管理变革的能力、领导能力以及个性魅力。只有这样，才能肩负起引领企业前进的责任。

拓展学习

董事长、总裁、CEO和总经理之间有什么差别？

(1) 董事长。企业所有权的代表。要么，他是企业的老板；要么，他是企业最大的股东，是全体股东推举出来的代表。一般来说，他负责决策重要事务，不参与经营管理活动，就像国家主席。

(2) CEO与总裁。前者是西方国家的称谓，后者是我国的称谓，就是企业的最高行政长官。一般而言，这两种称呼只会出现在集团公司，且不会并存，因为他们的职责差不多，只是称谓不同而已。也有少数公司两者都有，但一般是一个人兼着；如果是两个人分别担任的话，CEO略大。这个相当于国务院总理。

(3) 总经理。在非集团公司里，总经理就是CEO，是经营管理的老大。在集团公司里，总经理比CEO权限小，CEO只有一个，而总经理一个子公司就有一个，相当于省长。

(4) 执行总裁。总裁下面，有的还设置一些副总裁什么的，而执行总裁就属于此类，主要是分管某一块工作的，其职权绝对比总裁低，相当于部长。

一个失败 CEO 的特征

（1）干预进行中的业务。很多公司的 CEO 喜欢插手正在进行中的业务。例如，一个销售将要把事情谈成了，忽然另一个公司的熟人打电话让 CEO 帮忙，于是正在谈着的业务就会发生很多波折，因为每次谈定一个事情都需要花费很长时间进行磨合，已经确认好事情如果被打乱，就会出现很多差错，好的结果是延长时间，坏的结果则会使谈判失败。

这种案例在商务合作中比较常见，作为 CEO，如果把握不好分寸，就会导致很多事情中途变卦，从而影响公司的很多流程。

（2）插手部门事务。某些 CEO 喜欢插手部门事务。例如，插手市场部，市场部去印刷宣传单页，他说没效果，市场部去做活动，他说方向不对，然后整个事情的结果就会倒向 CEO 的一方，结果要么是做了一个 CEO 认为有效果的事情，要么就是啥也没做成。

很多 CEO 可能会有一些高端的经验，比如读过 MBA，做过投资，或者仅仅是局限于某一个方面的经验，而对不专业领域或者部门事务的干预，会造成很多事情无法执行，或者使很多部门事情做的效果很差。

（3）欲望强烈贪多。有的公司的 CEO 对商业机会的观察非常细致和敏锐，从而就会想做很多事。比如，在移动互联网圈，看到移动广告很火，就赶紧做个广告联盟；看到统计系统很火，就赶紧做个统计系统……这样的结果只会造成公司盲目的扩张，而公司的主力项目却受到影响，公司的员工被各种调岗，产品做出来后，和专业做统计的、专业做广告的一对比，根本没有竞争力，最后只能撤了项目，遣散人员，影响恶劣。

一个团队专注做一件事情容易成功，一个团队一下做三件事情，则很容易失败。笔者曾经遇到很多这样的公司，不断启动新的项目，结果什么项目都做得一塌糊涂，最后把公司都做死了。因此说，CEO 的贪欲会葬送一个公司的前途。

实训表单 8-1 机构人员登记表

机构人员登记表

机构名称：

序号	部门	岗位	班级	姓名	学号
1					
2					
3					
4					
5					
6					
7					
8					
9					
10					
11					
12					
13					
14					

实训表单8-2　工作内容汇报(样张)

工作内容汇报

部　门		日　期	
工作内容			

部门负责人：_____　　　　　　　　　　　CEO：_____

实训表单 8-3　厂房租赁合同书

厂房租赁合同书

出　租　方：_____　(以下简称甲方)
授权代表：_____　　　　　　　职务：_____
地　　　址：_____　　　　　　　邮编：_____
电　　　话：_____　　　　　　　传真：_____

承　租　方：_____　(以下简称乙方)
授权代表：_____　　　　　　　职务：_____
地　　　址：_____　　　　　　　邮编：_____
电　　　话：_____　　　　　　　传真：_____

根据有关法律法规，甲乙双方经友好协商一致达成如下条款，以供遵守。

第一条　租赁物位置、面积、功能及用途

1.1 甲方将位于_____的厂房或仓库(以下简称租赁物)租赁给乙方使用。租赁物面积经甲乙双方认可确定为_____平方米。

1.2 本租赁物的功能为_____，包租给乙方使用。如乙方需转变使用功能，须经甲方书面同意，因转变功能所需办理的全部手续由乙方按政府的有关规定申报，因改变使用功能所应交纳的全部费用由乙方自行承担。

1.3 本租赁物采取包租的方式，由乙方自行管理。

第二条　租赁期限

2.1 租赁期限为___年，即从____年__月__日起至____年__月__日止。

2.2 租赁期限届满前____个月提出，经甲方同意后，甲乙双方将对有关租赁事项重新签订租赁合同。在同等承租条件下，乙方有优先权。

第三条　免租期及租赁物的交付

3.1 租赁物的免租期为___个月，即从____年__月__日起至____年__月__日止。免租期届满次日为起租日，由起租日开始计收租金。

3.2 在本出租合同生效之日起___日内，甲方将租赁物按现状交付乙方使用，且乙方同意按租赁物及设施的现状承租。

第四条　租赁费用

4.1 租赁保证金

本出租合同的租赁保证金为首月租金的___倍，即人民币_____元(大写：_____)。

4.2 租金

租金第 1 年至第 2 年为每月每平方米人民币_____元,第 3 年至第 5 年每年租金将在上年的基础上递增____%;第 6 年起的租金,将以届时同等位置房屋的租金水平为依据,由甲乙双方另行共同商定。每年的____月____日作为当年租金调整日。

4.3 物业管理费

物业管理费为每月每平方米人民币_____元。

4.4 供电增容费

供电增容的手续由甲方负责申办,因办理供电增容所需缴纳的全部费用由乙方承担。

第五条 租赁费用的支付

5.1 乙方应于本合同签订之前,向甲方支付部分租赁保证金人民币_____元,租赁保证金的余额将于____月____日前向甲方一次性支付完毕。

租赁期限届满,在乙方已向甲方交清了全部应付的租金、物业管理费及因本租赁行为所产生的一切费用,并按本合同规定承担向甲方交还承租的租赁物等本合同所约定的责任后____日内,甲方将向乙方无条件退还租赁保证金。

5.2 乙方应于每月____日或该日以前向甲方支付当月租金,并由乙方汇至甲方指定的下列账号,或按双方书面同意的其他支付方式支付。

甲方开户行:_____ 甲方账号:_____

乙方逾期支付租金的,应向甲方支付滞纳金,滞纳金金额为:拖欠天数乘以欠缴租金总额的_____。

5.3 乙方应于每月____日或该日以前按第 4.3 条的约定向甲方支付物业管理费。逾期支付物业管理费,应向甲方支付滞纳金,滞纳金金额为:拖欠天数乘以欠缴物业管理费总额的_____。

5.4 本合同生效后,甲方开始申办供电增容的有关手续,因供电增容所应缴纳的费用,包括但不限于增容,由乙方承担。乙方应在甲方申办有关手续期间向甲方支付有关费用。

第六条 租赁物的转让

6.1 在租赁期限内,若遇甲方转让出租物的部分或全部产权,甲方应确保受让人继续履行本合同。在同等受让条件下,乙方对本出租物享有优先购买权。

第七条 专用设施、场地的维修、保养

7.1 乙方在租赁期间享有租赁物所属设施的专用权。乙方应负责租赁物内专用设施的维护、保养、年审,并保证在本合同终止时专用设施以可靠运行状态随同租赁物归还甲方。甲方对此有检查监督权。

7.2 乙方对租赁物附属物负有妥善使用及维护之责任,对各种可能出现的故障和危险应及时消除,以避免一切可能发生的隐患。

7.3 乙方在租赁期限内应爱护租赁物,因乙方使用不当造成租赁物损坏的,乙方应负责维修,费用由乙方承担。

第八条 防火安全

8.1 乙方在租赁期间须严格遵守《中华人民共和国消防条例》以及_____有关制度，积极配合甲方做好消防工作，否则，由此产生的一切责任及损失由乙方承担。

8.2 乙方应在租赁物内按有关规定配置灭火器，严禁将楼宇内消防设施作为其他用途。

8.3 租赁物内确因维修等事务需进行一级临时动火作业时(含电焊、风焊等明火作业)，须消防主管部门批准。

8.4 乙方应按消防部门有关规定全面负责租赁物内的防火安全，甲方有权于双方同意的合理时间内检查租赁物的防火安全，但应事先给乙方书面通知。乙方不得无理拒绝或延迟给予同意。

第九条 保险责任 (也可以没有此条)

在租赁期限内，甲方负责购买租赁物的保险，乙方负责购买租赁物内乙方的财产及其他必要的保险(包括责任险)。若甲乙双方未购买上述保险，由此而产生的所有赔偿及责任分别由甲乙双方承担。

第十条 物业管理

10.1 乙方在租赁期满或合同提前终止时，应于租赁期满之日或提前终止之日将租赁物清扫干净，搬迁完毕，并将租赁物交还给甲方。如乙方归还租赁物时不清理杂物，则甲方对清理该杂物所产生的费用由乙方负责。

10.2 乙方在使用租赁物时必须遵守中华人民共和国的法律、____市法规以及甲方有关租赁物物业管理的有关规定，如有违反，应承担相应责任。倘由于乙方违反上述规定影响建筑物周围其他用户的正常运作，所造成的损失由乙方赔偿。

第十一条 装修条款

11.1 在租赁期限内如乙方须对租赁物进行装修、改建的，须事先向甲方提交装修、改建设计方案，并经甲方同意，同时须向政府有关部门申报同意。

如装修、改建方案可能对公用部分及其他相邻用户影响的，甲方可对该部分方案提出异议，乙方应予以修改。改建、装修费用由乙方承担。

11.2 如乙方的装修、改建方案可能对租赁物主结构造成影响的，则应经甲方及原设计单位书面同意后方能进行。

第十二条 租赁物的转租

经甲方书面同意后，乙方方可将租赁物的部分面积转租，但转租部分的管理工作由乙方负责，包括向转租户收取租金等。本合同规定的甲乙双方的责任和权利不因乙方转租而改变。

如发生转租行为，乙方还必须遵守下列条款。

(1) 转租期限不得超过乙方对甲方的承租期限。

(2) 转租租赁物的用途不得超出本合同第一条规定的用途。

(3) 乙方应在转租租约中列明，倘乙方提前终止本合同，乙方与转租户的转租租约应同时终止。

(4) 乙方须要求转租户签署保证书，保证其同意履行乙方与甲方合同中有关转租行为的规定，并承诺与乙方就本合同的履行对甲方承担连带责任。在乙方终止本合同时，转租租约同时终止，转租户无条件迁离租赁物。乙方应将转租户签署的保证书，在转租协议签订后的＿＿日内交甲方存档。

(5) 无论乙方是否提前终止本合同，乙方因转租行为产生的一切纠纷概由乙方负责处理。

(6) 乙方对因转租而产生的税、费，由乙方负责。

第十三条　提前终止合同

13.1 在租赁期限内，若遇乙方欠交租金或物业管理费超过＿个月，甲方在书面通知乙方交纳欠款之日起 5 日内，乙方还未支付有关款项的，甲方有权停止乙方使用租赁物内的有关设施，由此造成的一切损失(包括但不限于乙方及受转租户的损失)由乙方全部承担。

若遇乙方欠交租金或物业管理费超过＿个月，甲方有权提前解除本合同，并按本条第 2 款的规定执行。在甲方以传真或信函等书面方式通知乙方(包括受转租人)之日起，本合同自动终止。甲方有权留置乙方租赁物内的财产(包括受转租人的财产)并在解除合同的书面通知发出之日起 5 日后，方将申请拍卖留置的财产用于抵偿乙方应支付的因租赁行为所产生的全部费用。

13.2 未经甲方书面同意乙方不得提前终止本合同。如乙方确需提前解约，须提前＿个月书面通知甲方，且履行完毕以下手续，方可提前解约：①向甲方交回租赁物；②交清承租期的租金及其他因本合同所产生的费用；③应于本合同提前终止前一日或之前向甲方支付相等于当月租金＿倍的款项作为赔偿。甲方在乙方履行完毕上述义务后 5 日内将乙方的租赁保证金无息退还乙方。

第十四条　免责条款

14.1 若因政府有关租赁行为的法律法规的修改导致甲方无法继续履行本合同时，将按本条第 2 款执行。

14.2 凡因发生严重自然灾害、战争或其他不能预见的、其发生和后果不能防止或避免的不可抗力致使任何一方不能履行本合同时，遇有上述不可抗力的一方，应立即用邮递或传真通知对方，并应在 30 日内，提供不可抗力的详情及合同不能履行，或不能部分履行，或需延期履行理由的证明文件。该项证明文件应由不可抗力发生地区的公证机关出具，如无法获得公证出具的证明文件，则提供其他有力证明。遭受不可抗力的一方由此而免责。

第十五条 合同的终止

本合同提前终止或有效期届满,甲、乙双方未达成续租协议的,乙方应于终止之日或租赁期限届满之日迁离租赁物,并将其返还甲方。乙方逾期不迁离或不返还租赁物的,应向甲方加倍支付租金,但甲方有权书面通知乙方其不接受双倍租金,并有权收回租赁物,强行将租赁场地内的物品搬离租赁物,且不负保管责任。

第十六条 广告

16.1 若乙方需在租赁物建筑物的本体设立广告牌,须按政府的有关规定完成相关的报批手续并报甲方备案。

16.2 若乙方需在租赁物建筑物的周围设立广告牌,需经甲方书面同意并按政府有关规定执行。

第十七条 有关税费

按国家及___市有关规定,因本合同缴纳的印花税、登记费、公证费及其他有关的税项及费用,按有关规定应由甲方作为出租人、乙方作为承担人分别承担。有关登记手续由甲方负责办理。

第十八条 通知

根据本合同需要发出的全部通知以及甲方与乙方的文件往来及与本合同有关的通知和要求等,应以书面形式进行;甲方给予乙方或乙方给予甲方的信件或传真一经发出,挂号邮件以本合同第一页所述的地址并以对方为收件人付邮10日后或以专人送至前述地址,均视为已经送达。

第十九条 适用法律

19.1 本合同在履行中发生争议,应由双方协商解决,若协商不成,则通过仲裁程序解决,双方一致同意以中国国际经济贸易仲裁委员会××分会作为争议的仲裁机构。

19.2 本合同受中华人民共和国法律的管辖,并按中华人民共和国法律解释。

第二十条 其他条款

20.1 本合同未尽事宜,经双方协商一致后,可另行签订补充协议。

20.2 本合同一式四份,甲、乙双方各执两份。

第二十一条 合同效力

本合同经双方签字盖章,并收到乙方支付的首期租赁保证金款项后生效。

甲方(印章):_____　　授权代表(签字):_____
乙方(印章):_____　　授权代表(签字):_____
签订时间:___年__月__日　　　签订时间:___年__月__日

实训表单 8-4　员工考核评价表

员工考核评价表

考核方式	等第制		考核时间		
企业名称					
考核说明	采用 A(优秀)、B(良好)、C(及格)、D(不及格)评价				
考核结果	序号	岗位	姓名	学号	等第	备注
	1					
	2					
	3					
	4					
	5					
	6					
	7					
	8					
	9					
	10					
	11					
	12					
	13					
	14					

模块九　依法经营
——企业中的法务部

  我是小陶,作为某公司的法务部职员,刚刚接到一项艰巨的任务,帮老板制定公司的规章制度,但我没有这方面的经验,于是就直接从网上抄了一些大公司的规章制度,只是在新制度推行后不久,就时不时地能听到职员们对公司新制度的诟病。

——受人诟病的小陶

  因为公司与供货商在供货协议上产生了分歧,所以派公司法务部的小李代表公司去和供货商谈判,但在谈判过程中,小李逐渐却被对方说服了,这样下去,怎么向公司交代呢?

  今天,公司来了新职员,签完的劳动合同被送到法务部审核,这下法务部的小张一下子傻眼了,劳动合同不是人力资源部的事情吗?什么样的劳动合同才算是正确的呢?

学习要点	实训要点
● 什么是法务部? ● 法务部的工作职能。	● 制定公司相关规章制度。 ● 制定或审核企业合同。 ● 处理公司其他法律事务。

主体学习

任务一　什么是法务部

一、法务部在公司中的角色定位

公司法务部是公司内部的一个职能部门，一般由具有专业法律知识的律师或法律专家组成，它肩负着确保公司守法经营，依法维护公司合法权益，处理公司在生产经营过程中发生的各种法律问题的重大使命。

目前，很多大企业都成立了专门的法务部，而规模较小的企业因法律事务较少，通常是法务部与人事部或者行政部门合二为一，有利于节约成本及人员安排。

二、审慎的工作习惯与工作态度

审慎的工作习惯与工作态度是企业法务人员工作品质的体现，身为一名法律工作者，审慎的工作习惯与工作态度是必不可少的工作素质。法务人员一个小小的疏忽，都有可能给企业带来惨重的经济代价。针对这种情况，必须要求法务人员在以下三个方面做到谨慎：①所有合同的草拟应建立在与业务模式匹配的基础上；②注意合同草拟中前后的一致性与逻辑性；③遇到签署补充协议或备忘录的情形，一定要找出相关已签署的合同文本，以考量所签署的补充协议或备忘录与已签署的合同文本的上下关联性。

任务二　法务部的工作职能

公司法务部的职能大体可分为四项：①制定或完善公司相关规章制度；②制定或审核企业合同；③企业纠纷处理；④处理公司其他法律事务。

一、制定或完善公司相关规章制度

有秩序才能产出效益，任何一个公司的正常运转都离不开具体的规章制度来约束，正是这样一种约束，公司全体员工行为的规范才使得公司中的个人、不同部门乃至整个公司的运转有条不紊、秩序井然。现代社会是一个法治的社会，对公司的员工、各个部门的约束，无论是指引还是处罚，都应该建立在成文的规章制度基础上，只有合理、合法的规章制度才能经得起政府部门的监督检查，才能经得起时间的检验。因此，公司法务部的重要职能就是在合法的框架内，逐步建立、健全和完善公司的各项规章、管理制度。一个公司的规章制度包括人事管理制度、资产管理制度、财务管理制度、岗位责任制度等。

实训环节

法务部的职员们，请赶快制定或完善你们公司的规章制度，让你们的公司能够有效运营吧！

实训指导

如果公司未单独设置法务部，此项工作由行政部完成。

二、制定或审核企业合同

合同是现代企业经营中经常使用的文本之一，合同的格式和内容尽管各不相同，但都是当事双方权利义务的最直接的书面材料，是分清各方责任的重要依据，因此无论是合同评审还是合同的管理都应该谨慎对待，将可能发生的商业风险尽可能降到最低。

公司法务部需要制定公司内部合同运营及管理的整个流程，包括：制定公司常用合同示范文本，如公司劳动合同、租赁合同、担保合同、物业管理合同、采购合同、特许经营合同规范文本等；审查必备条款是否齐全，约定是否合理、合法，是否具有可操作性，双方权利义务是否对等，表述是否恰当无歧义；规范合同管理，应妥善保管合同文本，若对方未能及时履约应第一时间予以书面通知并保留相关书面材料，以作为证据使用；参与公司对外商务合同的前期谈判、合同起草、合同审核、合同签订、合同履行及实施，对合同实行全程监控跟进管理；对合同执行过程中出现的风险进行即时处理并采取相应防范措施；对合同运行过程中出现的应收账款、违约责任等纠纷采取相应的法律措施，如证据保全、资产保全、先予执行、提起仲裁、诉讼等。

在涉及公司权益的法务纠纷中，为了争取和维护公司的合法权益，法务部应积极参与到公司各部门的谈判中去，及时了解谈判事项、谈判对方基本情况、谈判进程、谈判双方的分歧，制订有利的谈判方案。

实训环节

法务部的职员们想想看，在整个实训环节中，有哪些是你们需要确认的合同？并想一想审核这些合同需要注意哪些事项吧！

工作笔记

我认为这些合同需要法务部予以拟定或确认：

_____

_____

_____

_____

_____

_____

_____

小贴士：

审核合同的步骤具体如下。

(1) 合同背景调查。向经办人员了解合同订立的目的和作用，了解企业高层决策人员订立合同的真实意图。

(2) 合同对方资质调查。根据对方提供的证明文件(如身份证、营业执照、宣传资料、网站信息、相关证书或检测报告)，去相应国家官方网站进行核实。

(3) 合同的合规性审查和一般性审查。审查合同条款是否存在显失公平的内容，是否违背双方真实意思表示。确认合同符合相关法律法规的要求，具有现实可操作性。对于争议解决方式及诉讼管辖权是否写清楚。支付方式符合企业财务支付流程，设计合理的付款方式。

(4) 合同附件审查。合同条款中往往写有合同附件与原件具有同等法律效力。合同附件包括：合同中约定的附件、双方签字确认的稿件、双方往来纪要、物流交接记录、验收凭证等。

三、企业纠纷处理

> 任务：处理企业纠纷
> 坐标：法务部
> 相关：生产部、营销部等

企业在生产经营过程中有可能与其他民事主体或行政机关发生纠纷。法务部可代表企业参与救济活动，最大限度地维护企业的合法权益。

公司在生产经营过程中的纠纷一般有两种，一种是非诉纠纷，即以本公司为一方当事人，对已经发生但尚未进入诉讼程序的纠纷，采取协商、调解、仲裁、复议等方式解决有关纠纷或争议的法律事务活动，简称非诉纠纷。另一种是诉讼纠纷，是指以公司一方为一方当事人，或作为第三人，通过人民法院，采用诉讼方式解决纠纷的法律事务活动。这些诉讼案件包括民事诉讼案件(包括不服劳动仲裁裁决的诉讼)、行政诉讼案件、刑事及刑事附带民事诉讼案件。

(1) 协商。协商是指当事人在自愿互谅的基础上，按照国家有关法律、政策和合同的约定，通过摆事实、讲道理，以达成和解协议，自行解决合同纠纷的一种方式。合同签订之后，在履行过程中，由于各种因素的影响容易产生纠纷，有了纠纷应当从有利于维护团结、有利于合同履行的角度出发，怀着互让互谅的态度，争取在较短的时间内，通过协商求得纠纷的解决。用协商的方式解决，程序简便、处理迅速，有利于减轻仲裁和审判机关的压力，节省仲裁、诉讼费用，有效地防止经济损失的进一步扩大，同时也有利于增强纠纷当事人之间的友谊，有利于巩固和加强双方的协作关系，扩大往来，推动经济的发展。由于这种处理方法好，因此在涉外经济合同纠纷的处理中，也相当盛行。

(2) 调解。调解是指双方当事人自愿在第三者(即调解人)的主持下，在查明事实、分清是非的基础上，由第三者对纠纷双方当事人进行说明劝导，促使他们互谅互让，达成和解协议，从而解决纠纷的活动。

(3) 仲裁。仲裁也称公断，即由第三者依据双方当事人在合同中订立的仲裁条款或自愿达成的仲裁协议，按照法律规定对合同争议事项进行居中裁断，以解决合同纠纷的一种方式。仲裁是现代世界各国普遍设立的解决争议的一种法律制度，合同争议的仲裁是各国商贸活动中通行的惯例。

(4) 诉讼。合同纠纷诉讼是指人民法院根据合同当事人的请求，在所有诉讼参与人的参加下，审理和解决合同争议的活动，以及由此而产生的一系列法律关系的总和。它是民事诉讼的重要组成部分，是解决合同纠纷的一种重要方式。与其他解决纠纷的方式相比，诉讼是最有效的一种方式。首先，诉讼由国家审判机关依法进行审理裁判，最具有权威性；其次，裁判发生法律效力后，以国家强制力保证裁判的执行。当事人不得就该判决中确认的权利义务关系再行起诉，人民法院也不再对同一案件进行审理。负有义务的一方当事人拒绝履行义务时，权利人有权申请人民法院强制执行。如果拒不协助执行或者阻碍人民法院判决的执行，行为人将承担相应的法律后果。

实训环节

在模拟实训中，如遇到合同纠纷，需要提起诉讼时，可使用实训表单9-1所示的起诉状，并递交至法院。

四、处理公司其他法律事务

作为公司法务人员，还需要处理公司的其他法律事务，如开展法律知识的培训，提高各部门人员的法律意识，防范可能发生的法律风险；解答法律咨询，为相关部门日常工作提供建议，可以单个解答，也可以开展活动，集中予以作答。

工作笔记

我认为这些法律事务也是法务部要处理的。

_____

_____

_____

_____

_____

法务部作为公司重要的职能部门，旨在协助公司管理层依法决策，引导公司健康发展，理顺公司内部的各项规章制度，评判和控制公司生产经营中可能遇到的法律风险，为公司正常地生产经营和茁壮成长保驾护航。

(扫二维码,看视频)

小　结

什么是法务部?

公司法务部是公司内部的一个职能部门,它肩负着确保公司守法经营,依法维护公司合法权益,处理公司在生产经营过程中发生的各种法律问题的重大使命。

法务部门工作人员应具备哪些技能?

首先,法务人员应对业务对应的法律法规有所了解与掌握,只有拥有扎实的专业能力,才能有效地发挥企业法务人员的价值。

其次,法务人员应具备最基础的文字表述功底,作为企业法务人员,无论是合同审核还是对外发函,文字工作是必不可少的,表述的准确性、专业性,是每个企业法务人员应有的专业能力。

再次,审慎的工作习惯与工作态度也是法务人员必不可少的工作素质。

接着,企业法务人员应对企业的业务模式有深入理解,企业在生产经营过程中获得利润的同时,也承担着相应的法律风险,法务部应帮助企业认清业务存在的风险因素以及法律后果,在风险可控的前提下开展商业活动。

最后,企业法务人员还要有良好的沟通能力,业务人员与法务人员是合作伙伴,企业所有的部门基本上都需要法务人员支持,有效的沟通既有利于业务工作的推进,也有利于法务工作的开展。

法务部的工作职能有哪些?

法务部的工作职能包括制定和完善公司相关规章制度、制定或审核企业合同、企业纠纷处理。除此以外,作为公司法务人员,还需要处理公司的其他法律事务,如开展法律知识培训,提高各部门人员的法律意识,防范可能发生的法律风险;解答法律咨询,为相关部门日常工作提供建议等。

法务部肩负着确保公司守法经营，依法维护公司合法权益，处理公司在生产经营过程中发生的各种法律问题的重大使命。

作为公司法务部职员，应对法律法规有所了解与掌握；具备最基础的文字表述功底；具有审慎的工作习惯与工作态度；还要有良好的沟通能力。

企业法务部的职能包括制定和完善公司相关规章制度、制定或审核企业合同、企业纠纷处理以及处理公司其他法律事务。

所以说公司的法务部也不容易呢！

本课回顾

实训流程回顾

制定和完善公司相关规章制度→制定或审核企业合同→企业纠纷处理。

知识梳理

公司法务部是公司内部的一个职能部门,它肩负着确保公司守法经营,依法维护公司合法权益,处理公司在生产经营过程中发生的各种法律问题的重大使命。因此,作为公司法务部人员,应对业务对应的法律法规有所了解与掌握;具备最基础的文字表述功底;具有审慎的工作习惯与工作态度;还要有良好的沟通能力。其职能包括制定和完善公司相关规章制度、制定或审核企业合同、企业纠纷处理以及处理公司其他法律事务。

拓展学习

律师执业

在我国,律师是取得律师执业证书,从事法律服务工作的从业人员。简简单单的一句,实质上包含了律师较高的入行门槛。首先,做律师一般是高等院校法学专业本科以上学历或者其他专业本科以上学历具有法律知识;其次,必须通过国家统一司法考试;第三,必须取得国家司法行政部门的批准,即取得律师职业资格证书,经一年实习以后,获得律师执业证;第四,要从事法律职业。作为一个已经被附上偏怪难标签的考试,"国家统一司法考试"从2002年开考以来的十几年,已经走上了"天下第一考"的神坛,所以每年的通过率一直控制得比较低,这也让律师行业的准入门槛变得比较高。

法务这个职业最初在外企比较常见,因为外企在中国有更多的法律事务需要专门的员工去处理。现在,国内的企业,尤其是大中型企业,法务人员也成了普遍的需求,法务正成为越来越多法学专业毕业生的就业选择。相比较而言,法务工作没有明确的最低门槛,法律没有关于法务人员的特别规定,而是由公司根据自己的需求去制定用人标准,有的公司需要应聘者通过司法考试或者有学历要求或者有相关的实践经验。法务人员是公司内部处理法律事务的人员,很多人认为法务的基本工作就是起草或审查合同,但其实法务部门的工作很庞杂,具体可以看法务部的主要工作职责。

企业法务部围绕本企业的业务所涉及的法律领域展开工作，主要负责常规法务工作，对于一些专业性很强的法律领域，可以通过聘请外部律师进行处理。专业化律师因其处理众多案件而具有丰富的执业经验，更能提供专业化法律服务。外部律师的经验和信息，加上企业法务部的沟通和支持，能够更有效地维护企业利益。

实训表单 9-1　起诉状

起诉状

原　告	
被　告	
诉讼请求	
事实与理由	
事　实	
理　由	
综上所述	
此致：	
人民法院	
附	本诉讼状副本（　）份
	证据清单（　）份
起诉人：	
起诉时间：	年　月　日

模块十　招聘与解雇

——企业中的人力资源部

我是人力资源部的新人小丁，今天老板让我去解雇一个老员工，作为一个新人，看着这些老员工的双眼时，我却不知如何开口。

——无从开口的小丁

小张是某公司人力资源部的新人，这次他受命进行薪资管理，制订合理的薪酬绩效管理方案，这下可让小张头疼坏了，因为这关系到大家的收入，只要有一点做不好就会受人诟病，那到底应该怎么做呢？

小李是某公司人力资源部的职员，这次公司让他组织员工培训，但是该培训些什么内容呢？又该怎么培训呢？小李犯了难。

学习要点	实训要点
● 人力资源部在公司中的角色。 ● 人力资源部的工作职能。	● 薪资管理。 ● 招聘管理。 ● 岗位培训。 ● 档案管理。

主体学习

任务一　什么是人力资源部

现代企业人力资源管理的内容十分丰富，主要有人力资源规划和选拔、培训和发展、激励、绩效考评、薪酬管理、安全与福利等方面。在企业发展的不同阶段，人力资源部发挥的作用也不尽相同。在企业初设之时，人力资源部往往承担着员工招聘、薪酬管理、考勤考评等基本工作，而到了企业发展中期，人力资源部则会出现大量专业化、规划性的工作，更加强调协作与发展、组织结构创新等内容。

人力资源部的主要职责是辅助、监督其他部门按统一制度实施人力资源管理，确保每一位员工得到公正的对待。通过有效的人力资源管理，可以充分调动员工的积极性，扩展企业的人力资本，促进企业实现利润最大化，实现管理创新。

此外，人力资源部还担当了一个培养、培训的专家角色，为其他部门的人力资源管理提供支持性服务，而其他部门的人力资源管理只是在人力资源部的指导下，遵循人力资源部制定的制度，将之用于本部门经营活动。也就是说，人力资源部与部门人力资源管理是指导与被指导的关系，是宏观与微观的关系，部门人力资源管理是人力资源部的功能系统，通过它，企业形成了人才"引得进，用得好，留得住"的机制。在人力资源部工作，最为重要的是沟通协调能力。

在公司中，人力资源部只是其中之一，公司的良好运营和发展，是大多数部门共同努力实现的。人力资源部必然要与其他部门人员处理好关系，在业务上实现充分的合作，确保业务沟通上的通畅。比如，从事薪酬管理工作的员工，在做工资方案时，不仅要与其他部门沟通协调好，将绩效工资及时反馈回来，还要将工作方案与财务处做好对接，以保证工资及时发放。

任务二　人力资源部的工作职能

一、薪资管理

> 任务：制订合理的薪资管理方案
> 坐标：人力资源部

薪资管理在人力资源管理中处于核心地位，具体来说包含确定薪资结构、薪资设计、薪资调整、薪资核算等环节。

1. 薪资结构

所谓薪资结构，即薪资的组成部分。薪资结构是对同一组织内部的不同职位或技能所得到的薪资进行的各种安排，是依据公司的经营战略、经济能力、人力资源配置战略和市场薪资水平等为公司价值不同的岗位制定不同的薪资水平和薪资要素，并且提供确认员工个人贡献的办法。

2. 薪资设计

薪资设计要根据企业的实际情况，并紧密结合企业的战略和文化，系统、全面、科学地考虑各项因素，并及时根据实际情况进行修正和调整，遵循按劳分配、效率优先、兼顾公平及可持续发展的原则，充分发挥薪资的激励和引导作用，为企业的生存和发展起到重要的制度保障作用。

薪资设计要综合考虑三个方面的因素：一是职位等级，二是个人的技能和资历，三是个人绩效。

3. 薪资调整

薪资调整是指公司薪资体系运行一段时间后，随着企业发展战略及人力资源战略的变化，现行的薪酬体系可能已经不再适应企业发展的需要，这时对企业薪资管理做出的系统的诊断，确定最新的薪资策略，同时对薪资体系做出调整的措施。薪资调整是保持薪酬动态平衡、实现组织薪酬目标的重要手段，也是薪资管理的日常工作。

4. 薪资核算

薪资核算简单来说就是算工资，综合考勤专员、人事专员每月提供的考勤报表、奖惩报表及相关费用报表核算员工每月实发工资额。

做薪资核算时一定要认真细致，薪资乃员工工作重心之所在，不得有丝毫差错。从某种意义上说，薪资是任何一位员工最为看重的部分。

实训环节

HR们，快来为你们公司的职员制订一份合理的薪酬管理方案吧！

实训指导：

设计包括实训团队全体人员以及虚拟企业生产工人在内的全部员工薪酬，可使用如实训表单10-1所示的薪酬结构设计表，也可以自行设计。

注意：在手工实训中，企业必须招聘虚拟生产工人，并向其按月足额发放工资，生产部派工记录需和财务部已经发放的工人薪酬形成对照。

小讨论：你们公司的薪资是如何管理的呢？一起来分享一下吧。

二、招聘管理

> 任务：为公司招聘合适的人才
> 坐标：人力资源部
> 相关：人力需求部门

在企业成立阶段，通常会进行大规模的员工招聘，而到了正式运营阶段，则要根据岗位变动，进行相应的小规模人员招聘，但是招聘的途径和方法与企业成立阶段的招聘基本相同。

招聘管理的工作主要是为企业招聘到合适的人才，满足企业长期稳定发展过程中对人才的需求。招聘管理一般要经历四个步骤。

首先，明晰招聘需求，制订招聘计划。

其次，确定招聘方式，展开招聘。

再次，进行面试选拔，选定人才。

最后，通过试用期的绩效考核，以确定是否是公司需要的人才。

实训环节

HR们，你们公司的员工不够了，快去招聘，否则好员工就被别的公司抢走了！

实训指导：

在实训期间，企业仍然可以根据公司发展和工作岗位需要，进行员工的招聘和解聘。各部门报送岗位需时可使用实训表单10-2所示的招聘计划表。

三、档案管理

企业档案管理的对象主要有两种：一是员工的原始档案，二是员工业绩和培训档案。员工原始档案是指员工的正式人事资料。原始人事档案资料的验收、补充、鉴别、归档和保管由人力资源部负责办理。查阅此类资料应填写相应的登记表单，经领导审批后，由人力资源部办理。

员工在离职并办理完毕各种手续后，档案应退回本人或由人力资源部负责办理原始档案调出手续。

员工业绩、培训档案是自员工上岗之日起建立的档案资料，包括员工的身份证、学历证书等相关证件的复印件，员工在工作期间的各种培训及对员工评价、考核等。

员工业绩、培训档案应按国家有关档案管理规定记入员工的人事档案。

员工离职后，员工的业绩、培训档案由人力资源部留存作为备查。

实训环节

随着公司的发展，需要保存的档案越来越多，是时候建立自己公司的档案保存体系了。HR们，行动起来吧！

四、岗位培训

> 任务：对公司员工进行一次培训
> 坐标：人力资源部
> 相关：被培训部门

岗位培训就是根据岗位要求所应具备的知识、技能而为在岗员工安排的培训活动。其目的是提高在岗员工的业务知识、服务态度和专业技能。

人力资源部主要负责岗位培训的组织工作。首先，要通过调研，了解培训需求；然后再确定培训项目的时间、场地、人员、讲师，从而申报费用；这些内容确认完毕之后，就可以通知相关学员参训了；在培训前要布置培训会场，筹备培训资料；在培训时要全程陪同，培训后还要跟踪确认培训成果。

小贴士：

常见的岗位培训内容如下。

1. 销售部

(1) 着装与商务礼仪。

(2) 商务流程。

(3) 电话沟通技巧。

(4) 产品知识。

(5) 销售理念和技巧。

(6) 专业谈判技巧。

2. 行政部

(1) 企业文化。

(2) 团队与沟通。

(3) Office 办公软件。

(4) 访客接待礼仪。

(5) 化妆技巧。

(6) 服务理念。

(7) 行政管理。

(8) 活动策划。

(9) 公共关系。

3. 人力资源部

(1) 企业文化。

(2) 团队与沟通。

(3) Office 办公软件。

(4) 访客接待礼仪。

(5) 社保相关制度及办理流程。

(6) 公积金相关制度及办理流程。

(7) 培训师培训。

(8) 如何选、育、用、留人才。

(9) 劳动政策法规。

(10) 如何进行职业规划。

(11) 公司各部门业务流程。

4. 财务部

(1) 团队与沟通。

(2) 岗位职责及流程。

(3) 财务相关制度流程。

(4) 税务知识培训。

(5) 财务专业知识。

(6) 财务管理。

实训环节

为公司组织一次员工岗位培训,并完成培训记录表(见实训表单 10-3)。

工作笔记

我们公司对员工做了以下这些培训。

_____

_____

_____

_____

_____

_____

_____

(扫二维码，看视频)

在实际工作中，企业还应有严格的考勤管理体系，以督促员工端正工作态度，公平公正地处理请假、调休等特殊事项。如有必要，可使用请假单(见实训表单10-4)、考勤记录表(见实训表单10-5)和考核记录表(见实训表单10-6)来进一步完善企业的员工考勤体系，并按月报送给财务部，将员工出勤状况反映在薪酬体系中。

小贴士：

公司考勤管理规章制度节选范例

为加强考勤管理，维护工作秩序，提高工作效率，特制定本制度，具体如下：

一、公司员工必须自觉遵守劳动纪律，按时上下班，不迟到，不早退，工作时间不得擅自离开工作岗位，外出办理业务前，须经本部门负责人同意。

二、周一至周五为工作日，周六、周日为休息日。公司机关周六、周日和夜间值班由办公室统一安排，市场营销部、项目技术部、投资发展部、会议中心周六、周日值班由各部门自行安排，报分管领导批准后执行。因工作需要周六、周日或夜间加班的，由各部门负责人填写加班审批表，报分管领导批准后执行。节日值班由公司统一安排。

三、严格请、销假制度。员工因私事请假1天以内的(含1天)，由部门负责人批准；3天以内的(含3天)，由副总经理批准；3天以上的，报总经理批准。副总经理和部门负责人请假，一律由总经理批准。请假员工事毕向批准人销假。未经批准而擅离工作岗位的按旷工处理。

四、上班时间开始后5分钟至30分钟内到班者，按迟到论处；超过30分钟以上者，按旷工半天论处。提前30分钟以内下班者，按早退论处；超过30分钟者，按旷工半天论处。

五、1个月内迟到、早退累计达3次者，扣发5天的基本工资；累计达3次以上5次以下者，扣发10天的基本工资；累计达5次以上10次以下者，扣发当月15天的基本工资；累计达10次以上者，扣发当月的基本工资。

六、旷工半天者，扣发当天的基本工资、效益工资和奖金；每月累计旷工1天者，扣发5天的基本工资、效益工资和奖金，并给予一次警告处分；每月累计旷工2天者，扣发10天的基本工资、效益工资和奖金，并给予记过1次处分；每月累计旷工3天者，扣发当月基本工资、效益工资和奖金，并给予记大过1次处分；每月累计旷工3天以上6天以下者，扣发当月基本工资、效益工资和奖金，第二个月起留用察看，发放基本工资；每月累计旷工6天以上者(含6天)，予以辞退。

七、工作时间禁止打牌、下棋、串岗聊天等做与工作无关的事情。如有违反者，当天按旷工1天处理；当月累计2次的，按旷工2天处理；当月累计3次的，按旷工3天处理。

八、参加公司组织的会议、培训、学习、考试或其他团队活动，如有事请假的，必须提前向组织者或带队者请假。在规定时间内未到或早退的，按照本制度第四条、第五条、第六条规定处理；未经批准擅自不参加的，视为旷工，按照本制度第六条规定处理。

九、员工按规定享受探亲假、婚假、产育假、绝育手术假时，必须凭有关证明资料报总经理批准；未经批准者按旷工处理。员工病假期间只发基本工资。

小　结

人力资源部在公司中扮演什么样的角色？

人力资源部主要是通过建设人力资源平台(结合职位、工作、人三者关系)，来进行各种工作，如招聘录用、绩效管理、报酬奖励、培训发展等，因此人力资源部的主要任务是建立适合公司发展的制度。

人力资源部职员应具备的能力有哪些？

人力资源管理者应具备以下能力：沟通协调能力、专业基础知识、服务意识等。

人力资源部的工作职能有哪些？

人力资源部的工作主要由薪资管理、招聘管理、档案管理和岗位培训构成。

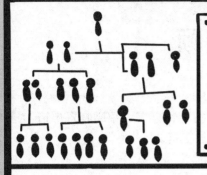

人力资源部是对企业中各类人员形成的资源进行管理的部门。

人力资源部的工作主要由薪资管理、招聘管理、档案管理和岗位培训这几个部分构成。

因此,人力资源管理者应具备以下这几种能力:沟通协调能力、专业基础知识、服务意识等。

博士 你这月讲课太少 奖金就不发了

人力资源

你看,人力资源部的人总是这样令人抓狂。

本课回顾

实训流程回顾

招聘准备工作：招聘分析、招聘流程设计、招聘计划书、招聘物资申请→招聘→薪资结构设计→员工考勤统计、员工绩效考核→发放工资。

知识梳理

人力资源部是对企业中各类人员形成的资源(即把人作为资源)进行管理的部门。人力资源部的工作主要由薪资管理、招聘管理、档案管理和岗位培训构成。因此，人力资源管理者应具备以下能力：沟通协调能力、专业基础知识、服务意识等。

拓展学习

猎头招聘和企业人力资源部招聘的区别

猎头招聘和企业人力资源部招聘的区别主要是渠道方式及资源获取形式不同。

猎头招聘主要是为企业解决人力资源部难以招聘到的一些高端管理岗位或技术岗位，这类人才一般比较稀缺，在企业人力资源部招聘难度比较大，周期比较长，一般会委托猎头公司来招聘。企业人力资源部解决的是一般岗位的招聘。

企业人力资源部的招聘主要是针对公司一般能够自主招聘到的一些岗位的人才需求，而高管或者一些稀缺的技术岗位人员，通过一般的招聘渠道和手段无法解决的，企业一般则会委托猎头公司来进行招聘。

不同企业发展阶段人力资源的角色和作用

初期：人力资源往往就是处理基础事务，基本上在做薪酬福利的计算，档案的管理，是作为配角出现的，工作自然就是一些基础性的辅助工作。

成长期：这个阶段就不同了，角色蜕变为合作者，工作自然大多是从基础变为支持性工作，大量的规划性工作开始出现。

成熟期：人力往往就是伙伴关系，更多的是双方之间的协同，人力的工作开始模块化，提供专业化的人力建议与措施。

实训表单 10-1　薪资结构设计表

薪资结构设计表

日期：

序号	姓名	部门	职位	年薪总额	月岗位工资	月绩效工资	满勤	社保补贴	其他补贴	加班工资	月工资合计
1											
2											
3											
4											
5											
6											
7											
8											
9											
10											
11											
12											
13											

制表人：　　　　　　　　财务：　　　　　　　　总经理：

实训表单 10-2　招聘计划表

招聘计划表

招聘岗位	部　　门	岗　　位	招聘数量
招聘方式	( )报纸　( )网站　( )广播　( )招聘会　( )猎头公司　( )电视			
招聘流程	简历筛选→笔试→面试			
费用预算				
制表人：		审核人：	

招聘计划表

招聘岗位	部　　门	岗　　位	招聘数量
招聘方式	( )报纸　( )网站　( )广播　( )招聘会　( )猎头公司　( )电视			
招聘流程	简历筛选→笔试→面试			
费用预算				
制表人：		审核人：	

实训表单 10-3　培训记录表

培训记录表

培训会名称		地　　点	
培　训　人		开始时间	
结束日期			
参与部门			
参与人员			
培训内容			

实训表单 10-4　请假单

请假单

申　请　人		请假类型	
请假起始时间		请假终止时间	
请假事由			
审批签字			

请假单

申　请　人		请假类型	
请假起始时间		请假终止时间	
请假事由			
审批签字			

请假单

申　请　人		请假类型	
请假起始时间		请假终止时间	
请假事由			
审批签字			

实训表单 10-5　考勤记录表

考勤记录表

序　号	姓　名	部　门	上　班	下　班
1				
2				
3				
4				
5				
6				
7				
8				
9				
10				
11				
12				
13				
14				
15				
16				
17				
18				
19				
20				
21				

实训表单 10-6　考核记录表

考核记录表

考核方式		考核时间	
考核部门			
考核人员			
考核内容			

模块十一　大内总管
——企业中的行政部

斗志昂扬地进入公司行政部，本以为是一份可以对整个公司进行统筹、管理的工作，却无奈成了公司的"打杂工"。我到底进对部门了吗？

——对未来感到迷茫的小周

小慈是某公司行政部的一员，这个月部门接到通知，有上级主管部门的领导来对企业进行考察，要求行政部认真做好接待准备。接待不就是端茶送水吗？还需要做哪些工作呢？你能帮她解决疑问吗？

学习要点
- 什么是行政部？
- 行政部的工作职能。

实训要点
- 置办并完善办公设备。
- 归档并管理公司文件。
- 完成商务接待工作。

主体学习

任务一　什么是行政部

行政部是一个公司的中枢，同时也是一个公司的后勤保障部门。行政部是负责对公司企管、信息、计划、统计工作的各个环节实行管理、监督、实施和协调的专职部门。

行政部的主要工作包括：执行办公设备、公共设施的日常管理和维护；执行办公用品及日常用品的采购、发放管理；执行档案的归档管理；执行固定资产及低值易耗品的管理；执行各种费用的控制交纳；执行公司对外关系建立维护；执行突发事件处理；执行后勤管理；执行行政日常事务处理；执行上级交办事务等。

对于行政部工作人员来说，沟通协调能力是最为重要的。那么，要如何提高我们的沟通协调能力呢？

一个核心，即全面加强修养，着重提高情商。

两个法则，即将黄金法则与白金法则相结合，进行换位思考。

小贴士：

黄金法则，你希望别人怎么对待你，你就怎么对待别人。

白金法则，别人希望你怎么对待他，你就怎么对待他。

三项策略，即做到知己、知彼，在遇到问题时，方能做到权变(权利弊而随机应变)。

四种技能，即提高善于倾听的能力、有效运用语言的能力、恰当运用态势语言的能力化解对抗冲突的能力。

当然，除了沟通协调能力以为，行政部工作人员还需要具备的能力包括：人际交往能力、商务文书写作能力以及执行力。

任务二　行政部的工作职能

任务：完成企业办公用品的置办、完善企业文件档案管理

坐标：行政部

行政部的工作职能一般包含下列几项内容。

1. 执行办公用品及日常用品的采购、发放管理

行政部要根据其他部门的请购计划及库存情况,并根据相关规定做适当储备以备不时之需,做好请购计划单并经主管审批后,及时保质保量地采购办公用品和日常用品,且采购物品应当定价定点,保证质优价廉。此外,行政部还要做好物品出入库登记,每月盘存,确保账物相符。

实训环节

各位行政部的员工们,请罗列出企业所需要的设施以及日常所需用品,并完成购置吧!(注:实训办公用品可向管理中心申领。)

工作笔记

经讨论,我公司需要置办的设施、设备、用品如下。

_____

_____

_____

_____

2. 执行固定资产及低值易耗品的管理

行政部应配合财务部,对公司所有的固定资产及低值易耗品进行管理。行政部需要建立企业固定资产台账清单,监督各部门于月末进行资产盘点,核对账物是否相符。对需要报废的资产按照相关程序申请报废,及时跟进各部门资产调动、出入库单据的核对,做到账物相符。对于资产管理不当、账物不符的,应进行相应处罚。

实训环节

实训结束前,行政部应完成对公司所辖范围内资产的盘点,完成实训表单11-1公司财产盘点表的填列。

3. 执行各部门基础设备、设施的维修管理

行政部负责根据维修要求协调或外请技术人员维修、对维修全过程进行控制；各部门对维修质量监督、确认。所有维修要求做好记录、跟踪维护结果及完成状态；对未按要求完成的维修事项、及时了解情况并报告负责人。

4. 执行文件档案的归档管理

行政部要根据不同种类档案的特点，做好系统编目、使用和传阅控制、分类存放、排列有序，定期收集各类文件资料，并整理立卷归档。对各部门往来的备忘录、文档、资料等应当按类别、内容、时间顺序等存档管理。

实训环节

> 行政部要对公司自注册成立阶段开始的全部文件档案进行整理、编号，并进行妥善管理，使用借出应有记录。

实训指导：

在实际工作中，企业需要严格按照《企业档案管理办法》的要求，安排各类档案的归档时间、归档地点、管理人员等，并进行完善的记录。因实训期有限，需要存档管理的文件不多，行政部可使用下面小贴士中的档案顺序或者自行根据需要进行档案编号管理。

小贴士：

行政部文件目录

(1) 公文档案管理。
(2) 印章、证照管理。
(3) 办公用品、固定资产日常管理。
(4) 会议、活动管理。
(5) 企业文化、公司宣传管理。
(6) 行政经费管理。
(7) 公司后勤管理。
(8) 接待管理。
(9) 公务车管理。
(10) 差旅管理。
(11) 突发、重大事件管理。
(12) 首问责任、保密管理。

5. 文件资料收发、传真管理

行政部应负责各类文件资料的收发、传真等，相关活动需在登记簿上做好详细登记、记录，及时将各类信息(通知、文件)进行上传下达，特别是各类客户信息应登记后及时传递给相关部门。

6. 商务接待

行政部往往是公司接待工作的归口管理部门，负责接待工作的安排和管理，拟订重要来宾的接待计划，协调相关部门落实接待任务，提供后勤保障等。公司各部门在接到商务来访预约后，应通知行政部，以便前台接待人员提前进行安排。重要商务接待需要各部门协助行政部拟订接待计划，特别是需要公司领导出面或多个部门协调的重要接待，应提前两天告知行政部，以便做好充分的准备。行政部商务接待的基本流程大致如下。

(1) 行政部在接到公司领导通知或相关部门来访预约时，首先应了解来宾基本情况：来宾职务、来访具体时间、人数、本地逗留日期、目的和要求、是否需要购买机票等。

(2) 拟订接待计划，排出日程安排表，酌情安排接待标准。

(3) 根据来宾情况按计划通知参加会晤的领导、陪同人员、落实会晤时间及场所。

(4) 如有需要，预订好宴请来宾的酒店，酌情安排酒水、用餐标准等。

(5) 根据情况计划安排来宾企业参观、游览路线。

(6) 如有会议需要，提前进行会场确认和布置。包括安排会场花卉、水果、烟茶、音响设备、投影设备、领导席签、横幅、制作欢迎牌、指示牌、安排礼仪人员，并邀请新闻媒体和草拟新闻通稿，安排摄影摄像等。

(7) 根据情况安排接待所需车辆，保证车辆清洁，安全性能良好，车辆司机听从办公室主任和主接待人员协调安排，统一调度。

实训环节

实训期间，行政部需要协助CEO和相关部门完成两项接待任务。

(1) 业务拜访：客户对本公司营销部或采购部经理进行拜访，并同公司CEO进行沟通交流。

(2) 领导接待：公司所在工业园区的上级主管领导视察园区企业，对本公司进行考察。

实训指导：

行政部应根据来宾的身份确定不同的接待标准，完成从前期确认到拜访结束送客的完整流程，接待标准由公司自行拟定，教师将从商务着装、商务座次、引导和手势、材料准备等方面对接待任务进行考核，作为公司成绩构成之一。

7. 后勤服务保障

行政部的日常工作还包括各项后勤服务，如加强对工作环境、交通用车、餐厅饮食的管理，及时收集员工建议，缓解员工情绪，为员工提供较为良好的生活、工作环境，提高保障质量。安全工作是企业后勤服务保障中的一项重要工作，行政部是安全工作的主要执行部门，因此行政部在日常工作中应将安全工作、保密工作列入议事日程，充分明确重点安全项目，不定期地组织检查，认真查出安全隐患，及时消除潜在的安全危害并做好记录。

行政部的工作杂而乱，涉及面广，大小事情多，并且很多事务具有不可确定性，临时出现的工作，会给当日计划工作造成很大的冲突，这时就要择其轻重而处理。总体来讲，行政部属于服务保障部门，是为其他部门服务的，因此要协助行政部处理不涉及本部门的日常事务，否则会影响正常工作秩序，甚至会影响经营活动。

(扫二维码，看视频)

小　　结

什么是行政部？

行政部是一个公司的中枢，同时也是一个公司的后勤保障部门。行政部是负责对公司企管、信息、计划、统计工作的各个环节实行管理、监督、实施和协调的专职部门。

行政部工作人员应具备的能力有哪些？

行政部工作人员需要具备的能力包括：人际交往能力、沟通协调能力、商务文书写作能力以及执行力。

行政部有哪些工作职能？

行政部的工作职能包括：执行办公用品及日常用品的采购、发放管理，执行固定资产及低值易耗品的管理，执行各部门基础设备、设施的维修管理，执行文件档案的归档管理，文件资料收发、传真管理，商务接待，后勤服务保障。

行政部是一个公司的中枢，同时也是一个公司的后勤保障部门。

行政部是负责对公司企管、信息、计划、统计工作的各个环节实行管理、监督、实施和协调的专职部门。

行政部工作人员需要具备的能力包括人际交往能力、沟通协调能力、商务文书写作能力以及执行力。

以此完成：
企业办公用品管理
企业档案管理
商务接待

本课回顾

实训流程回顾

置办并发放办公用品→对企业档案进行管理→完成商务接待。

知识梳理

行政部是一个公司的中枢，同时也是一个公司的后勤保障部门。行政部是负责对公司企管、信息、计划、统计工作的各个环节实行管理、监督、实施和协调的专职部门。

行政部工作人员需要具备的能力包括人际交往能力、沟通协调能力、商务文书写作能力以及执行力，以完成企业固定资产和日常办公用品的购置与管理、企业档案管理以及商务接待等工作。

拓展学习

商务文书的写作要点如下。

1. 商务文书的写作特点

叶圣陶老先生曾说过："公文不一定要好文章，但必须表达明确、字稳词妥、通体通顺，让人清晰地了解文书内容。"这个论述所提及的是商务文书与标准公文，比如《人民日报》中的社论、党八股等相一致的规范性特征。

从某种意义上讲，唐宋八大家之一的白居易也是商务文书写作的典范。之所以这样评价，是因为白居易的文章和诗歌通常直白且通俗易懂，少有引经据典，不会以辞藻的堆砌追求华丽的文风。

商务文书写作与小说、网络上的博客以及出行的游记有着显著的区别，通过上述阐释，可以提炼出商务文书写作的特点——简明、准确、朴实、庄重、规范。

正所谓"句中无余字，篇内无赘语"，"简明"是商务文书的首要特点。

"准确"是指要求商务文书要做到"一字入公文，九牛拔不出"，不要以"关门闭户掩柴扉"的表达方式将同样意思重复多次。在意思明确的前提下，商务文书写作应追求尽量用一段话、一句话甚至是一个词表达出核心观点。

"朴实"是指在商务文书写作中切忌刻意堆砌辞藻，一代文豪白居易尚且不这样做，我们就更不必在这方面显示自己的文字实力和水平了。

所谓"庄重",是指对商务文书的整体风格把握上不要过于诙谐幽默,过多的玩笑会极大地影响文书的严肃性。

商务文书写作在很多方面具有强烈规范性的特点,其中以标点符号的规范性尤为重要,但是往往被大家所忽视,从而造成了一些细节上的失误。

2. 商务文书写作的四要素

商务文书写作除了有一些自身显著的特点外,还包括主旨、材料、结构、语言四个方面的要素。

(1) 主旨鲜明。"主旨"是指商务文书的中心思想,即作者所要表达的意思。商务文书的写作并不是为了写而写,而应该具有一个明确的目的。换而言之,就是让对方看到商务文书后产生所预期的感受和行动。

在主旨方面,应该遵循"正确、务实、集中、鲜明"的原则。

(2) 材料丰富。优秀的商务文书不可以一蹴而就,而是需要围绕作者的主旨收集相关方面的素材。例如,政府机关撰写政策性的通知,需要查阅很多以前类似的、与之相关的批文、章程等资料,以确保前后建立起必要的联系和呼应。

在材料方面,应该遵循"收集要多,选择要严,使用要巧"的原则。

(3) 结构清晰。商务文书还应该具有清晰的结构,否则会导致在不需要浪费笔墨的地方花费过多的时间,而需要强调的内容则被相应的弱化。

在结构方面,可以选择"篇段合一式、分层表达式、分条列项式"等形式。

(4) 语言简练。主旨、材料以及结构可以概括为构成商务文书的骨骼,那么行文的语言就是对其进行填充和丰富的血肉。

在语言方面,应该做到"风格平直、朴实庄重,表达规范、准确简练",必须进行拼写检查以保证用词准确。

实训表单 11-1 公司财产盘点表

_____公司财产盘点表

资产名称	品　牌	数量	金　额	存放地点	责任人	购入时间	备　注
办公用品							

负责人签名：　　　　　　　　　　　　　　　　盘点人：

模块十二　合理地买！买！买！
——企业中的采购部

　　我是某公司采购部的优秀员工，每年的采购额都位列部门前列。但是近期，我常合作的供应商开始不断抬价，还经常出现违约的情况……是我哪里做错了吗？那我到底是哪一步做错了呢？

——想要挽回个人业绩的婷婷

　　近期，由于公司需要更换供应商，领导要求小赵在众多备选供应商中挑选一家价格适中、信誉好的公司。面对即将到来的谈判，你能教小赵一些谈判技巧以祝他顺利完成任务吗？

　　小钱是某公司的新晋采购。为了锻炼他的能力，采购部经理让他独立承担了公司一批零部件的采购，对于采购事宜不是非常了解的小钱来说，哪些是需要注意的呢？

学习要点	实训要点
● 什么是采购部？ ● 采购部的工作职责	● 起草一份采购合同。 ● 进行供应商关系维护。 ● 签订一笔采购合同。

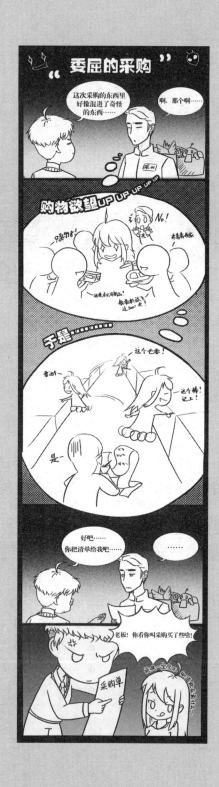

主体学习

任务一　什么是采购部

　　采购是指企业在一定的条件下，从供应市场获取产品或服务作为企业资源，以保证企业生产及经营活动正常开展的一项企业经营活动。采购部是公司经营中负责各项物资采购的部门。

　　企业一般都会设有采购部。对于制造业企业而言，采购更是企业运作中不可或缺的一环。采购除了对企业的成本和利润有关键的影响外，也对研发、质量、生产等企业运作环节有重要影响，因此采购业务水平高低是企业核心竞争力的体现。采购部需要合理地组织采购，并及时供应生产所需的物资。

　　采购部的工作人员需要完成供应商的评审、物料的及时采购、与供应商对账、相关单据的收发、订单的接收及结果情况的跟进等工作，并依照相关部门的要求或计划，确保生产用原材料、辅料的准时到料，确保来料的质量符合公司的质量标准要求，协助公司进行采购成本控制等。

任务二　采购部的工作职能

一、供应商管理

> 任务：维护与供应商的友好关系
> 坐标：采购部

　　狭义的供应商是指直接向零售商提供商品及相应服务的企业、单位、个体工商户等，包括产品制造商、商品经销商和其他中介商等。广义的供应商是指向企业供应材料、物资、商品等的个人或法人。对于制造业企业而言，其主要供应商应为原材料供应商，向其提供生产产品所需的主要原料和材料。在采购阶段，供应商可能会表现为不同的企业类型，既有国内企业，也有外国企业，既有大型企业，也有个体工商户，供应商的选择根据企业的采购需要确定。供应商管理，是在新的物流与采购经济形势下提出的管理机制，是供应链采购管理中一个很重要的问题，在实现准时化采购中有很重要的作用。通过供应商管理，企业能够有效地降低成本、保证材料的及时供给，从而达到一种企业与供应商的双赢模式。

1. 供应商的选择

供应商管理首先需要确定供应商,企业应避免选择独家供应商。如果企业对某些重要材料过于依赖同一家供应商,往往会导致供应商左右采购价格,对采购方施加极大的压力。面对多个相同材料的供应商,在报价相同及交货承诺相同的情况下,应首先选择那些企业形象好并有实力的供应商。短期内选择供应商的主要依据为商品质量、价格水平、交货时间和整体服务水平等,而对于长期供应商的选择则更多地取决于公司战略发展的需要和双方的长期合作意愿。

2. 供应商的维护

确定供应商后,企业需要经常和供应商进行有关成本、作业计划、质量控制信息的交流与沟通,保持信息的一致性和准确性。如有必要,可以安排经常性的互访,及时发现和解决各自在合作过程中出现的问题和困难,建立良好的合作气氛。

3. 供应商的评价

为了更好地进行供应商管理,采购部还需要适时对供应商的业绩进行评价,使供应商不断改进。设定合理的评价方法,比如交货质量是否改善了,提前期是否缩短了,交货的准时率是否提高了等。通过评价,把结果反馈给供应商,和供应商共同探讨问题产生的根源,并采取相应的措施予以改进。对于有重大问题的供应商,应及时予以剔除,以避免对企业的生产和发展造成重大影响。

实训环节

采购部的员工们,创造你们的供应商档案(见实训表单12-1)并罗列一下能够拉近与供应商关系的方法吧!

实训指导:

采购部门需要主动联系自己的供应商,和他们确定合作意向,并留下他们的基本信息和联系方式,以便后期发送采购订单。采用软件模拟操作的公司,需要同时输入学生模拟供应商的基本信息和系统后台模拟供应商的基本信息,以形成完整的企业供应商名录。

工作笔记

在工作过程中,我常用来维护与供应商关系的方法有哪些?

_____

_____

二、合同管理

> **任务：起草一份采购合同**
> **坐标：采购部**

企业的经济往来，主要是通过合同形式进行的。一个企业经营的成败和合同及合同管理有密切关系。企业合同管理是指企业对以自身为当事人的合同依法进行订立、履行、变更、解除、转让、终止以及审查、监督、控制等一系列行为的总称，其中订立、履行、变更、解除、转让、终止是合同管理的内容；审查、监督、控制是合同管理的手段。

合同管理必须是全过程的、系统性的、动态性的。合同管理全过程就是由洽谈、草拟、签订、生效开始，直至合同失效为止。不仅要重视签订前的管理，更要重视签订后的管理。系统性就是凡涉及合同条款内容的各部门都要一起来管理。动态性就是注重履约全过程的情况变化，特别要掌握对自己不利的变化，及时对合同进行修改、变更、补充或中止和终止。

一般而言，采购合同应包含以下要素。

(1) 采购标的物的价格、规格型号、数量。
(2) 运输方式：如由供方负责运输、由需方自提等。
(3) 供货期限、地点和方式。
(4) 货款的结算方式和时间：如货到付款、款到发货、预付50%的货款等。
(5) 验收标准及售后保障。
(6) 违约责任。
(7) 争议解决方法。

实训环节

采购部的员工们，着手起草一份采购合同吧！记得要将要求仔细罗列清楚哦！

实训指导

采购合同往往是标准文本，为了后续工作的顺利进行，采购部应提前准备好采购合同。如有必要，请将合同文本送专业人士审核，比如征求法务部的意见。模拟实训中提供采购合同样本(见实训表单12-2)备用。

工作笔记

在工作过程中,我发现,一份采购合同最重要的几点内容是:

_____

_____

_____

三、采购管理

> 任务:签订一笔采购订单
> 相关:采购部

采购管理是一个完整的流程管理,包括采购计划下达、采购单生成、采购单执行、到货接收、检验入库、采购发票、采购结算的全过程。采购管理需要对采购过程中物流运动的各个环节状态进行严密的跟踪、监督,实现对企业采购活动执行过程的科学管理。采购活动必须围绕"适时""适价""适地""适质""适量"等基本要素来开展工作。

1. 适当的采购时机

选择恰当的时机进行采购,通常是根据企业事先安排好的生产计划进行采购,如果物料未能如期到达,往往会引起企业内部生产无法顺利进行,出现停工待料,进而导致产品延期下线,不能按计划出货,引起客户强烈不满;若物料已经提前很长时间就储存在仓库中,又会造成采购资金的大量积压和仓储管理成本的浪费。因此,采购人员既要对内与生产部门做及时的沟通,也要对外督促供应商按预定时间交货。

2. 适当的采购价格

采购部需要确保采购价格适当,即适价原则。适价是指在确保采购物料品质相当的情况下,价格不高于同类物料的价格。若要确定合适的采购价格,往往需要经过联系多个材料供应商进行报价、比价、议价等,最终才能确定一个合适的采购价格。

3. 适当的供货地点

采购中还需要和供应商商议,确定适当的供货地点。供应商与企业之间的距离越近,协调沟通就越方便,所需的运输费用就越低,成本自然也就越低,同时也有利于紧急订购时的时间安排。因此，在选择试点供应商时，企业应考虑双方之间的距离是否适宜。

4. 合格的物料品质

保证物料品质合格，即适质原则。它要求采购人员不仅要做一个精明的商人，同时也要适当地扮演品质管理人员的角色。在日常的采购作业中，采购人员要安排部分时间去推动供应商完善品质体系，不断改善和稳定物料品质。

5. 合适的采购数量

合适的采购数量，即适量原则。虽然采购量大可能会使采购价格更低廉，但这并不意味着采购量越大，就会使采购成本越低，对企业越有益。很多采购人员会遇到这样的情况：若物料采购量过小，则采购次数增多，采购成本提高；若物料采购量过大，又会造成存货储备成本过高，造成资金流动障碍。因此，采购人员应对储存成本、资金的周转率、物料需求计划等予以综合考虑，继而计算出最经济的采购量。

而在实际采购工作中，采购人员会发现上述的五个方面很难面面俱到，如果过分强调其中一方面，往往就要牺牲其他方面作为补偿。因此，采购人员必须能够纵观全局，准确评估企业对所购物料的各方面需要，以便在与供应商谈判时提出合理的要求，从而争取更多机会，从供应商处获得更为合理的报价。

实训环节

> 采购部的员工们，根据生产部提出的采购需求，完成你们的采购任务，并签订采购订单吧！

实训指导：

采购部需要购买的材料种类和数量应根据生产部的生产需求确定。表 12-1 提供的是相关的材料市场平均报价表，在实际采购时，由于材料供应商会根据企业的信誉、购买的数量等对价格进行调整，故实际采购价格由采购部和材料供应商协商确定。采购材料成本越低，企业自身的利润空间就越大。

表 12-1　材料市场平均报价表

原材料编码	原材料名称	市场平均价格/元
R1	键鼠套装	50
R2	液晶显示器	400
R3	机箱电源	50
R4	硬盘	150
R5	单核CPU	100

续表

原材料编码	原材料名称	市场平均价格/元
R6	双核CPU	150
R7	四核CPU	200
R8	内存条	50
R9	主板	300

采购时，可以先向不同的材料供应商发出材料询价单(见实训表单12-3)，进行价格比较，确定材料供应商后，可以向材料供应商发出采购订单(见实训表单12-4)，供应商确认订货后，双方签订采购合同(见实训表单12-2)，明确交货时间和支付方式等信息，采购部从供应商处取得采购发票的发票联和抵扣联。其中，发票联用于购货记账，抵扣联用于增值税进项税额抵扣。购货合同签订后，同时将采购订单送物流仓储部一份，以便物流仓储部对到货进行追踪。

采购材料后，请督促对方尽快发货(实训到货以取得供应商发货单为准)，否则无法及时完成生产。

工作笔记

采购时，我认为应注意的事项有哪些？

_____

_____

_____

_____

_____

_____

任务三　采购部员工的能力要求

对于采购部工作人员来说，最需要具备的能力是谈判能力。具备优质的谈判能力能够为公司节省成本。谈判能力是指谈判人员所具备的更好地完成谈判工作的特殊能力，包括思维能力、观察能力、反应能力和表达能力。一场成功的采购谈判可以帮助企业争取到比较优惠的价格，从而降低成本，也能争取到采购物资的及时送货，从而提高效率。

采购部员工还应具有较强的沟通能力。采购人员无论是用语言还是用文字与供应商沟通，都必须能正确、清晰地表达采购的各种条件，如规格、数量、价格、交货期限、付款方式等，避免语意含混，滋生误解。面对忙碌的采购工作，必须使采购人员具备"长话短说，言简意赅"的表达能力，以免浪费时间。"动之以情，晓之以理"来争取采购条件，更是采购人员必须锻炼的表达技巧。

除此以外，采购部工作人员，还需要具备一定的预测能力。在动态经济环境下，物资的采购价格与供应数量经常会调整变动，采购人员应能依据各种市场信息，分析、判断货源是否充裕，再与供应商接触，并可从其"惜售"的态度，揣摩物品是否可能供应短缺。从物品原料价格的涨跌，也能推断采购成本将受影响的幅度有多少。总之，采购人员必须关注市场变动，具备"察言观色"的能力，预测甚至掌握未来的供应变动趋势。

工作笔记

在谈判过程中，我发现以下这些方法能够有效地降低对方的戒心。

_____

_____

_____

_____

_____

小讨论：在与供应商接洽、签订采购合同时，说一说你都遇到过什么问题以及你的解决方法吧！

(扫二维码，看视频)

小　　结

什么是采购部？

采购部是公司生产中负责生产物资采购的部门，需要合理地组织采购，并及时供应生产所需的物资。

采购部工作人员应具备的能力有哪些？

作为采购部工作人员，需要具备谈判能力、沟通能力、预测能力等。

采购部有哪些工作职能？

采购部的工作职能包括合同管理、供应商管理、采购管理等。

采购部

采购部是公司生产中负责生产物资采购的部门。

谈判能力　沟通能力　预测能力

作为采购部工作人员,需要具备谈判能力、沟通能力和预测能力。

合同管理　供应商管理　采购管理

采购部的工作职能包括合同管理、供应商管理、采购管理等。

简单来说就是

买买买!

本课回顾

实训流程回顾

起草一份采购合同→供应商关系维护→签订一笔采购订单。

知识梳理

采购部是公司中负责生产物资采购的部门,需要合理地组织采购,并及时供应生产所需的物资。

作为采购部工作人员,需要具备谈判能力、沟通能力、预测能力等。

采购部的工作职能包括合同管理、供应商管理、采购管理等。

拓展学习

采购谈判中常见的价格种类

一般来说,订购方与供货商谈判时要明确以下价格种类。

(1) 到厂价。到厂价就是产品到厂时的价格,如果是国际采购,叫作到岸价。到厂价包含运费以及途中的损失费用。

(2) 出厂价。出厂价就是一种产品或商品在加工厂加工完之后,根据生产成本卖出去的价格。出厂价只含产品的成本再加上合理的应得利润,不含运费以及途中的损失。

(3) 现金价。现金价就是以现金进货的价格。这是备受供应商青睐的价格种类。

目前,与我国企业做生意有两大苦恼:第一,价格压得过低以至基本无钱可赚;第二,拖欠货款。因此,很多企业宁愿利润低一些,也想要现金价。否则,财务上体现有利润,但实际利润在客户那里,供应商拿不回现金。

(4) 期票价。期票价就是客户开期票给厂商,进行定期兑换的价格方式。

(5) 净价。净价就是不包含损耗的价格。

(6) 毛价。毛价包括损耗以及手续费用等。

(7) 现货价。现货价就是现货交易的价格。

(8) 合约价。合约价就是通过合同所约定的价格。合约价是有风险的,原材料价格的上涨或下降都会对合约价造成影响。

(9) 定价。定价即一口价,没有讨价还价的余地。

(10) 实价。实价就是最后供应商能够拿到的价钱。比如,现在很多商家进行的促销活动等，都是由供应商买单，供应商最后拿到的钱是减去活动发放的商品剩下的实际商品的价钱。

价格有很多种，谈判时一定要写清楚价格的种类，以免发生纠纷。

采购谈判中不容易得到的信息

(1) 寻求更多的供应来源(包括海外)。采购方通过寻求更多的供应来源，做出"另攀高枝"的姿态，逼其就范。

(2) 运用成本、价格资料进行分析。采购方要分析产品的构成、原料、加工费等，必要时借助成本分析师，然后质疑产品的价格。比如，日本人买德国的一台设备时，首先把设备放到磅秤上称重，并说按铁的成本计算，设备的价格实在太高，这样就打击了德国人的自信心，在谈判中赢得了主动。虽然这是一个夸张的例子，但掌握成本分析资料真的非常有帮助。

(3) 供应商的采价系统。根据供应商的采价系统化整为零，按供应商各个主生产排程来推估。即把每一道工序的加工费和物料费加在一起，推估出产品的成本价格，这需要订购方具有一定工艺水平的人才。

(4) 掌握供应商的谈判能力。即提供给对方的信息愈少愈好，尽量让对方发言，从中找出对策。谈判时，要少说多听，要把对方讲话时透露出的信息整理起来，以对方讲的话去反击他是最有力量的，正所谓"以其人之道还治其人之身"。

(5) 了解供应商的价格底线。谈判是在双赢的基础上争取自身利益的最大化，因此要探到对方的价格底线，接近对方的底线一方为胜。谈判双方都有自己的价格底线，两个底线之间是有差距的，如果对方接近自己的底线，就是对方赢；如果自己接近对方的底线，就是自己就赢。这两种情况都是双赢，只是谁的利益更大而已。

实训表单 12-1　供应商档案卡(样张)

供应商档案卡

供应商编号		供应商名称	
联 系 人		联系电话	
联系地址		开户银行	
银行账号			

供应商档案卡

供应商编号		供应商名称	
联 系 人		联系电话	
联系地址		开户银行	
银行账号			

供应商档案卡

供应商编号		供应商名称	
联 系 人		联系电话	
联系地址		开户银行	
银行账号			

供应商档案卡

供应商编号		供应商名称	
联 系 人		联系电话	
联系地址		开户银行	
银行账号			

实训表单 12-2　　采购合同

采购合同

甲方：_____

乙方：_____

　　经甲、乙双方友好协商，本着平等互利的原则，根据《中华人民共和国合同法》及相关法律法规的规定，现就乙方向甲方供应生产物资事宜，达成一致意见。为明确双方权利和义务，特订立本合同。

　　一、订购产品名称：_____

　　二、订购产品数量：_____

　　三、质量标准

　　1. 甲方授权乙方供应符合国家质量标准和甲方生产要求的货物。乙方的货物必须符合规定的标准和随货文件要求。

　　2._____

　　四、产品规格及价格

　　1._____

　　2._____

　　五、付款方式

　　双方选择以下第_____种方式支付货款。

　　1. 翻单结算。即第二批货物到甲方厂区指定地点后，甲方向乙方支付第一批货款。以后依次类推下次送货结算上次货款。

　　2. 留质保金结算。即乙方前一期货物送达且验收合格后，留下_____元作为质量保证金，其余款项货到后当月内付清。合同期限届满，货物没有发生质量问题，质量保证金全部退还乙方。

　　3. 货物运到甲方后，经检验合格，卸货后___日内付款。

　　六、产品包装要求及规格：(包装费用已包含在货物价格内)_____
_____

　　七、交货地点：_____。运费由乙方负担。运输过程中货物毁损、灭失等各种风险均由乙方承担责任。

　　八、供货时间

　　1. 乙方在收到甲方首批传真订单(或电话、短信通知)_____个工作日内将货物送至合同指定地点。重复订单_____个工作日内将货物送至合同指定地点。

2._____。

九、双方的权利和义务

1. 如果供应的货物行情有较大幅度的变化，经双方协商可根据市场价格对供货产品的价格做出必要的调整。协商不成，仍按原条款执行。

2. 如果乙方提供的货物包装或产品规格不符合要求，甲方有权拒收货物。如果甲方拒收，乙方必须按照本合同的约定另行提供符合要求的货物，且由此造成的各种损失均由乙方承担责任。

3. 乙方必须向甲方提供生产企业资质证明、营业执照及相关的手续。其提供的产品，必须符合相关的国家、行业或企业标准，并随货附带生产许可证、产品合格证、化验报告等手续。

4. 甲方应在乙方所送的货物到达后及时进行质量检测，如果发现质量问题，乙方须立即现场处理善后事宜。因此给甲方造成损失的，乙方应承担甲方为此支付的所有费用(包括但不限于赔偿的费用、必要的律师费、罚款等)。

5. 因乙方产品内在质量问题，引发甲方生产或质量事故，造成甲方损失的，乙方应赔偿甲方为此支付的所有费用(包括但不限于赔偿的费用、必要的律师费、罚款等)，此责任不因甲方已进行质量监测而免除。

6. 如乙方未按照本合同第八条规定的时间送货、送货延迟或货物的数量与合同约定不符，应赔偿甲方违约金_____元。

7. 双方都应保守对方的商业机密。

十、补充协议：_____

十一、特别声明条款：_____

十二、合同有效期：20　　年　　月　　日起至20　　年　　月　　日止。

十三、本合同一式两份，甲乙双方各持一份，具有同等法律效力，双方签字盖章后生效。双方发生争议时，协商解决，协商不成任何一方均有权向甲方所在地人民法院提起诉讼。

十四、合同签订地

甲方(盖章)：　　　　　　　　　　乙方(盖章)：
法人代表：　　　　　　　　　　　法人代表：
委托代理人：　　　　　　　　　　委托代理人：
电　　话：　　　　　　　　　　　电　　话：
传　　真：　　　　　　　　　　　传　　真：
开　户　行：　　　　　　　　　　开　户　行：
账　　号：　　　　　　　　　　　账　　号：
签字日期：20　　年　　月　　日　签字日期：20　　年　　月　　日

实训表单 12-3　采购询价单(样张)

采购询价单

单据编号：_____　　　　　　　　制表时间：_____
到货时间：_____　　　　　　　　供 应 商：_____
收 货 人：_____　　　　　　　　电　　话：_____
配送地址：_____

序　号	原材料标识	原材料名称	采购数量	报　价	金　额
1					
2					
3					
4					
5					
6					
7					
8					
9					

制表人：_____　　　　　　　　　　审核人：_____

采购询价单

单据编号：_____　　　　　　　　制表时间：_____
到货时间：_____　　　　　　　　供 应 商：_____
收 货 人：_____　　　　　　　　电　　话：_____
配送地址：_____

序　号	原材料标识	原材料名称	采购数量	报　价	金　额
1					
2					
3					
4					
5					
6					
7					
8					
9					

制表人：_____　　　　　　　　　　审核人：_____

实训表单 12-4　采购订单(样张)

采购订单

单据编号：＿＿＿＿＿＿＿　　　　　　　　　　制表时间：＿＿＿＿＿＿＿
到货时间：＿＿＿＿＿＿＿　　　　　　　　　　供 应 商：＿＿＿＿＿＿＿
收 货 人：＿＿＿＿＿＿＿　　　　　　　　　　电　　话：＿＿＿＿＿＿＿
配送地址：＿＿＿＿＿＿＿

序　号	原材料标识	原材料名称	采购数量	采购单价	金　额
1					
2					
3					
4					
5					
6					
7					
8					
9					

制表人：＿＿＿＿＿＿＿　　　　　　　　　　　审核人：＿＿＿＿＿＿＿

采购订单

单据编号：＿＿＿＿＿＿＿　　　　　　　　　　制表时间：＿＿＿＿＿＿＿
到货时间：＿＿＿＿＿＿＿　　　　　　　　　　供 应 商：＿＿＿＿＿＿＿
收 货 人：＿＿＿＿＿＿＿　　　　　　　　　　电　　话：＿＿＿＿＿＿＿
配送地址：＿＿＿＿＿＿＿

序　号	原材料标识	原材料名称	采购数量	采购单价	金　额
1					
2					
3					
4					
5					
6					
7					
8					
9					

制表人：＿＿＿＿＿＿＿　　　　　　　　　　　审核人：＿＿＿＿＿＿＿

模块十三　不只是车间主任
——企业中的生产部

为了确保工作的进度，每次收到生产订单，我都会立即依照订单量投入生产。但是，最近总是出现多张生产订单冲突，生产设备不够用的情况。更可气的是，生产设备还总是在生产过程中出现问题。这到底是怎么回事呢？

——焦头烂额的晓峰

老陈是某公司生产部的经理。根据往年经验，每到 6 月公司的需求量会急剧上升，导致生产车间超负荷工作。为了避免此类情况，他在没有拿到订单的情况下，提前开始生产工作，导致库存积压。明明是出于好意的决策，怎么会变成坏事了呢？

学习要点
- 什么是生产部？
- 生产部的工作职能。

实训要点
- 完成生产设备盘查、维护。
- 制订生产计划表。
- 梳理生产订单需求。
- 制订物资需求表。
- 安全、顺利地完成作业。

主体学习

任务一　什么是生产部

生产部，又称制造部，是以产品生产为主要工作的部门。

生产部的职责包括：负责组织生产人员按下达的生产计划，保质、保量完成任务；严格按生产工艺流程和产品质量控制过程组织生产；加强生产设备管理，定期进行自检，生产中必须严格执行每道程序的操作要求，确保产品质量稳定、准确。

对于生产部人员来说，能够按时、按量地完成订单，提高时间管理能力最为重要。

工作笔记

我认为生产部人员应具有以下能力。

_____

_____

_____

_____

_____

_____

_____

任务二　生产部的工作职能

一、确定产品需求

> 任务：梳理生产订单需求
> 坐标：生产部

在市场竞争加剧的经济环境中，以销定产是企业生产经营的一条基本原则。销售部会根据市场需求、客户订单等因素预测企业的产品需求量，并反馈给生产部，生成产品需求或生产订单。生产订单是公司产品需求量的一个体现，生产部人员需要根据生产订单中的交货期和数量安排生产计划。

为了按时、保质、保量地完成生产，生产部人员需要根据各订单的数量、交货时间，合理有效地安排生产期。

实训环节

生产部的员工们，请和相关部门商讨，确定本月产品的生产数量吧！

实训指导：

实训企业为计算机制造商，不同型号的计算机所需材料如表13-1所示，对应原材料的编码汇总表如表13-2所示。不同原材料的市场平均报价参见模块十二的表12-1(仅为参考报价，实际采购价格请与采购部、财务部联系确认)。

表13-1　企业产品基本信息表

序号	成品名称	材料组成	市场参考售价
1	普通配置计算机	R1+R2+R3+R4+R5+R8+R9	1 430
2	中端配置计算机	R1+R2+R3+R4+R6+2R8+R9	2 160
3	中高配置计算机	R1+R2+R3+R4+R7+2R8+R9	2 500
4	高端配置计算机	R1+R2+R3+R4+2R7+4R8+R9	3 875

表13-2　原材料编码汇总表

原材料编码	原材料名称	原材料编码	原材料名称
R1	键鼠套装	R6	双核CPU
R2	液晶显示器	R7	四核CPU

续表

原材料编码	原材料名称	原材料编码	原材料名称
R3	机箱电源	R8	内存条
R4	硬盘	R9	主板
R5	单核CPU		

说明：

(1) 请根据自己的市场策略选择不同的产品生产，注意不同的产品材料构成不同、成本不同，利润空间也不同。

(2) 企业在初创时只能生产普通配置计算机，其余类型的计算机需要经过研发完成，研发需要一定的时间和经费投入，研发投入会因资金不足等原因中断，中断前的投入依然有效，但是不能一次性集中投入或提前完成。研发周期和资金需求如表13-3所示。

表13-3 企业产品研发需求表

产品名称	研发费用	研发周期	研发总额
普通配置计算机	0/季	0	0
中端配置计算机	2 000/季	3	6 000
中高配置计算机	2 000/季	6	12 000
高端配置计算机	2 000/季	8	16 000

(3) 计算机售价为市场上的平均售价，企业产品的具体销售定价可以和产品采购商(贸易公司)进行洽谈。

(4) 请注意不同的产品对材料的需求不同，在安排生产时务必和仓储部门确认，保证材料足够支撑产品生产。

二、制订生产计划

> 任务：制订生产计划表
> 坐标：生产部

生产计划管理指的是企业对生产活动的计划、组织和控制工作。

狭义的生产计划管理是指以产品的基本生产过程为对象所进行的管理，包括生产过程组织、生产能力核定、生产计划与生产作业计划的制订、执行以及生产调度工作。

广义的生产计划管理则有了新的发展，是指以企业的生产系统为对象，包括所有与产品的制造密切相关的各方面工作的管理,也就是从原材料设备、人力、资金等的输入开始,经过生产转换系统,直到产品输出为止的一系列管理工作。

实训环节

> 生产部的员工们,先对你们的生产活动制订一张下月的生产计划表(见实训表单 13-1)吧!

实训指导:

为了体现科学预测与决策,企业的生产应提前做出安排,因此实训要求每月末应在各部门协商的基础上拟订下月生产计划,而非当月根据拿到的订单数量再确定生产计划。但在手工实训阶段,如果有临时增加的订单,且企业确实有能力生产,也可当月临时增加生产计划。

工作笔记

我的生产计划如下:

_____

_____

_____

三、梳理物料需求并请购

> **任务:制订物资需求计划表**
> **坐标:生产部**

物料需求计划指的是根据产品结构各层次物品的从属和数量关系,以每个物品为计划对象,以完工日期为时间基准倒排计划,按提前期长短区别各个物品下达计划时间的先后顺序,是一种工业制造企业内的物资计划管理模式。

物资需求计划是根据市场需求预测和顾客订单制订产品的生产计划,然后基于产品生成进度计划,组成产品的材料结构表和库存状况,通过计算机计算所需物料的需求量和需求时间,从而确定材料的加工进度和订货日程的一种实用技术。

> **实训环节**

生产部的员工们,根据你们的产品生产计划,罗列一下你们所需的物资吧!

实训指导:

生产部可以根据当前生产情况、转产情况和仓库库存情况等预测以后期间的材料需求并提出物料需求计划(见实训表单 13-2),反馈给采购部,形成物料请购单(见实训表单 13-3)。两张表单并非每月生产必填,此处仅提供备用,由生产部视情况决定。

工作笔记

我们所需物资及需求量、时间如下:

_____

_____

_____

四、车间作业管理

> **任务:安全顺利地完成作业**
> **坐标:生产部**

车间作业管理是对加工环节多、加工过程长的生产任务的每道工序进行细致的管理。车间作业管理对每一道工序提供全过程的管理,该过程包括生产任务的下达、工序计划,第一道工序的领料、加工后结果汇报、检验、将物料移转到下道工序、加工、汇报和移转……直至完成最后一道加工工序,检验、加工结果汇报至成品入库。

> **实训环节**

生产部的员工们,开始你们的生产工作吧!

实训指导：

生产部需要完成生产领料、生产派工、完工报检等生产工序。手工实训仅完成基本单据流转，软件虚拟实训平台提供更为完整的流程内容，表单格式和具体填写要求请以软件要求为准。

(1) 生产领料：此处提供领料单(见实训表单13-4)、退料单(见实训表单13-5)等备用，请根据需要选取。

注意：领料单、退料单均要仓储部确认签字，退料单仅能在处理当月多领材料时使用，当月未及时完成退料，则默认为已经上线生产，多领部分已经报废，不能进行退料。

(2) 生产派工：企业产品的生产需要整组、板件组合、焊接成箱三道工序，每道工序均需要工人操作完成，每位工人的月产能为50件，请和人事部门联系，提前根据工人产能和产品生产数量估计用工人数，并在人力资源市场上完成工人招聘。手工实训中，企业是否已经有足够的生产工人依据财务部门的工薪发放记录确定。

生产派工完成派工单(见实训表单13-6)，生产部存档一份，同时送财务部一份以便计算工人薪酬。

(3) 完工报检：产品完工下线以提交产品报检单(见实训表单13-7)为准。产品报检单需要提交给质检部门。

这里提醒一下，生产之前需要取得生产许可证哦！

生产许可证是国家对于具备某种产品的生产条件并能保证产品质量的企业，依法授予的许可生产该项产品的凭证。

生产许可证适用于企业发证、换证、迁址、增项等的生产许可证申请。集团公司与其所属单位一起取证的，集团公司与所属单位分别填写"申请书"。增项包括增加产品单元、增加规格型号、产品升级、增加集团公司所属单位等。

小贴士：

申领生产许可证所需材料如下。

- 企业法人营业执照。
- 例行(形式)检验报告。
- 环保、卫生证明等。

五、生产设备管理

任务：完成生产设备额盘查、维护
坐标：生产部

生产设备管理指的是企业为了保证生产设备正常安全运行，保持其技术状况完好并不断改善和提高企业装备素质而编制的一些规定和章程。

其主要内容一般应包括：设备管理体制及机构设置的规定，设备固定资产管理制度，设备前期管理制度，设备改造、更新管理制度，进口设备、重点设备管理制度，设备检修计划管理制度，设备检修技术管理制度，设备管理与维修的财务管理制度，设备统计、考核制度，设备事故管理制度，压力容器等特殊设备管理制度，设备的使用、操作、维护和检修规程，润滑管理规范，备件管理办法等。

实训环节

生产部的员工们，开始对生产车间的设备数量、安全指数进行排查吧！

实训指导：

请记录一下目前生产线的数量、使用寿命、生产产品等基本信息，及时与采购和财务部门沟通，做好生产线更新换代。

工作笔记

让我们记录一下排查的设备信息，并报告上级领导吧！

_____

_____

_____

(扫二维码，看视频)

小　　结

什么是生产部？

生产部是以产品生产为主要工作的部门。其主要工作包括：负责组织生产人员按下达的生产计划，保质、保量完成任务；严格按生产工艺流程和产品质量控制过程组织生产；加强生产设备管理，定期进行自检，保证生产中严格执行每道程序的操作要求，确保产品质量稳定、准确等。

生产部工作人员应具备的能力有哪些？

作为生产部工作人员，不仅要具备专业知识，还要具备一定的组织能力和时间管理能力。

生产部有哪些工作职能？

生产部的工作职能包括：确定产品需求、制订生产计划、梳理物料需求并请购、车间作业管理和生产设备管理。

生产部是以产品生产为主要工作的部门。

负责对各种设备事故、工伤、伤亡事故、急性中毒事故以及环境污染事故的调查处理,并制订改进生产计划。

作为生产部工作人员,需要具备一定的组织能力和时间管理能力。

生产部的职能包括:

确定产品需求
制订生产计划
梳理物料需求并请购
车间作业管理
生产设备管理

本课回顾

实训流程回顾

制定生产计划→梳理物料需求→物料请购→进行生产→完工报检。

设备管理：转产、日常维修等。

知识梳理

生产部是以产品生产为主要工作的部门。其主要工作包括：负责组织生产人员按下达的生产计划，保质、保量完成任务；严格按生产工艺流程和产品质量控制过程组织生产；加强生产设备管理，定期进行自检，保证生产中严格执行每道程序的操作要求，确保产品质量稳定、准确。

作为生产部工作人员，需要具备一定的组织能力、时间管理能力。

生产部的工作职能包括确定产品需求、制订生产计划、梳理物料需求并请购、车间作业管理和生产设备管理。

拓展学习

生产部经理的工作要求

(1) 和销售部保持密切联系。生产部是整个企业中刚性最强的部门，其变动性较弱，一旦产品上线生产，很难及时根据订单变化进行调整。而作为销售部最强大的支撑力量，不论是被动的还是主动的，生产部经理都要与销售部保持"亲密接触"，生产部经理的首要任务是提前安排好合理的生产计划，确保生产有序良性地运作，不打乱仗，按质、按量、按期交货。

(2) 制定并完善各项生产规章制度。生产现场工序繁杂，随时会遇到各种各样的问题及突发状况，但万变不离其宗，坚持一个原则——制程文件有没有问题，指导文件有没有问题，标准制定得是否合理，人员的培训是否都已做到位，培训效果是否达标，最后一个才是为什么人员不按制程、指导文件和标准去操作，这样的话所有的生产问题都会迎刃而解，找到问题的根本。因此，制定并不断完善各项生产规章制度，是生产部经理的主要工作之一。

生产部安全要求

生产部要认真贯彻"安全第一,预防为主"的生产方针,保障员工在工作中的生命安全和身体健康以及公司财产安全,努力改善劳动条件,克服不安全因素,防止事故发生。因此,生产部需要根据产品生产的技术要求,制定明确的车间安全规定,并严格执行。相关规定如下。

(1) 工作时请穿好工作服、佩戴好厂牌,不得穿凉鞋、拖鞋、高跟鞋、背心、裙子和露膝盖的裤子进入车间。

(2) 严禁在车间内嬉戏、打闹,严禁在车间内穿梭。

(3) 认真佩戴和正确使用劳动保护用品。

(4) 严禁在车间内吸烟、动火、饮酒。

(5) 熟悉自己使用的生产设备电源的位置,一旦发生火灾、触电或其他电气事故时,应在第一时间切断电源,避免造成更大的财产损失和人身伤亡事故等。

实训表单 13-1　生产计划单(样张)

MPS 主生产计划单

单据编号：_____　　　　　　制表时间：_____

生产时间：_____　　　　　　备　注：_____

序　号	需求来源单号	产品名称	生产数量	生产时间	完工时间
1					
2					
3					
4					
5					
6					
7					
8					
9					

制表人：_____　　　　　　　　审核人：_____

MPS 主生产计划单

单据编号：_____　　　　　　制表时间：_____

生产时间：_____　　　　　　备　注：_____

序　号	需求来源单号	产品名称	生产数量	生产时间	完工时间
1					
2					
3					
4					
5					
6					
7					
8					
9					

制表人：_____　　　　　　　　审核人：_____

实训表单 13-2　物料需求计划(样张)

物料需求计划

单据编号：_____　　　　　　　　制表时间：_____

需求时间：_____　　　　　　　　需求产品：_____

序　号	材料编号	材料名称	需求数量
1			
2			
3			
4			
5			
6			
7			
8			
9			

制表人：_____　　　　　　　　审核人：_____

物料需求计划

单据编号：_____　　　　　　　　制表时间：_____

生产时间：_____　　　　　　　　需求产品：_____

序　号	材料编号	材料名称	需求数量
1			
2			
3			
4			
5			
6			
7			
8			
9			

制表人：_____　　　　　　　　审核人：_____

实训表单 13-3　物料请购单(样张)

物料请购单

单据编号：_____　　　　　　制表时间：_____
生产时间：_____　　　　　　需求产品：_____

序　号	材料编号	材料名称	需求数量
1			
2			
3			
4			
5			
6			
7			
8			
9			

制表人：_____　　　　　　　　审核人：_____

物料请购单

单据编号：_____　　　　　　制表时间：_____
生产时间：_____　　　　　　需求产品：_____

序　号	材料编号	材料名称	需求数量
1			
2			
3			
4			
5			
6			
7			
8			
9			

制表人：_____　　　　　　　　审核人：_____

实训表单 13-4 领料单(样张)

领料单

单据编号：_____　　　　　　　　制表时间：_____
备　　注：_____　　　　　　　　领料时间：_____

序　号	原材料编号	原材料名称	请领数量	实领数量
1				
2				
3				
4				
5				
6				
7				
8				
9				

领料人：_____　　　　　　　　审核人：_____

领料单

单据编号：_____　　　　　　　　制表时间：_____
备　　注：_____　　　　　　　　领料时间：_____

序　号	原材料编号	原材料名称	请领数量	实领数量
1				
2				
3				
4				
5				
6				
7				
8				
9				

领料人：_____　　　　　　　　审核人：_____

实训表单 13-5　退料单(样张)

退料单

单据编号：_____　　　　　　　　　　　　制表时间：_____

备　　注：_____

序　号	原材料编号	原材料名称	退回数量
1			
2			
3			
4			
5			
6			
7			
8			
9			

制表人：_____　　　审核人：_____　　　仓储：_____

退料单

单据编号：_____　　　　　　　　　　　　制表时间：_____

备　　注：_____

序　号	原材料编号	原材料名称	退回数量
1			
2			
3			
4			
5			
6			
7			
8			
9			

制表人：_____　　　审核人：_____　　　仓储：_____

实训表单 13-6　派工单(样张)

派工单

日期：_____　　　　　　　　　　　　　　　　　　　　编号：_____

加工工序	产品名称	生产计划编号	生产日期	完工日期	派工人数	备　注

制表人：_____　　　　　审核人：_____　　　　　财务：_____

派工单

日期：_____　　　　　　　　　　　　　　　　　　　　编号：_____

加工工序	产品名称	生产计划编号	生产日期	完工日期	派工人数	备　注

制表人：_____　　　　　审核人：_____　　　　　财务：_____

派工单

日期：_____　　　　　　　　　　　　　　　　　　　　编号：_____

加工工序	产品名称	生产计划编号	生产日期	完工日期	派工人数	备　注

制表人：_____　　　　　审核人：_____　　　　　财务：_____

实训表单 13-7　产品报检单(样张)

产品报检单

成品检验单号：_____　　　制表时间：_____

备　　注：_____

序　号	产成品标识	产成品名称	报检数量	合格数量
1				
2				
3				
4				
5				
6				
7				
8				
9				

制表人：_____　　审核人：_____　　检验人：_____

产品报检单

成品检验单号：_____　　　制表时间：_____

备　　注：_____

序　号	产成品标识	产成品名称	报检数量	合格数量
1				
2				
3				
4				
5				
6				
7				
8				
9				

制表人：_____　　审核人：_____　　检验人：_____

模块十四　智慧地卖！卖！卖！
——企业中的营销部

　　刚从设计公司辞职的小华，进入新公司的营销部开始了新的职业生涯。明明自己设计的广告非常漂亮，为什么产品还是卖不好呢？为什么同事的那些不好看的广告，反而使产品的订单量增加了呢？

——渴望进步的小华

　　小孔是某公司营销部的员工。初入职场的他发现，其他同事的营销活动都办得有声有色，而自己却连最基本的指标都完成不了。这到底是怎么回事呢？

　　小冯是某公司营销部的员工。近日，他经常遭遇合同违约的情况，给公司造成了重大的损失。小冯该如何挽回损失呢？

学习要点	实训要点
● 什么是营销部？ ● 营销部的工作职能。	● 市场定位。 ● 营销策略：制定广告、开拓渠道、品牌策略。 ● 制订销售方案。 ● 进行销售管理。

主体学习

任务一　什么是营销部

营销部是一个企业的经济命脉，营销部业绩的好坏直接影响到企业的收入。实训中的营销部在许多大企业中按职能被分为市场部和销售部，下面我们从市场部和销售部两个角度来看看它的工作性质。

一、市场部在公司中的角色定位

市场部是专门负责企业产品与品牌形象的宣传和推广的，其主要工作是与媒体、广告公司、会展公司、印刷公司打交道，工作内容小到印制宣传单，大到行业展会，说得更直白点就是个花钱的部门，是销售部有力的支持。我们通常称之为空中部队。

二、销售部在公司中的角色定位

销售部(少数企业又称业务部)实际上就是面向终端客户，直接把企业的产品卖给意向客户的，可以说是赚钱的部门，我们通常称之为地面部队。

小贴士：

市场部和销售部的区别

市场部关注的是整体市场的均衡，可持续发展，具体的工作包括市场研究、品牌宣传、销售促进活动的策划和实施以及销售员培训等。

销售部关注的是每期的销售业绩和利润，具体工作是拜访客户、推荐产品等。

任务二　营销部的工作职能

一、市场分析

> 任务：进行市场分析
> 坐标：营销部(市场部)

市场分析是对市场规模、位置、性质、特点、市场容量及吸引范围等调查资料所进行的经济分析。

市场分析的主要目的是研究商品的潜在销售量，开拓潜在市场，安排好商品在地区之间的合理分配，以及企业经营商品的地区市场占有率。

通过市场分析，可以更好地认识市场的商品供应和需求的比例关系，采取正确的经营战略，满足市场需要，提高企业经营活动的经济效益。

小贴士：

常用的市场分析方法——SWOT 分析法

SWOT 分析法是用来确定企业自身的竞争优势、竞争劣势、机会和威胁，从而将公司的战略与公司内部资源、外部环境有机地结合起来的一种科学的分析方法。

S(strengths)，即优势。优势是组织机构的内部因素，具体包括有利的竞争态势、充足的财政来源、良好的企业形象、技术力量、规模经济、产品质量、市场份额、成本优势、广告攻势等。

W(weaknesses)，即劣势。劣势也是组织机构的内部因素，具体包括设备老化、管理混乱、缺少关键技术、研究开发落后、资金短缺、经营不善、产品积压、竞争力差等。

O(opportunities)，即机会。机会是组织机构的外部因素，具体包括新产品、新市场、新需求、外国市场壁垒解除、竞争对手失误等。

T(threats)，即威胁。威胁也是组织机构的外部因素，具体包括新的竞争对手、替代产品增多、市场紧缩、行业政策变化、经济衰退、客户偏好改变、突发事件等。

SWOT 分析法是一种系统思维，它通过全面地考虑问题，把对问题的"诊断"和"开处方"紧密结合在一起，条理清楚，便于检验。

实训环节

销售部的员工们，请确定将要开发的市场，完成市场开拓记录表(见实训表单 14-1)，来完成销售的第一步吧！

实训指导：

手工实训不需要完成市场开拓，所有学生模拟客户均在同一市场内。采用软件平台进行实训时，本地市场(学生模拟)不需要开拓，可直接使用，其他市场开拓需要付出时间和费用，企业可自行决策是否需要开拓。开拓完成后，企业将有可能获得来自系统提供的后台订单。系统开拓所需时间和费用如表 14-1 所示。市场开拓会因资金问题等原因中断或终止，投资中断已投入的资金依然有效，但不允许超前或集中投入。

表 14-1　企业市场开拓预计时间经费表

市　　场	开拓费用/元	开拓时间/月
本地	0	0
东北市场	10 000	2
西南市场	10 000	0
华南市场	10 000	2
华东市场	10 000	2

二、营销策略

> 任务：销售渠道拓宽
> 坐标：营销部(市场部)

营销策略是企业以顾客需要为出发点，根据市场分析认识到商品供应和需求的比例关系，获得顾客需求量以及购买力的信息、商业界的期望值，有计划地组织各项经营活动，即 4P 原则：产品策略、价格策略、渠道策略和促销策略，为顾客提供满意的商品和服务而实现企业目标的过程。

推销是把产品卖好，营销是让产品好卖。顾客不买的时候会记得你，要买的时候会想起你。用一句话概括就是："建立起客户对你的产品认知。"让顾客熟悉你，这就是这么多的广告在拼命地播、拼命地砸钱的原因。也许有人会说，砸钱也没有人买呀，其实不是，这是一种建立客户认知的过程，是让产品变得好卖的一个过程。

实训环节

销售部的员工们，请依次完成产品策略、价格策略、渠道策略和促销策略，并把相关策略填入企业营销策略报告(见实训表单 14-2)中。

实训指导：

销售部需要按季度将自己的产品策略写成简略文字报告，并报送下一季度的不同产品定价、渠道维护费用、促销费用等给实训指导教师，以便教师对市场进行把控。营销策略报告需同时发送财务部一份，以便对相关费用进行记账处理。

注意：营销策略报告中的产品报价仅为下一季度的预测报价，学生在与商贸公司洽谈时可根据情况进行上下浮动。

三、广告管理

> 任务：制作广告并投放
> 坐标：营销部(市场部)

广告是通过一定媒体向用户推销产品或招徕、承揽服务以达到增加了解和信任，从而扩大销售目的的一种促销形式。

一个成功的广告能够帮助企业获得巨大的经济效益。通过广告传播，能够产生心理效益及社会效益，从而促进产品的销售，实现广告活动的目的——通过广告产生经济效益。

实训环节

销售部的员工们，请完成公司的产品广告投放申请(见实训表单14-3)，以便形成公司的广告宣传。此外，财务部也请根据相关费用完成账务处理。

四、品牌策略

> 任务：制定品牌策略
> 坐标：营销部(市场部)

品牌策略是一系列能够产生品牌积累的企业管理与市场营销方法，包括4P与品牌识别在内的所有要素，主要有：品牌化决策、品牌使用者决策、品牌名称决策、品牌战略决策、品牌再定位决策、品牌延伸策略和品牌更新。

品牌策略的核心在于品牌的维护与传播，如何把品牌做到消费者心坎里去，是品牌策略中最重要的一个环节。如今品牌营销方式多种多样，相对传统品牌营销方式(如电视、报纸、户外公关等)，网络品牌营销逐渐被企业所青睐。但是，网络品牌营销策略的核心在于解决用户信任度的问题，因为网络的虚拟性，所以让消费者信任企业品牌和产品才是最核心的问题。

小讨论：说说你为公司制定的品牌策略吧。

五、定价策略

> 任务：为产品定价
> 坐标：营销部（市场部）

定价策略是市场营销组合中一个十分关键的组成部分。价格通常是影响交易成败的重要因素，同时又是市场营销组合中最难以确定的因素。企业定价的目标是促进销售，获取利润。这要求企业既要考虑成本的补偿，又要考虑消费者对价格的接受能力，从而使定价策略具有买卖双方双向决策的特征。此外，价格还是市场营销组合中最灵活的因素，它可以对市场做出灵敏的反应。

六、销售管理

> 任务：销售管理
> 坐标：营销部（销售部）

销售管理属于营销管理中的一个模块，也是企业管理的重要组成部分。在谈销售管理的过程之前必须要知道什么是销售管理，而谈到销售管理又必须先知道什么是营销管理，并将其与销售管理进行明晰的区分。

销售部连接企业与市场，主要职能是为客户提供产品及服务，实现资金回笼并获取利润，是企业生存和发展的动力源泉。

销售管理的内容包括：管理销售合同、协议和商业后勤，确保对外基本销售文件的标准化；记录账目并管理重要的销售文件，避免销售信息的遗漏；负责订单及各类报表的制作和管理，根据销售订单处理流程，核对、接收订单；负责销售人员的考勤统计及薪资结算。

实训环节

销售部的员工们,请按照销售业务进度依次完成客户档案卡(见实训表单14-4)、销货合同(见实训表单14-5)、发货单(见实训表单14-6)、销售发票(增值税专用发票)(见实训表单14-7)等单据。

实训指导:

销售部与客户签订合同后,根据购货方发来的购货订单制作发货单,然后送仓储部门请求发货,同时开具销售发票,将对应联次分别提交购货方、财务部等部门。首次交易的客户需建立客户档案,以便后期进行管理。

如果取得的销售订单较多,还可以定期编制销售订单汇总表(见实训表单14-8)进行信息汇总,从而对销货信息和当前状态进行管理。

(扫二维码,看视频)

小 结

什么是营销部?

一般来讲,营销部是一个比较大的部门,主要职责是制定营销战略并实施,包括资源的调配、人员的分工及激励、客户的关系协调,另外可能还有一部分技术的支持;制定具体的实施细则,包括区域的划分、营销人员的配置、公司相应资源的调配,如资金、人员、技术服务、售后维护等;再有一部分可能也是公司营销部的主要职责,就是针对不同客户制订实施方案,主要是技术方面的,如制定SEO工作流程、考核方案、用户满意度调查、售后服务等。

营销部工作人员应具备的能力有哪些?

营销部负责人的要求比较高,要有较好的沟通能力、市场开发和分析能力、管理能力、应变能力、号召力;要有较强的责任心,熟悉营销模式,具有开拓业务渠道的能力,且有良好的营销管理策略及经验。

营销部有哪些工作职能?

营销部工作人员需完成的工作职责包括:市场调查、市场企划、编制和组织实施年度营销计划、具体销售合同(订单)的评审与组织实施、客户管理和信用风险管理、售后服务管理、营销收入和销售费用的管理、品牌建设、企业年度工作报告的编制、制定科技发展战略、研究产品市场状况及趋势分析报告、集团公司年度新产品研发计划、向技术中心提供产品的市场需求意向及价格定位报告、网络信息建设、企业文化建设等。

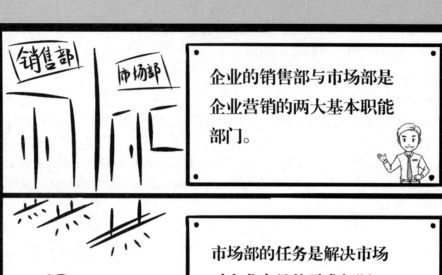

企业的销售部与市场部是企业营销的两大基本职能部门。

市场部的任务是解决市场对企业产品的需求问题。

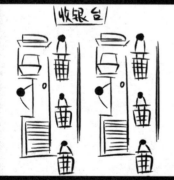

销售部的任务是解决市场能不能买到产品的问题。

它们的工作职能包括

市场定位
制定营销策略
制定广告

开拓渠道
制定品牌策略
制订销售方案
进行销售管理

本课回顾

实训流程回顾

市场分析→市场定位→选择营销策略→制订销售计划→进行销售管理。

知识梳理

企业的销售部与市场部是企业营销的两大基本职能部门。市场部的任务是解决市场对企业产品的需求问题,销售部的任务是解决市场能不能买到产品的问题,这两个问题同时作用于市场,就是我们今天所做的市场营销工作。市场是企业的龙头,是企业实现产品变成资金、变成利润的主要职能部门。企业生产产品的数量、品种、规格、包装、款式等都必须以市场为导向。营销部的工作职能包括市场定位、制定营销策略、制定广告、开拓渠道、制定品牌策略、制订销售方案以及进行销售管理等。

拓展学习

广告宣传的技巧

广告已经成为现代商界必不可少的宣传手段,宣传也存在竞争,广告战就是最外在的表现。如果经营者想让自己的广告达到最好的效果,就必须懂得运用各种各样的广告宣传手段。

(1) 情深谊重、温馨迷人。随着经济的发展和消费者心理的变化,社会已逐渐步入"情感消费时代",消费模式已从注重物质消费转向追求精神愉悦和满足。广告若能恰当运用情感因素,创造出温馨迷人的广告环境,便能以情感人,取得良好的广告效果。

(2) 色彩鲜明、新颖取胜。色彩是"无声的推销员",不同的色彩具有不同的个性,从而引发不同的主观感受。红色令人兴奋,蓝色开阔宁静,黄色欢快明亮,黑色庄重肃穆,紫色高雅华贵,绿色象征着青春,橙色给人温暖,白色透出清凉,等等。正确选择广告的色彩定位,设计出具有鲜明个性色彩的产品广告,能助力产品脱颖而出。

(3) 逆反思维、出奇制胜。把逆反思维运用到广告技巧中,采取以退为进,甚至是背道而驰的广告方式,便可打破传统的广告思维定式而出奇制胜。相传我国古代有两家对门的酒店,长久以来不分伯仲。一天,一家老板贴出广告:本店以信誉担保!出售的全部是好酒,绝不掺水!而另一家则贴出:本店素来崇尚诚实,出售的皆是掺水 10%的陈年老酒,如不愿掺水者,请事先说明,但醉倒与本店无关!结果那"不掺水酒店"门可罗雀，而"掺水酒店"却门庭若市。

(4) 巧设悬念、攻心为上。打开电视机，翻开报纸、杂志，到处都是铺天盖地的广告，什么样的广告才能吸引观众和读者呢？一些聪明的企业家将心理学的技巧揉进了广告，制造心理悬念，诱导观众和读者，其实说白了就是故弄玄虚。

(5) 名人效应。名人历来都是社会舆论的中心，是制造新闻的"优质原料"，一件极普通的物品，一旦被名人所青睐，便可身价百倍，这就是名人晕轮效应，名人在社会上具有很大的引导力和影响力。

(6) 免费赠送、欲擒故纵。俗话说："百闻不如一见，百见不如一验。"在广告大战日益升级的今天，有的企业已另辟蹊径，越过传媒，采用免费赠送产品的广告形式，把产品免费送给消费者使用，力图先入为主，使消费者在感情上先接受自己。

实训表单 14-1　市场开拓记录表

市场开拓记录表

日　期	市场名称	开拓费用

实训表单 14-2　营销策略报告(样张)

＿＿＿＿＿＿＿公司＿＿＿年＿＿季度营销策略报告

(单位：元)

项　目	本地市场(学生)	渠道市场(系统)
一、产品策略		
二、定价策略(产品报价)		
普通配置计算机		
中端配置计算机		
中高配置计算机		
高端配置计算机		
三、渠道策略		
合作渠道		
预计费用		
四、促销策略		
促销方式		
预计费用		

制表人：　　　　　　　　审核：

实训表单 14-3　广告投放申请

广告投放申请

媒　　体	( )报纸　　( )电视广告　　( )互联网	
广告描述		
	申请市场	总金额
	本地	
	区域1：_____市场	
	区域2：_____市场	
	区域3：_____市场	
公司部门审核	营销部	
	财务部	
	总经理	

实训表单 14-4　客户档案卡(样张)

客户档案卡

客户编号		客户名称	
联 系 人		联系电话	
联系地址		开户银行	
银行账号			

- -

客户档案卡

客户编号		客户名称	
联 系 人		联系电话	
联系地址		开户银行	
银行账号			

- -

客户档案卡

客户编号		客户名称	
联 系 人		联系电话	
联系地址		开户银行	
银行账号			

- -

客户档案卡

客户编号		客户名称	
联 系 人		联系电话	
联系地址		开户银行	
银行账号			

实训表单 14-5　销货合同

销货合同

甲方(购货单位)：_____
乙方(销货单位)：_____
经甲、乙双方友好协商，本着平等互利的原则，根据《中华人民共和国合同法》及相关法律法规的规定，现就甲方订购以下货物事宜，达成一致意见。为明确双方权利和义务，特订立本合同。

一、订购产品名称：_____
二、订购产品数量：_____
三、质量标准
1. 甲方授权乙方供应符合国家质量标准和甲方生产要求的货物。乙方的货物必须符合规定的标准和随货文件要求。
2. _____

四、产品规格及价格
1. _____
2. _____

五、付款方式
双方选择以下第_____种方式支付货款。
1. 翻单结算。即第二批货物到甲方厂区指定地点后，甲方向乙方支付第一批货款。以后依次类推下次送货结算上次货款。
2. 留质保金结算。即乙方前一期货物送达且验收合格后，留下_____元作为质量保证金，其余款项货到后当月内付清。合同期限届满，货物没有发生质量问题，质量保证金全部退还乙方。
3. 货物运到甲方后，经检验合格，卸货后_____日内付款。

六、产品包装要求及规格：(包装费用已包含在货物价格内) _____
_____。

七、交货地点：_____。运费由乙方负担。运输过程中货物毁损、灭失等各种风险均由乙方承担责任。

八、供货时间
1. 乙方在收到甲方首批传真订单(或电话、短信通知)_____个工作日内将货物送至合同指定地点。重复订单_____个工作日内将货物送至合同指定地点。
2. _____。

九、双方的权利和义务
1. 如果供应的货物行情有较大幅度的变化，经双方协商可根据市场价格对供货产品的价格做出必要的调整。协商不成,仍按原条款执行。

2. 如果乙方提供的货物包装或产品规格不符合要求,甲方有权拒收货物。如果甲方拒收,乙方必须按照本合同的约定另行提供符合要求的货物,且由此造成的各种损失均由乙方承担。

3. 乙方必须向甲方提供生产企业资质证明、营业执照及相关的手续。其提供的产品,必须符合相关的国家、行业或企业标准,并随货附带生产许可证、产品合格证、化验报告等。

4. 甲方应在乙方所送的货物到达后及时进行质量检测,如果发现质量问题,乙方须立即现场处理善后事宜。因此给甲方造成损失的,乙方应承担甲方为此支付的所有费用(包括但不限于赔偿的费用、必要的律师费、罚款等)。

5. 甲方如果未按规定日期向乙方付款,每延期一天,应按延期付款总额的万分之____计算付给乙方,作为延期罚金。

6. 因乙方产品内在质量问题,引发甲方生产或质量事故,造成甲方损失的,乙方应赔偿甲方为此支付的所有费用(包括但不限于赔偿的费用、必要的律师费、罚款等),此责任不因甲方已进行质量监测而免除。

7. 如果乙方未按照本合同第八条规定的时间送货、送货迟延或货物的数量与合同约定不符,应赔偿甲方违约金_____元。

8. 双方都应保守对方的商业机密。

十、补充协议:_____

十一、特别声明条款:_____

十二、合同有效期:20 年 月 日起至20 年 月 日止。

十三、本合同一式两份,甲乙双方各持一份,具有同等法律效力,双方签字盖章后生效。双方发生争议时,协商解决,协商不成,任何一方均有权向甲方所在地人民法院提起诉讼。

十四、合同签订地:

甲方(盖章):   乙方(盖章):
法 人 代 表: 法 人 代 表:
委托代理人: 委托代理人:
电   话: 电   话:
传   真: 传   真:
开 户 行: 开 户 行:
账   号: 账   号:
签字日期:20 年 月 日   签字日期:20 年 月 日

实训表单 14-6　发货单(样张)

发货单

发货单号：_____　　　制表时间：_____
发货时间：_____　　　运输方式：_____
运　　费：_____　　　税　　率：_____

序号	产品标识	产品名称	订单编号	发货数量	单价	含税单价	金额	含税金额
1								
2								
3								
4								
5								
6								
7								
8								
合计								

制表人：_____　　　　　　　　审核人：_____

发货单

发货单号：_____　　　制表时间：_____
发货时间：_____　　　运输方式：_____
运　　费：_____　　　税　　率：_____

序号	产品标识	产品名称	订单编号	发货数量	单价	含税单价	金额	含税金额
1								
2								
3								
4								
5								
6								
7								
8								
合计								

制表人：_____　　　　　　　　审核人：_____

实训表单 14-7　增值税专用发票(样张)

××增值税专用发票　发票联　　　　　　　　　No **4763813**

开票日期：

购买方	名　　称： 纳税人识别号： 地　址、电　话： 开户行及账号：	密码区	(略)				第二联：发票联　购买方记账凭证
货物或应税劳务、服务名称	规格型号	单位	数量	单价	金额	税率	税额
合　　计							
价税合计(大写)				(小写)			
销售方	名　　称： 纳税人识别号： 地　址、电　话： 开户行及账号：			备注			

收款人：　　　　　复核：　　　　　开票人：　　　　　销售方：(章)

- -

××增值税专用发票　发票联　　　　　　　　　No **4763813**

开票日期：

名　　称： 纳税人识别号： 地　址、电　话： 开户行及账号：	密码区	(略)				第二联：发票联　买方记账凭证
货物或应税劳务、服务名称	规格型号	单位	数量	单价	金额	税率	税额
合　　计							
价税合计(大写)				(小写)			
销售方	名　　称： 纳税人识别号： 地　址、电　话： 开户行及账号：			备注			

收款人：　　　　　复核：　　　　　开票人：　　　　　销售方：(章)

实训表单 14-8　销售订单汇总表(样张)

销售订单汇总表

日期：

选择	产品标识	产品名称	订单编号	订单数量	价格	金额	交货期	账期	状态
1									
2									
3									
4									
5									
6									
7									
8									
9									
10									
11									
12									
13									
14									
15									
16									
17									
18									
19									
20									
21									
22									
23									

模块十五　不只是仓库管理员
——企业中的物流仓储部

　　我本是一个善于统筹管理的人，但是进入物流仓储部后，总是被大批物料入库验货、产品出库记录、每月的库存盘点等事情，搞得手足无措，甚至是一团乱。难道是我的操作方式出错了吗？

——焦头烂额的小许

　　小韩是一家公司的物流仓储部经理，对他来说，每年最头痛的工作就是年底的库存盘点。特别是对于一些对不清账的物品，小韩每次都要费尽心思。你有什么好办法可以帮助小韩顺利地完成每年的库存盘点吗？

学习要点	实训要点
● 什么是物流仓储部？ ● 物流仓储部的工作职能。	● 仓储管理。 ● 物流配送及运输。

主体学习

任务一　什么是物流仓储部

物流仓储部是现代企业不可缺少的一个部门，在企业生产经营过程中，其功能涵盖了物品从原材料供应、生产加工到产成品销售，以及伴随生产消费过程所产生的废弃物回收及再利用的整个过程。

物流仓储部的主要功能是为企业提供内部物流。所谓企业内部物流，是指通常包括供应物流、生产物流、销售物流和回收物流，涉及包装、装卸、运输、储存、配送和物流情报等活动。企业内部物流涉及产品链的每个环节，其成功与否直接关系到企业生产效率的高低，关系到企业成本控制的好坏，进而直接关系到企业经营的成败。在企业中，一套优秀的内部物流体系不仅可以降低成本，还可以帮助企业提高生产效率，完善客户服务体系，健全产品追踪网络。

因此，企业内部物流体系的完善不仅是物流优化的重要环节，同时也是企业提升自身竞争力的重要元素，直接关系到企业的生死存亡。

工作笔记

你觉得物流仓储部的员工需要什么能力呢？

_____

_____

_____

_____

_____

任务二 物流仓储部的工作职能

企业物流仓储部的主要工作职能分为两部分，仓储管理和物流运输。大中型企业往往会建立物流仓储中心，其下分设物流部和仓储部，分别承担物流运输和仓储管理的职能。中小型企业则可能仅仅设置仓储部用于管理物资，而将物流职能外包给第三方企业。

一、仓储管理

1. 制定各项仓储管理制度

仓库管理制度是指对仓库各方面的流程操作、作业要求、注意细节、6S管理、奖惩规定、其他管理要求等进行明确的规定，给出工作的方向、目标、方法和措施。任何企业的管理都离不开制度的约束，尤其是在仓储管理这方面，程序多，项目繁杂，小到货物的摆放，大到全部货物的采购入库，都应该有一个可以遵循的制度，这样才能井井有条地做工作。井井有条是仓库管理制度的核心内容，以条例管理，以制度执行，仓库管理才有效果。

2. 验收入库

> 任务：完成物品入库的处理
> 坐标：物流仓储部

对于制造业企业而言，最常见的两类验收入库就是采购环节的原材料验收入库和生产完工后的产品验收入库。不管是哪一类验收入库，都需要首先进行严格的检验，通过质检部门检验的货物方可验收入库。

原材料验收入库的具体流程如下。

(1) 采购部确认采购订单后，通知供货商送货时间，并及时通知仓库。

(2) 当原材料从厂家运抵仓库时，物流仓储部填写到货单，通知质检部对原材料进行质量检验。

(3) 收到质检部的材料检验单后，仓库收货员还必须严格认真检查原材料外包装是否完好，若出现破损、原装短少、邻近有效期等情况。收货人必须拒绝收货，并及时上报采购部。

(4) 确定原材料外包装完好后，收货员必须依照相关单据——订单、随货同行联，对进货原材料品名、等级、数量、规格、金额、单价、有效期进行核实，核实正确后方可入库保管；若单据与原材料实物不相符，应及时上报采购部。

(5) 入库原材料在搬运过程中，应按照原材料外包装上的标识进行搬运；在堆码时，应按照仓库管理堆放距离要求、先进先出的原则进行。

(6) 入库原材料必须依据验收单及时记账，详细记录原材料的名称、数量、规格、入库时间、单证号码、验收情况、存货单位等，做到账货相符。

企业生产的产品验收入库的具体流程如下。

(1) 产品完工后，生产部填写产品报检单，联系物流仓储部，确定产成品入库时间。

(2) 物流仓储部根据库存情况安排库存地点，通知质检部对完工产品进行质量检验。

(3) 收到质检部产品检验单后，收货员核对产成品的数量及金额，在验收单上签字，并填写入库单，其中一联上交财务部用于记账。

(4) 入库产品在摆放时应按照仓库管理堆放距离要求、先进先出的原则进行。

(5) 入库产品必须依据验收单及时记账，详细记录产品的名称、数量、规格、入库时间、单证号码、验收情况、存货单位等，做到账货相符。

实训环节

物流仓储部的员工们，请根据不同材料或产品的到货情况，填制原材料到货单(见实训表单 15-1)、原材料入库单(见实训表单 15-2)或者产成品入库单(见实训表单 15-3)吧！一定要注意入库前的各项工作是否已经完成哦！

3. 物资出库

> 任务：完成物品出库的处理
> 坐标：物流仓储部

仓库物资的出库通常被分为为了生产产品而将原材料领用出库，以及为了销售产品而将产品发货出库。

原材料的领用出库主要根据生产部开来的领料单完成。

(1) 领料前的准备。在原材料出库前，应确认领料单填写是否符合要求，是否经过相关部门的审核批准。

(2) 领料发货。物流仓储部对于符合规定的领用要求，应于规定的时间内发货或调拨。领料时，供领双方在确认出库物料的品种、规格、数量和质量后，均应在一式多联领料单据上签字，各联分送或者留存仓管、领用、财务等有关部门。

(3) 缺货处理。对于缺货或库存不足等情况，如果由生产部门负责联系采购部，则应告知生产部缺货的种类、数量等，如果由物流仓储部负责联系采购部补货，则应回复生产部预订或供货的日期等。

产品发货出库的主要依据是销售部开来的发货凭证。

(1) 出库之前的准备。为保证货物能及时发给客户，仓库应积极与销售部联系，编制物资出库计划、发运计划、准备计划及准备适用的工具等。

(2) 出库凭证。出库凭证有发货通知书、提货单和调拨单等。在一个企业内，出库凭证应统一规格。一切非正式凭证、白条、便条都不能用于发货。仓库接到出库凭证后，业务人员应审核单证上的印鉴是否齐全相符，凭证上所列货物的名称、规格、数量等是否有误，检查无差错后方可备料。

(3) 备货。按照出库凭证上所列货物名称、规格、查对货物保管账。确认出库货物的货位，注意规格、批次和数量，按先进先出的原则进行备货。备货后还要进行复核，防止出现差错。

(4) 点交和清理。货物经过复核后，如果是使用单位自行提货的，即可将货物随同证件向提货员当面点交，办理交接手续；若是代运的货物，则要办清内部交接手续，向负责代运部门或包装组点交接清楚。

不管是材料领用还是商品发货，出库后，仓库管理员都要及时根据正式出库凭证销账并清点货品结余数，做到账货相符。

实训环节

物流仓储部的员工们，请根据不同材料或产品的领用单据，填制原材料出库单(见实训表单 15-4)或者产品出库单(见实训表单 15-5)吧！一定要注意出库前的各项工作是否已经完成哦！

4. 货物保管

货物的保管是为了更好地发挥仓库对材料、产品的调配功能，保证公司的各项物资安全完整，促进公司各项经营活动能够科学、安全、高效、有序、合理地运作。为此，在货物保管阶段，物流仓储部的主要工作如下。

(1) 对仓库所有物品进行分类建立账册，及时记录原材料和产品的收入发出情况，定期编制原材料和产品的收发存汇总表等。

(2) 对仓库所有物品根据材料的属性和类型安排固定位置进行规范化摆放，尽可能在固定位置上贴上物品标识以便拿取。同时应依货物出库情况、包装方式等规划所需库位及其面积，以使库位空间得到有效利用。

(3) 仓库每季度进行一次仓库清理、整理和资产整体盘点并将盘点情况(包括产生盈亏情况说明)上报公司。

(4) 做好仓库的安全防范工作。合理摆放消防器具，仓库内及仓库周围五米内属于禁烟区，任何人员不准吸烟，非仓库管理人员未经许可禁止进入仓库，不听劝告者将给予经济处罚等。

(5) 仓库管理人员要与订货人员及时进行沟通，以便到货的存放。此外，还要适时提出存货不足的预警通知，以防缺货。

实训环节

物流仓储部的员工们，请根据不同材料或产品的收入和领用单据，按月填制原材料收发存汇总表(见实训表单15-6)和产品收发存汇总表(见实训表单15-7)，并及时与其他部门进行必要的沟通。

小讨论：说说大家在仓库管理时，遇到过的问题以及解决问题的办法吧！

二、物流配送及运输

1. 分拣配货

分拣及配货是配送不同于其他物流形式的有特点的功能要素，也是配送成败的一项重要工作。分拣及配货是完善送货、支持送货准备性工作，是不同配送企业在送货时进行竞争和提高自身经济效益的必然延伸。因此，也可以说，分拣及配货是送货向高级形式发展的必然要求。有了分拣及配货就会大大提高送货服务水平，因此，分拣及配货是决定整个配送系统水平的关键要素。

2. 配装

在单个用户配送数量不能达到车辆的有效载运负荷时，就存在如何集中不同用户的配送货物，进行搭配装载以充分利用运能、运力的问题，这就需要配装；和一般送货的不同之处在于，通过配装送货可以大大提高送货水平及降低送货成本，因此，配装也是配送系统中有现代特点的功能要素，还是现代配送不同于以往送货的重要区别之处。

3. 配送运输

配送运输属于运输中的末端运输、支线运输，和一般运输形态的主要区别在于：配送运输是较短距离、较小规模、额度较高的运输形式，一般使用汽车作为运输工具。与干线运输的另一个区别是：配送运输的路线选择问题是一般干线运输所没有的，干线运输的干线是唯一的运输线，而配送运输由于配送用户多，一般城市交通路线又较复杂，因此如何组成最佳路线，如何使配装和路线有效搭配等，是配送运输的特点，也是难度较大的工作。

4. 送达服务

配好的货运到用户还不算配送工作的完结，这是因为送达货和用户接货往往还会因为出现不协调而使配送前功尽弃。因此，要圆满地实现运到之货的移交，并有效地、方便地处理相关手续并完成结算，还应讲究卸货地点、卸货方式等。送达服务也是配送独具的特殊性。

(扫二维码，看视频)

小　　结

什么是物流仓储部？

物流仓储部是现代企业不可缺少的一个部门，在企业生产经营过程中，其功能涵盖了物品从原材料供应、生产加工到产成品销售，以及伴随生产消费过程所产生的废弃物回收及再利用的整个过程。

物流仓储部有哪些工作职能？

作为物流仓储部的员工，其工作职能共分两块，一方面是仓储管理，即在制定仓储制度之后，要对货物进行验收入库，之后要保管货物，最后还要监督出库情况；另一方面是物流配送及运输，首先是分拣配货，之后要进行配装，再进行配送和运输，最后完成送达服务。

物流仓储部是现代企业不可缺少的一个部门。

在企业生产经营过程中,物流仓储部的功能涵盖了物品从原材料供应、生产加工到产成品销售,以及伴随生产消费过程所产生的废弃物回收及再利用的整个过程。

物流仓储部需要与企业内外部进行合作沟通。

来完成相关任务
物料到货验货
产品出入库管理
库存管理

本课回顾

实训流程回顾

仓储管理：制定仓储制度→验收入库→货物保管→货物出库。

物流配送及运输：分拣配货→配装→配送运输→送达服务。

知识梳理

物流仓储部是现代企业不可缺少的一个部门，在企业生产经营过程中，其功能涵盖了物品从原材料供应、生产加工到产成品销售，以及伴随生产消费过程所产生的废弃物回收及再利用的整个过程。

因为物流仓储部需要与企业内外部进行合作沟通，所以作为物流仓储部的一员，需要具备很强的团队协作能力，来完成物料到货验货、产品出入库管理以及库存盘点的相关任务。

拓展学习

产品出入库管理制度案例参考

1. 产品出库

(1) 需有符合规定、符合制度、签字齐全的出库单，且出库单须写明用途。

(2) 仓库保管员严格执行凭出库单发货，无单不发货、内容填写不全不发货、名称不准不发货。

(3) 出库产品当面点验清楚，出库后不得退回。

(4) 不可以不经保管员直接出库，如特殊情况急用，必须经相关领导批准。

(5) 出库后及时清理现场，校对物、卡，结清账目，做到账、卡、物相符。

2. 产品入库

(1) 产品入库验收须凭发票凭证。

(2) 对产品的数量、品种、规格进行验收。

(3) 保管员在入库产品验收时发现有损坏、质差或品种、规格不符等情况，应坚决不予入库，并立即向领导汇报。

(4) 产品验收入库后要及时做好收货凭证。

(5) 保管员将产品入库后要及时填写货物收到记录，并做好台账备查。

(6) 对入库产品要整齐摆放，要进行标识；还要校对物卡，做到产品账、卡、物相符。

(7) 仓库保管员要以制度原则对事，以真诚友善待人，为入库工作中的业务往来人员提供热情周到的服务。

3. 处罚规定

(1) 各仓库白班时间必须时刻有保管员值班，违反本规定的，发现一次，罚扣保管员考核分数 2 分，累计两次 10 分，累计三次岗位待业一个月(有特殊原因除外)。

(2) 现保管员与领用配合或协助弄虚作假，少报、瞒报生产成本，发现一次，责任保管员下岗待业。

(3) 仓库验收时发现有盈亏、损坏、质差、无合格证或品种、规格不符情况不得置之不理，应立即向领导汇报，以便及时协调处理。违反本规定的，出现一次，罚扣责任保管员考核分数 5 分，累计两次扣 20 分，累计三次岗位待业一个月。

(4) 产品验收入库后，仓库保管员要及时填写货物收到记录，以备追查验收责任，违反本规定的，每发现一次，罚扣责任保管员考核分数 2 分，累计两次扣 10 分，累计三次岗位待业一个月。

(5) 产品入库后，保管员要及时清理现场，摆放整齐，并进行标识，校对物卡，每违反一次罚扣责任保管员考核分数 2 分，累计二次扣 10 分，累计三次岗位待业一个月

(6) 保管员办理产品出入库手续要迅速及时、认真准确(以半小时为限)，违反本规定的，每发现一次，罚扣责任保管员考核分数 5 分，累计二次扣 20 分，累计三次岗位待业一个月。

如何做好库存盘点的准备工作

企业的存货品种规格繁杂、数量多，有的又因库房分散，堆放杂乱，所以要实施存货盘点和抽样盘点非常费时。由于没有足够的时间来顾及存货盘点和抽样盘点，但为了完成工作，很多企业往往只是到仓库看看实物，翻翻账单，将盘点清单复核一下，可以清点的就清点，可以过磅的就过磅，就算完成了对存货的审计。这种抽样盘点缺乏代表性，甚至流于形式，严重影响了审计报告的正确性与权威性。要做到盘点的规范正确，前期的准备工作至关重要。其具体做法如下：

1. 制订计划

制订计划的内容包括人员的确定及分工；实施盘点时间，编制连续编号的盘点标签；填写盘点清单，较大的企业应绘制存货摆放示意图；规划盘点路线等。

2. 组织盘点班子

人员要精减，一般以 3～5 人(不包括搬运人员)为宜，由主管财务的厂领导负责，应有财务、保管、供销等人员参加。此外，还应请专业技术人员协助指导。

3. 整理资料

在进驻企业以前，应要求企业财会人员对账册及审计期内各期的盘点清册进行汇总复核，并对存货的品质状况予以说明。

4. 断账清查

为了保证盘点数量正确，盘点某存货实物时，库房应停止收发并不得将货物进行任意移转。

5. 确认"产权"

对企业代保管和来料加工的材料，以及已办出库手续未提货的存货和委托寄售(存)的商品，在盘点时应在盘点表中明确列示。财会人员应逐笔核查有关账册资料，以免与该企业的存货相混淆。

6. 避免漏盘

有的企业不把委托加工材料、临时寄存在他处或暂时借出的原材料在盘点表上列示。因此，在盘点前要审查委托加工材料科目，要求会计人员清理材料有关出库凭证，以避免企业资产漏列。

7. 用 ABC 分类法归类

企业的原材料品种繁杂、规格众多，可借鉴 ABC 分类法对其进行归类汇总，抽样盘点的重点是 A 类材料，抽样盘点应在 50%左右；对 B 类和 C 类材料，抽样盘点在 20%和 10%即可。这样做能纲举目张，达到事半功倍的效果。

8. 准备好量器具

在各盘点现场，应该准备好各种必要的度量衡器具，器具在事前应得到校正，以保证盘点计量的正确性。

9. 分类堆放，有序排列

盘点时，存货应按品种规格分类，有序堆放，按数码齐。仓位仓号与存货堆放点，在账册上应该写明。不得将 A 类材料压在 B 类或 C 类材料下面，或者将 A、B、C 类材料混放；品种之间应该隔离或有隔离标志，这样，在盘点时才省工省时。

10. 外包装应写清规格、容量

包装箱或包装袋上应写明货物名称、数量、规格，以便于清点。

11. 合理报耗

对正常范围内的自然损耗及合理损耗，除有明文规定外，应在相关技术人员的配合下制定出标准。

实训表单 15-1　原材料到货单(样张)

原材料到货单

单据编号：_____　　　　　　　　　制表时间：_____
到货时间：_____　　　　　　　　　供 应 商：_____
收 货 人：_____　　　　　　　　　电　　话：_____

序　号	原材料编码	原材料名称	采购数量	到货数量	备　注
1					
2					
3					
4					
5					
6					
7					
8					
9					

制表人：_____　　　　　　　　　　　审核人：_____

原材料到货单

单据编号：_____　　　　　　　　　制表时间：_____
到货时间：_____　　　　　　　　　供 应 商：_____
收 货 人：_____　　　　　　　　　电　　话：_____

序　号	原材料编码	原材料名称	采购数量	到货数量	备　注
1					
2					
3					
4					
5					
6					
7					
8					
9					

制表人：_____　　　　　　　　　　　审核人：_____

实训表单15-2　原材料入库单(样张)

原材料入库单

单据编号：_____　　　　制表时间：_____
到货时间：_____　　　　供 应 商：_____
收 货 人：_____　　　　电　　话：_____
选择仓库：_____　　　　配送地址：_____

序号	原材料编码	原材料名称	采购数量	入库数量	单价	金　额	备　注
1							
2							
3							
4							
5							
6							
7							
8							
9							

制表人：_____　　采购部审核：_____　　审核人：_____

原材料入库单

单据编号：_____　　　　制表时间：_____
到货时间：_____　　　　供 应 商：_____
收 货 人：_____　　　　电　　话：_____
选择仓库：_____　　　　配送地址：_____

序号	原材料编码	原材料名称	采购数量	入库数量	单价	金　额	备　注
1							
2							
3							
4							
5							
6							
7							
8							
9							

制表人：_____　　采购部审核：_____　　审核人：_____

实训表单 15-3　产成品入库单(样张)

产成品入库单

单据编号：_____　　　　　　　制表时间：_____
入库仓库：_____　　　　　　　备　注：_____

序　号	产品编码	产品名称	入库数量
1			
2			
3			
4			
5			
6			
7			
8			
9			

制表人：_____　　　检验人：_____　　　审核人：_____

产成品入库单

单据编号：_____　　　　　　　制表时间：_____
入库仓库：_____　　　　　　　备　注：_____

序　号	产品编码	产品名称	入库数量
1			
2			
3			
4			
5			
6			
7			
8			
9			

制表人：_____　　　检验人：_____　　　审核人：_____

实训表单 15-4　原材料出库单(样张)

原材料出库单

单据编号：_____　　制表时间：_____

领用部门：_____　　备　　注：_____

序　号	原材料编码	原材料名称	请领数量	出库数量
1				
2				
3				
4				
5				
6				
7				
8				
9				

领料人：_____　　发料人：_____　　审核人：_____

原材料出库单

单据编号：_____　　制表时间：_____

领用部门：_____　　备　　注：_____

序　号	原材料编码	原材料名称	请领数量	出库数量
1				
2				
3				
4				
5				
6				
7				
8				
9				

领料人：_____　　发料人：_____　　审核人：_____

实训表单 15-5　产品出库单(样张)

产品出库单

单据编号：_____　　　制表时间：_____

发货时间：_____　　　备　　注：_____

序　号	产品编码	产品名称	订单编号	出库数量
1				
2				
3				
4				
5				
6				
7				
8				
9				

制表人：_____　　　　　　　　　　审核人：_____

产品出库单

单据编号：_____　　　制表时间：_____

发货时间：_____　　　备　　注：_____

序　号	产品编码	产品名称	订单编号	出库数量
1				
2				
3				
4				
5				
6				
7				
8				
9				

制表人：_____　　　　　　　　　　审核人：_____

实训表单 15-6　原材料收发存汇总表

原材料收发存汇总表

　　　　　　　　　　　　　年　　月　　　　　　制表人：

序　号	材料编码	材料名称	月初数量	入库数量	出库数量	月末库存	备　注
1							
2							
3							
4							
5							
6							
7							
8							
9							
10							

原材料收发存汇总表

　　　　　　　　　　　　　年　　月　　　　　　制表人：

序　号	材料编码	材料名称	月初数量	入库数量	出库数量	月末库存	备　注
1							
2							
3							
4							
5							
6							
7							
8							
9							
10							

实训表单 15-7　成品收发存汇总表

成品收发存汇总表

年　月　　　　　　　制表人：

序　号	产品编码	产品名称	月初数量	入库数量	出库数量	月末库存	备　注
1							
2							
3							
4							
5							
6							
7							
8							

成品收发存汇总表

年　月　　　　　　　制表人：

序　号	产品编码	产品名称	月初数量	入库数量	出库数量	月末库存	备　注
1							
2							
3							
4							
5							
6							
7							
8							

模块十六　人型计算器
——企业中的财务部

　　作为 985 高校会计系毕业的高材生，我的学习成绩十分优秀，但是，为什么总是在实际工作中，出现借贷不平的状况呢？为什么现实情况和书本上学的不一样呢？

——开始自我怀疑的小明

　　在进入财务部之初，小曹一直认为财务部只需保证公司账户的借贷平衡就可以安枕无忧了。但工作后不久，他就发现财务部的职能并非自己想的那么简单。你能帮助小曹更全面地了解财务部吗？

学习要点	实训要点
● 什么是财务部？ ● 财务部的工作职能。	● 依据实际业务，填写记账凭证。 ● 对固定资产计提折旧并生成凭证。 ● 依据付款申请填制付款单并生成凭证。 ● 整理每月的出入库单并生成相应凭证。 ● 依据盘点结果进行账务处理并填制凭证。 ● 成本计算前各项检查，并取数进行产品成本计算。 ● 进行各项结转，检查本月各项工作。 ● 编制报表、纳税申报。 ● 完成下月生产预算。

主体学习

任务一　什么是财务部

财务部是负责企业财务工作的核算、管理、监督、指导的部门。它主要负责根据企业发展规划编制和下达企业财务预算，并对预算的实施情况进行管理；对公司的生产经营、资金运行情况进行核算；向公司决策者反馈公司资金的营运情况并给出预警和提示等。

财务部对一个公司起着至关重要的作用，对公司所有项目起到实时监控作用。财务部的角色可以从内外部两方面来说。

1. 企业内部监控

对于决策层，财务部要提供战略价值评估、战略规划、并购、财务情报、分析和报告等方面的信息与服务。

对于业务经营，财务部要提供计划和分析、经济业务记录、管理会计、成本会计、预算、绩效考核、风险管理、价格分析、运营资本管理、财务信息管理等信息与服务。

2. 企业外部监控

对于客户和供应商，财务部要处理应付、应收、固定资产管理、信用管理和收款等。

对于资本市场，财务部要处理银行贷款融资、股票市场融资、财务报告、投资者关系、投资、银行管理、证券分析师简报、保值等。

对于政府和监管者，财务部要处理内部审计、财务报告、证监会报告、税务管理、养老金等。

由于财务部人员每天经手的现金金额巨大，因此对于财务部人员来说，良好的职业道德非常重要。根据《会计法》和《会计基础工作规范》的规定，会计人员的职业道德包括敬业爱岗、熟悉法规、依法办理、客观公正、搞好服务、保守秘密。

另外，会计工作既是经济管理工作，同时也是服务窗口，会计人员在职业活动中涉及各方面、各层次的不同利益的部门和人群，这就要求会计人员要具有适应各种不同环境的能力，具有从各方面听取或吸收信息的能力，以及具有准确恰当地运用语言和文字表达的能力。沟通可以澄清许多不必要的误会，消除监督中的敌意，进而改善人们对会计人员的刻板印象，树立新型会计人员的良好形象。因此，会计人员还需具备一定的沟通能力，以及较强的执行力。

任务二　财务部的工作职能

> 任务：负责日常财务核算
> 　　　确保公司资金正常运转
> 坐标：财务部

一、应收管理

应收管理即应收账款管理，是指在赊销业务中，从授信方(销售商)将货物或服务提供给受信方(购买商)债权成立开始，到款项实际收回或作为坏账处理结束，授信企业采用系统的方法和科学的手段，对应收账款回收全过程所进行的管理。其目的是保证足额、及时收回应收账款，降低和避免信用风险。

企业应收账款的管理包括建立应收账款核算办法、确定最佳应收账款的机会成本、制定科学合理的信用政策、严格赊销手续管理、采取灵活营销策略和收账政策、加强应收账款的日常管理等，具体如下。

1. 重视信用调查

对客户的信用调查是应收账款日常管理的重要内容。企业可以通过查阅客户的财务报表，或根据银行提供的客户的信用资料了解客户偿债义务的信誉、偿债能力、资本保障程度、是否有充足的抵押品或担保，以及生产经营等方面的情况，进而确定客户的信用等级，以作为是否决定向客户提供信用的依据。

2. 控制赊销额度

控制赊销额度是加强应收账款日常管理的重要手段，企业应根据客户的信用等级确定赊销额度，对不同等级的客户给予不同的赊销限额。必须将累计额严格控制在企业所能接受的风险范围内。为了便于日常控制，企业要把已经确定的赊销额度记录在每个客户应收账款明细上，作为赊销额度余额控制的警戒点。

3. 合理的收款策略

应收账款的收账策略是确保应收账款返回的有效措施，当客户违反信用时，企业就应采取有力措施催收账款，如这些措施都无效，则可诉诸法院，通过法律途径来解决，但是，轻易不要采用法律手段，否则将失去该客户。

4. 应收账款的跟踪评价

应收账款一旦形成，企业就必须考虑如何按时足额收回欠款，而不是消极地等待对方付款，应该经常对所持有的应收账款进行动态跟踪分析，加强日常监督和管理，及时了解赊销者的经营情况、偿付能力，以及客户的现金持有量与调剂程度能否满足兑现的需要，必要时企业还可要求客户提供担保。

5. 加强销售人员的回款管理

销售人员应具有以下习惯：货款回收期限前一周，电话通知或拜访客户，预知其结款日期；回收期限前三天与客户确定结款日期；结款日当天一定按时通知或前往拜访。企业在制定营销政策时，应将应收账款的管理纳入对销售人员考核的项目之中，即个人利益不仅要和销售挂钩，也要和应收账款的管理联系在一起。

6. 定期对账，加大应收账款的催收力度

要形成定期的对账制度，每隔三个月或半年就必须同客户核对一次账目，并对因产品品种、回款期限、退还货等原因导致单据、金额等方面出现的误差进行核实。对过期的应收账款，应按其拖欠的账龄及金额进行排队分析，确定优先收账的对象。同时，应分清债务人拖延还款是否属故意拖欠，对故意拖欠的应考虑通过法律途径加以追讨。

7. 控制应收账款发生，降低企业资金风险

在购销活动中，要尽可能地减少赊销业务。一般情况下，宁可采取降价销售，也不要选择大额的赊销，如可选择购货方承兑汇票支付方案、货款回收担保方案及应收账款风险比较选择方案。总之，要尽量压缩应收账款发生的频率与额度，降低企业资金风险。一般情况下，应要求客户还清前欠款项后，才允许有新的赊欠，如果发现欠款过期未还或欠款额度加大，企业应果断采取措施，通知有关部门停止供货。

8. 计提减值准备，控制企业风险成本

按照现行会计准则和会计制度的规定，企业根据谨慎性原则的要求，应当在期末或年终对应收账款和存货进行检查，合理地预计可能发生的损失，对可能发生的各项资产损失计提减值准备和坏账损失，以便减少企业风险成本。

9. 建立健全公司机构内部监控制度

完善的内部控制制度是控制坏账的基本前提，其内容应包括：①建立销售合同责任制，即对每项销售都应签订销售合同，并在合同中对有关付款条件做明确的说明；②设立赊销审批职能权限，企业内部规定业务员、业务主管可批准的赊销额度，限额以上须经领导人审批的职级管理制度；③建立货款和货款回笼责任制，可采取谁销售谁负责收款，并据以考核其工作绩效。总之，企业应针对应收账款在赊销业务中的每一个环节，健全应收账款的内部控制制度，努力形成一整套规范化的应收账款的事前、事中、事后控制程序。

实训环节

财务部的员工们，将整理出公司账目中的应收账款吧！

实训指导

如果销售商品后没有直接收到货款，应填制应收单(见实训表单16-1)，以便对应收账款进行管理，督促货款的及时回笼。

工作笔记

在工作过程中，我发现，应记录为应收账款的条目有：

_____

_____

_____

_____

_____

_____

二、应付管理

应付管理即应付账款管理，是指企业应支付但尚未支付的相关业务款项，就是我们欠别人的货款或工程款等，是要根据合同执行情况，在规定期间给对方支付的货款。应付账款的支付，会导致企业的现金流出增加，会给企业的现金流造成一定压力，因此应对企业的应付账款进行科学管理。

信誉对于企业的生存与发展极为重要，只有兑现自己的承诺，才能为将来的业务合作打下良好的信誉基础，因此严格执行合同条款，是企业管理人员必须严肃对待的事情。公司财务部应严格执行合同条款，在支付前一个月，应做支付货款的现金预算，早日对未来现金流出做足储备，以防造成违约。

支付应付账款，必须经过财务部、采购部及验收部的支付汇签，在财务主管审核签字后，才能进行款项支付。所支付的款项单证应妥善保管，不得丢失，以防未来产生经济纠纷。

财务部还应每月做应付账款的账龄分析，重点分析主要供货商，以备不时之需，同时也可以对供应商进行考核，在保证同质同量的情况下，考虑更换价格最优的合作者。

实训环节

财务部的员工们，请整理出公司账目中的应付账款吧！

实训指导

如果企业购买材料后没有直接支付货款，应填制应付单(见实训表单16-2)，以便对应付账款进行管理，避免出现因资金不足无法支付而导致违约的情况。

为了更好地对应收、应付款进行管理，财务部还可以编制应收/应付款备查簿(见实训表单16-3)，以实现对应收、应付款的系统管理。

三、成本管理

成本管理是指企业生产经营过程中各项成本核算、成本分析、成本决策和成本控制等一系列科学管理行为的总称。

成本管理是由成本规划、成本计算、成本控制和业绩评价四项内容组成。成本规划是根据企业的竞争战略和所处的经济环境制定的，也是对成本管理做出的规划，为具体的成本管理提供思路和总体要求。成本计算是成本管理系统的信息基础。成本控制是利用成本计算提供的信息，采取经济、技术和组织等手段实现降低成本或成本改善目的的一系列活动。业绩评价是对成本控制效果的评估，目的在于改进原有的成本控制活动并激励约束员工和团体的成本行为。

实训环节

财务部的员工们，请整理出公司账目中的成本吧！

工作笔记

在工作过程中，我发现，应记录为成本的条目有：

_____

_____

_____

_____

_____

_____

四、固定资产管理

　　固定资产属于产品生产过程中用来改变或者影响劳动对象的劳动资料，是固定资本的实物形态。固定资产在生产过程中可以长期发挥作用，长期保持原有的实物形态，但其价值则随着企业生产经营活动而逐渐地转移到产品成本中去，并构成产品价值的一个组成部分。根据重要原则，一个企业把劳动资料按照使用年限和原始价值划分固定资产和低值易耗品。对于原始价值较大、使用年限较长的劳动资料，按照固定资产来进行核算；而对于原始价值较小、使用年限较短的劳动资料，按照低值易耗品来进行核算。

　　从会计的角度划分，固定资产一般被分为生产用固定资产、非生产用固定资产、租出固定资产、未使用固定资产、不需用固定资产、融资租赁固定资产、接受捐赠固定资产等。

　　固定资产的价值是根据其本身的磨损程度逐渐转移到新产品中去的，其磨损分有形磨损和无形磨损两种情况。固定资产在使用过程中因损耗而转移到产品中去的那部分价值的一种补偿方式叫作折旧，折旧的计算方法主要有平均年限法、工作量法、年限总和法等。固定资产在物质形式上进行替换，在价值形式上进行补偿，就是更新。此外，还有固定资产的维持和修理等。

固定资产的购置、验收、领用、变更、报废等，都由行政部统一管理。分发到个人使用的固定资产，由个人管理和保管。

实训环节

公司的固定资产需要编制固定资产卡片(见实训表单16-4)，并据此按月计提折旧，反映到会计账簿中。

工作笔记

在工作过程中，我发现，应记录为固定资产的条目有：

_____

_____

_____

_____

_____

_____

五、薪资管理

薪资管理是指企业制定的合理的工资发放制度及系统，包括不同员工的薪资标准、薪资的组成部分、发放薪资的政策、薪资发放办法和原则、员工工作评价制度和薪资评价制度等。薪资管理是企业管理的重要组成部分，不同的企业薪资管理的模式不尽相同，它一般包含以下具体内容。

(1) 薪酬目标管理。即薪酬应该怎样支持企业的战略，又该如何满足员工的需要。

(2) 薪酬水平管理。即薪酬要满足内部一致性和外部竞争性的要求，并根据员工绩效、能力特征和行为态度进行动态调整，包括确定管理团队、技术团队和营销团队薪酬水平，确定稀缺人才的薪酬水平、确定与竞争对手相比的薪酬水平等。

(3) 薪酬体系管理。它包括基础工资、绩效工资、期权期股以及如何给员工提供个人成长、工作成就感、良好的职业预期和就业能力的管理等。

(4) 薪酬结构管理。即正确划分合理的薪级和薪资等，正确确定合理的级差和等差等。

(5) 薪酬制度管理。即薪酬决策应在多大程度上向所有员工公开和透明化，谁负责设计和管理薪酬制度，薪酬管理的预算、审计和控制体系又该如何建立和设计等。

实训环节

财务部的员工们，现在就着手开始公司员工薪资的统计吧！

实训指导：

员工薪酬的确定需要和人力资源管理部进行商讨，确认后需按月足额向员工(包括参与实训的学生员工以及虚拟工人)发放薪酬。

参考单据：薪酬结构设计表(参见模块十的实训表单 10-1)、考勤记录表(参见模块十的实训表单 10-5)、派工单(参见模块十的实训表单 10-6)等。

六、借支报销管理

财务部的另一项重要职责是借支报销管理。报销，即把领用款项或收支账目开列清单，报请上级核销。报销具体包括借支报销制度的制定、现金或项目专用资金的借支、报销单据的审核、费用的给付等工作。本实训提供借支单(见实训表单 16-5)和报销单(见实训表单 16-6)备用。在实际工作中，借支单和报销单均属于企业内部单据，可根据部门需要进行设计，样式差别较大。

七、预算管理

通过预算管理可以量化安排公司整体经营活动，细化分解公司整体战略发展目标和年度经营计划，规范公司和部门以及各项经营活动，为公司和部门确定具体可行的努力目标。预算是执行过程中进行管理监控的基准和参照，便于发现执行偏差并确定纠偏措施；预算是绩效考核的基础和参照标准；通过预算管理还可以提高经理人的管理技能和管理水平。预算可以为企业的经营者、投资者和股东描述企业未来经营发展蓝图；预算可以协调企业各部门的工作；预算还是控制的工具。

主要的预算管理方法如下。

(1) 弹性预算。弹性预算是按实际可行的各种活动水平来表示预计收入、成本和利润。成本的弹性预算=固定成本预算额+(单位变动成本预算额×预计业务量)。

(2) 零基预算。零基预算是指在编制预算时，对所有的预算支出不考虑其以往的情况，一切以零为起点，从实际出发考虑各个项目的必要性和其支出数额的大小。

(3) 滚动预算。滚动预算就是其预算期始终保持在12个月，每过一个月，根据实际情况调整，再增加一个月的预算，自始至终保持12个月的预算幅度，因此又称永续预算。

实训环节

财务部的员工们，请尝试对公司下个月的现金收支做一个预算吧！

工作笔记

在工作过程中，我发现，应记录为公司预算的条目有：

实训环节

财务部的员工们,请根据会计工作的基本内容完成对企业经济业务的原始凭证整理、记账、登账以及编制会计报表的工作吧!

实训指导

由于会计工作所需单据种类较多,无法在本书中一一给出,此处仅给出模拟实训可能需要的会计科目表(见表16-1),建议会计岗位实训使用财务软件进行处理,手工实训可直接使用记账凭证、各类账簿进行登记。

表16-1 会计科目表

科目编码	科目名称	方向	科目编码	科目名称	方向
1001	库存现金	借	2181	其他应付款	贷
1102	银行存款	借	218101	个人承担社保	贷
1009	其他货币资金	借	2182	应付利息	贷
1101	交易性金融资产	借	2183	应付股利	贷
1111	应收票据	借	2191	预付账款	贷
111101	银行承兑汇票	借	2211	预计负债	贷
111102	商业承兑汇票	借	2301	长期借款	贷
1121	应收股利	借	2311	应付债券	贷
1122	应收利息	借	2321	长期应付款	贷
1131	应收账款	借	2341	递延所得税负债	贷
1133	其他应收款	借	4001	实收资本	贷
1141	坏账准备	贷	4002	资本公积	贷
1151	预付账款	借	400201	其他资本公积	贷
1201	材料采购	借	4101	盈余公积	贷
1402	在途物资	借	410101	法定盈余公积	贷
1403	原材料	借	410102	任意盈余公积	贷
140301	键鼠套装	借	4103	本年利润	贷
140302	液晶显示器	借	4104	利润分配	贷
140303	机箱电源	借	410401	提取法定盈余公积	贷
140304	硬盘	借	410402	提取任意盈余公积	贷
140305	单核CPU	借	410403	应付现金股利或利润	贷

续表

科目编码	科目名称	方向	科目编码	科目名称	方向
140306	双核CPU	借	410404	未分配利润	贷
140307	四核CPU	借	5001	生产成本	借
140308	内存条	借	500101	普通配置计算机	借
140309	主板	借	50010101	直接材料	借
1404	材料成本差异	借	50010102	直接人工	借
1405	库存商品	借	50010103	制造费用	借
140501	普通配置计算机	借	500102	中端配置计算机	借
140502	中端配置计算机	借	50010201	直接材料	借
140503	中高端配置计算机	借	50010202	直接人工	借
140504	高端配置计算机	借	50010203	制造费用	借
1412	包装物及低值易耗品	借	500103	中高端配置计算机	借
1461	存货跌价准备	贷	50010301	直接材料	借
1501	持有至到期投资	借	50010302	直接人工	借
1502	持有至到期投资减值准备	贷	50010303	制造费用	借
1503	可供出售金融资产	借	500104	高端配置电脑	借
1511	长期股权投资	借	50010401	直接材料	借
1512	长期投资减值准备	贷	50010402	直接人工	借
1601	固定资产	借	50010403	制造费用	借
160101	厂区	借	5101	制造费用	借
160102	厂房	借	510101	设备维护费	借
160103	原材料仓	借	510102	车间管理人员工资	借
160104	产成品仓	借	510103	折旧费	借
160105	手工生产线	借	5201	劳务成本	借
160106	半自动生产线	借	6001	主营业务收入	贷
160107	全自动生产线	借	600101	普通配置计算机	贷
160108	柔性生产线	借	600102	中端配置计算机	贷
1602	累计折旧	贷	600103	中高端配置计算机	贷
160201	手工生产线	贷	600104	高端配置计算机	贷
160202	半自动生产线	贷	6051	其他业务收入	贷
160203	全自动生产线	贷	6101	公允价值变动损益	贷

续表

科目编码	科目名称	方向	科目编码	科目名称	方向
160204	柔性生产线	贷	6111	投资收益	贷
1603	固定资产减值准备	贷	6301	营业外收入	贷
1604	在建工程	借	6401	主营业务成本	借
1701	固定资产清理	借	640101	普通配置计算机	借
1801	无形资产	借	640102	中端配置计算机	借
1802	累计摊销	贷	640103	中高端配置计算机	借
1803	无形资产减值准备	贷	640104	高端配置计算机	借
1901	长期待摊费用	借	6402	其他业务成本	借
1911	待处理财产损益	借	6403	税金及附加	借
1912	递延所得税资产	借	640301	城市维护建设税	借
2101	短期借款	贷	640302	教育费附加	借
2111	应付票据	贷	6601	销售费用	借
211101	银行承兑汇票	贷	660101	广告费	借
211102	商业承兑汇票	贷	660102	市场开拓	借
2121	应付账款	贷	660103	ISO认证费	借
2131	预付账款	贷	6602	管理费用	借
2151	应付职工薪酬	贷	660201	产品研发	借
2171	应交税费	贷	660202	人员工资	借
217101	应交增值税	贷	660203	厂房租金	借
21710101	进项税	贷	660204	企业承担社保	借
21710102	销项税	贷	6603	财务费用	借
217102	未交增值税	贷	6701	资产减值损失	借
217103	应交所得税	贷	6711	营业外支出	借
217104	应交城市维护建设税	贷	6801	所得税费用	借
217105	应交教育费附加	贷	6901	以前年度损益调整	借
217106	应交个人所得税	贷	660205	标书费	借
113301	投标保证金	借	660206	中标服务费	借

小讨论：说说在试算不平衡时，你的解决方法吧。

(扫二维码，看视频)

小　　结

什么是财务部？

财务部是企业、事业机构设立的职能部门，负责本机构的财务管理，其主要职能是在本机构一定的整体目标下，关于资产的购置(投资)，资本的融通(筹资)和经营中现金流量(营运资金)，以及利润分配的管理。

财务部工作人员所需具备的能力有哪些？

作为财务部工作人员，除了需要具备一定的专业技能外，还需具备良好的职业道德、较好的沟通能力及较强的执行力。

财务部有哪些工作职能？

财务部的工作职能包括应收管理、应付管理、成本管理、固定资产管理、薪资管理、借支报销管理以及预算管理。

财务部是负责本机构财务管理的部门。

其主要职能是在本机构一定的整体目标下，关于投资，筹资和营运资金，以及利润分配的管理。

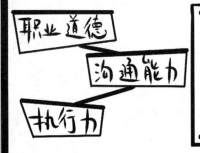

作为财务部工作人员，需要具备良好的职业道德及较好的沟通能力和较强的执行力。

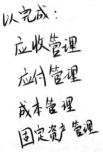

以完成：
应收管理
应付管理
成本管理
固定资产管理
薪资管理
借支报销管理
预算管理

本课回顾

实训流程回顾

依据实际业务，填写记账凭证→对固定资产计提折旧并生成凭证→依据付款申请填制付款单并生成凭证→整理每月的出入库单并生成相应凭证本→对盘点结果进行账务处理并填制凭证→完成员工薪资的统计→成本计算前各项检查，并取数进行产品成本计算→进行各项结转，检查本月各项工作→编制报表、纳税申报→完成下月生产预算。

知识梳理

财务部是企业、事业机构设立的职能部门，负责本机构的财务管理，其主要职能是在本机构一定的整体目标下，关于资产的购置(投资)，资本的融通(筹资)和经营中现金流量(营运资金)，以及利润分配的管理。

作为财务部工作人员，除了需要具备一定的专业技能外，还需具备良好的职业道德及较好的沟通能力，并具备较强的执行力以完成应收管理、应付管理、成本管理、固定资产管理、薪资管理、借支报销管理以及预算管理等工作。

拓展学习

财务部的基本职责

(1) 起草公司年度经营计划；组织编制公司年度财务预算；执行、监督、检查、总结经营计划和预算的执行情况，提出调整建议。

(2) 执行国家的财务会计政策、税收政策和法规；制定和执行公司会计政策、纳税政策及其管理政策。

(3) 整合公司业务体系资源，发挥公司综合优势，实现公司整体利益的最大化。

(4) 公司的会计核算、会计监督工作；公司会计档案管理及合同(协议)、有价证券、抵(质)押法律凭证的保管。

(5) 编写公司经营管理状况的财务分析报告。

(6) 负责公司股权管理工作，实施对全资子公司、控股公司、最大股东公司、参股公司的日常管理、财务监督及股利收缴工作。

(7) 组织经济责任制的实施工作，下达各中心核算与考核指标，组织业务考核和评价。

(8) 综合统计并分析公司债务和现金流量及各项业务情况。

(9) 研究公司融资风险和资本结构，进行融资成本核算，提出融资计划和方案；防范融资风险。

(10) 负责公司存货及低值易耗品盘点核对。会同公司综合部、技术部、采购部、仓库等有关部门做好盘点清查工作，并提出日常采购、领用和保管等工作建议和要求。

(11) 公司总经理授权或交办的其他工作。

会计人员职业道德的基本要求

根据《会计基础工作规范》的规定，会计人员职业道德的内容主要包括以下六个方面。

(1) 敬业爱岗。即会计人员应当热爱本职工作，努力钻研业务，使自己的知识和技能适应所从事工作的要求。"忠于职守，热爱本职"这是做好会计工作的出发点。唯其如此，才会勤奋、努力钻研业务技术，适应会计工作的要求。敬业爱岗，要求会计人员应有强烈的事业心、进取心和过硬的基本功。在实际工作中往往会发现不是因为业务技术的问题，而是因为粗心大意和缺乏扎实工作作风而造成的失误。会计工作政策性很强，涉及面较广，有的同社会上出现的各种经济倾向和不良风气有着密切的联系，因而有些问题处理起来十分复杂。这就要求会计人员要有强烈的"追根求源"的意识，凡事要多问几个为什么，要有认真负责的态度。由于会计工作的性质和任务，致使一些会计人员长年累月、周而复始地进行着算账、报账、报表等事务工作，天天与数字打交道，工作细致而烦琐，如果不耐劳尽责，缺乏职业责任感，就会觉得工作枯燥、单调、甚至讨厌，就谈不上热爱会计工作，更谈不上精通会计业务，也就搞不好会计工作。爱岗敬业是会计人员应该遵循的最起码的职业道德。

(2) 熟悉法规。法制意识是维护社会主义市场经济秩序，在法律的范围内进行经营活动的重要前提。会计工作不只是单纯的记账、算账、报账工作，会计工作时时、事事、处处涉及执法守法方面的问题。会计人员不单要自己应当熟悉财经法律、法规和国家统一的会计制度，还要能结合会计工作进行广泛宣传，做到在自己处理各项经济业务时知法依法、知章循章，依法把关守口，对服务和监督对象能够进行会计法制宣传，增强他们的法制观念，帮助他们辨明法律上的是与非，促使他们在日常经济活动中依法办事，避免不轨行为。

(3) 依法办事。严格实行会计监督，依法办事，是会计人员职业道德的前提。会计人员应当按照会计法律、法规、规章规定的程序和要求进行会计工作，保证所提供的会计信息合法、真实、准确、及时、完整。会计信息的合法、真实、准确、及时和完整，不但要体现在会计凭证和会计账簿的记录上，还要体现在财务报告上，使单位外部的投资者、债权人、社会公众以及社会监督部门能依照法定程序得到可靠的会计信息资料。

要做到这一点并不容易，但会计人员的职业道德要求这样做，会计人员应该继续在这一点上树立自己职业的形象和职业人格的尊严，敢于抵制歪风邪气，同一切违法乱纪的行为做斗争。

(4) 客观公正。会计信息的正确与否，不仅关系到微观决策，而且关系到宏观决策。会计人员在办理会计事务中，应当实事求是、客观公正。这是一种工作态度，也是会计人员追求的一种境界。做好会计工作，无疑是需要专业知识和专门技能的，但这并不足以保证会计工作的质量，有没有实事求是的精神和客观公正的态度，也同样重要，否则，就会把知识和技能用错了地方，甚至参与弄虚作假或者通同作弊。

(5) 搞好服务。会计工作是经济管理工作的一部分，把这部分工作做好对所在单位的经营管理至关重要。会计工作的特点决定会计人员应当熟悉本单位的生产经营和业务管理情况，以便运用所掌握的会计信息和会计方法，为改善单位的内部管理、提高经济效益服务。改革开放以来，特别是党的十四大以来，我国的改革开放和社会主义市场经济的不断发展，使会计服务的对象多元化。随着所有制结构的变化和投资主体的多元化、筹资活动的多样化，会计信息的使用者越来越多。管理者、投资者、债权人、社会公众以及政府部门在改善经营管理、评价财务状况、考核经营业绩、做出投资决策、加强宏观调控等方面都注重运用会计信息，从而引起社会对会计信息在时效、范围、质量等方面的需求大大增加，对会计人员所提供的服务质量也有了新的要求。

(6) 保守秘密。会计人员应当保守本单位的商业秘密，除法律规定和单位负责人同意外，不能私自向外界提供或者泄露单位的会计信息。众所周知，会计资料是一个单位财务状况和财务经营的综合反映。会计资料中的许多内容，往往涉及公司、企业、事业单位、社团等经济组织的资金投向、技术开发目标、提高市场竞争力的措施等商业秘密，涉及上市公司的内幕信息，涉及国家机关等国家机器组成单位的经济、政治、科研、国防等国家机密。这些商业秘密和国家机密，关系到经济组织的发展和国家安全、社会稳定，依法受到保护，不得随意泄露、传播，否则将给各经济组织和国家利益带来极为严重的影响。随着市场竞争的加剧，会计资料日益成为商业秘密和国家机密的重要部分，受到关注。而会计人员由于会计工作的性质，有机会了解或者掌握重要商业机密，因此必须严守秘密。泄密是一种不道德行为，会计人员应当确立泄露商业秘密为大忌的观念，对于自己知悉的内部机密，在任何时候、任何情况下都严格保守，不能随意向外界泄露商业秘密，如有违反，应承担相应的法律责任。

实训表单 16-1　应收单(样张)

应收单

单据编号		制表时间	
客户名称		应收金额	
备　　注 (货款回笼时间)			
制表人		审核人	

应收单

单据编号		制表时间	
客户名称		应收金额	
备　　注 (货款回笼时间)			
制表人		审核人	

应收单

单据编号		制表时间	
客户名称		应收金额	
备　　注 (货款回笼时间)			
制表人		审核人	

实训表单 16-2　应付单(样张)

应付单

单据编号		制表时间	
供应商名称		应付金额	
备　注 (货款支付时间)			
制　表　人		审　核　人	

应付单

单据编号		制表时间	
供应商名称		应付金额	
备　注 (货款支付时间)			
制　表　人		审　核　人	

应付单

单据编号		制表时间	
供应商名称		应付金额	
备　注 (货款支付时间)			
制　表　人		审　核　人	

实训表单 16-3　应收/应付款备查簿(样张)

应收 / 应付款备查簿

　　　　　　　　　　　　　　年　　　月　　　日　　　　　　制表人：

序号	日期	客户名称	货物名称	数量	单价	金额	合计	借方	贷方	余额	备注

实训表单 16-4　固定资产卡片(样张)

固定资产卡片

固定资产编号：_____

固定资产类型			
固定资产名称		使用状况	
使用年限		开始使用日期	
原　　值		残　值　率	
输　入　人		输入日期	

固定资产卡片

固定资产编号：_____

固定资产类型			
固定资产名称		使用状况	
使用年限		开始使用日期	
原　　值		残　值　率	
输　入　人		输入日期	

固定资产卡片

固定资产编号：_____

固定资产类型			
固定资产名称		使用状况	
使用年限		开始使用日期	
原　　值		残　值　率	
输　入　人		输入日期	

固定资产卡片

固定资产编号：_____

固定资产类型			
固定资产名称		使用状况	
使用年限		开始使用日期	
原　　值		残　值　率	
输　入　人		输入日期	

实训表单 16-5　借支单(样张)

借支单

日　　期		部　　门	
借支人姓名		职　　务	
借支事由			
合计人民币(大写)			¥
核准		会计	出纳	借支人

- -

借支单

日　　期		部　　门	
借支人姓名		职　　务	
借支事由			
合计人民币(大写)			¥
核准		会计	出纳	借支人

- -

借支单

日　　期		部　　门	
借支人姓名		职　　务	
借支事由			
合计人民币(大写)			¥
核　　准		会计	出纳	借支人

实训表单 16-6　报销单(样张)

报销单

发生日期		报销内容	单据张数	金　额	备　注
月	日				
合计人民币(大写)					

复核：_____　　　出纳：_____　　　报销人：_____

报销单

发生日期		报销内容	单据张数	金　额	备　注
月	日				
合计人民币(大写)					

复核：_____　　　出纳：_____　　　报销人：_____

模块十七　伪劣产品不放过
——企业中的质检部

　　我是一个公司新晋的质检部员工，质检员的职业操守告诉我：对于公司产品的每一步都应严格把关。但是，领导又时常跟我说要尽量睁一只眼闭一只眼，以保证产量。在质量与产量之间，我到底应该如何抉择呢？

——一筹莫展的小蒋

学习要点	实训要点
● 什么是质检部？ ● 质检部的工作职能。	● 确定质量方针、目标和职责。 ● 产品质量检测。

主体学习

任务一　什么是质检部

质检部是负责对生产和采购的材料、产品、工程、设备质量进行技术检测的部门。质检部负责公司的产品质量管理工作，需要在公司内部构建完整的质量管理体系，制定产品质量检验规范，编制原材料、半成品、外包产品和成品等检验记录及质量统计报表，定期进行质量总结分析，以保证企业的产品符合相应的质量技术标准。

企业的生产是一个复杂的过程，人、机、料、法、环(4M1E)等诸要素，都可能使生产状态发生变化，各个工序不可能处于绝对的稳定状态，质量特性的波动是客观存在的，要求每个工序都保证生产100%的合格品，实际上是不可能的。因此，通过检验实行质量把关，是完全有必要的。随着生产技术的不断提高和管理工作的完善化，可以减少检验的工作量，但检验仍然必不可少。只有通过检验，实行严格把关，做到不合格的原材料不投产，不合格的半成品不转序，不合格的零部件不组装，不合格的产品不出厂，才能真正保证产品的质量。

质量是企业赖以生存和发展的重要基石，质检部人员的严格程度直接关系到公司产品的质量是否过关，因此，质检部人员首先需要具备的就是高度的责任心，或者说坚守原则的能力。意识决定态度，态度决定行动。一个没有责任心的质检员，不可能有积极的态度和行动去管理质量。质检员要有追求尽善尽美、追根究底的工作作风，在熟练掌握各种原料、产品的品质特征和品质要求，熟悉生产工艺流程、工艺品质控制要点的基础上，能够做到严格执行品质管理制度，杜绝出现讲人情、拉关系的现象。

除此之外，质量检验人员都具有专业知识和较高的业务水平。质检人员一般都是由具有一定生产经验、业务熟练的工程技术人员或技术工人担任。他们熟悉生产现场，对生产中人、机、料、法、环等因素有比较清楚的了解。

质检部门员工也需要具备良好的沟通能力。质检工作与员工接触最多，怎么处理与员工的关系很重要，既要体谅员工的辛苦，又不能降低工作标准，是一件比较有技巧、有难度的工作，沟通到位了才能齐心协力把工作做好；除了与员工的沟通外还要与经理、质检主任等人沟通到位，得到领导的支持才能在开展工作的时候取得更大的帮助。

工作笔记

在面对各方压力的时候，我坚守原则的方法是这样的……

_____

_____

_____

_____

_____

_____

_____

任务二 质检部的工作职能

一、质量管理

> 任务：确定质量方针、目标和职责
> 坐标：质检部

质量管理是指确定质量方针、目标和职责，并通过质量体系中的质量策划、控制、保证和改进来使其实现的全部活动。

企业内部的质量管理主要包含质量保证和质量控制两方面的内容。

1. 质量保证

质量保证活动涉及企业内部各个部门和各个环节。从产品设计开始到销售服务后的质量信息反馈为止，企业内形成一个以保证产品质量为目标的职责和方法的管理体系，称为质量保证体系，是现代质量管理的一个发展。建立这种体系的目的在于确保用户对质量的要求和消费者的利益，保证产品本身性能的可靠性、耐用性、可维修性和外观式样等。

2. 质量控制

为保证产品的生产过程和出厂质量达到质量标准而采取的一系列作业技术检查和有关活动，是质量保证的基础。美国 J.M.朱兰认为，质量控制是将测量的实际质量结果与标准进行对比，并对其差异采取措施的调节管理过程。这个调节管理过程由以下一系列步骤组成：选择控制对象；选择计量单位；确定评定标准；创造一种能用度量单位来测量质量特性的仪器仪表；进行实际的测量；分析并说明实际与标准差异的原因；根据这种差异做出改进的决定并加以落实。

质检部的员工们，请一起来确定公司的质量检验制度和检验流程，以保证公司产品的质量吧！注意原材料检验和产品检验的流程应有所区别。

工作笔记

经讨论，我公司产品的质量方针、目标和职责有：

_____

_____

_____

_____

_____

_____

二、质量检验

> 任务：完成产品与服务质量检验
> 坐标：质检部

质量检验是指检查和验证产品或服务质量是否符合有关规定的活动，也就是对产品的一项或多项质量特性进行观察、测量、试验，并将结果与规定的质量要求进行比较，以判断每项质量特性合格与否。

质量检验的方法分为全数检验与抽样检验两种。根据产品的不同特点和要求，质量检验的方式也各不相同。按检验工作的顺序分，有预先检验、中间检验和最后检验；按检验地点不同，分为固定检验和流动检验；按检验的预防性不同，分为首件检验和统计检验等。

实训环节

质检部的员工们，请根据相关部门提交的原材料收货单或产品报检单，完成产品的检验，并填写相应的原材料检验单(见实训表单17-1)或成品检验单(见实训表单17-2)。想一想检验单和检验结果应该反馈给哪些部门呢？

三、质量报告

提交质量报告也是信息反馈的职能。这是为了使高层管理者和有关质量管理部门及时掌握生产过程中的质量状态，评价和分析质量体系的有效性。为了能做出正确的质量决策，了解产品质量的变化情况，必须把检验结果以报告形式，特别是计算所得的指标，反馈给管理决策部门和有关管理部门，以便做出正确的判断和采取有效的决策措施。

质量报告的主要内容包括：原材料、外购件、外协件进厂验收检验的情况和合格率指标；产品出厂检验的合格率、返修率、报废率、降级率以及相应的金额损失；按车间和分小组的平均合格率、返修率、报废率、相应的金额损失及排列图分析；产品报废原因的排列图分析；不合格品的处理情况报告；重大质量问题的调查、分析和处理报告；改进质量的建议报告；检验人员工作情况报告；等等。

工作笔记

今天,我要完成产品的质量检验。我需要做些什么准备呢?

_____
_____
_____
_____
_____
_____
_____

实训环节

开始工作了,质检部的员工们,你们的任务就是完成产品质量的管理和产品质量检验哦!

(扫二维码,看视频)

小讨论：说说你对产品的最低质量标准的认识是怎样的吧？是不是比其他人低了呢？

小　　结

什么是质检部？

质检部承担的是对公司进出厂的原材料、产成品进行检验管理，对其质量进行检查的工作。

质检部工作人员所需具备的能力有哪些？

质检部需要具备坚守原则的能力、较高的业务水平和良好的沟通能力。

质检部有哪些工作职能？

质检部员工需要对公司产品和服务进行质量管理以及质量检测。质量管理是指确定质量方针、目标和职责，并通过质量体系中的质量策划、控制、保证和改进来使其实现的全部活动。质量检验是指检查和验证产品或服务质量是否符合有关规定的活动。

质检部是对公司进出厂的原材料和产成品进行检查和验收的工作的部门。

质检部门需要具备良好的沟通能力及坚守原则的能力。

质检部员工需要对公司产品和服务进行质量管理及质量检测。

可千万不要放过失败品哦!

本课回顾

实训流程回顾

确定质量方针、目标和职责→完成产品质量检测。

知识梳理

质检部是对公司进出厂的原材料、产成品的检验管理,产品、原材料的质量检查和验收的工作。

质检部需要具备良好的沟通能力及坚守原则的能力。

质检部员工需要对公司产品和服务进行质量管理及质量检测。

拓展学习

质检人员的任职条件

(1) 持有有效的质检员上岗证资格证书。
(2) 从事现场相关专业管理工作三年以上。
(3) 具有初级专业及以上技术职称、中专以上文化程度。
(4) 经公司考核确认具备相应岗位能力。

质检人员的工作内容

(1) 制定零部件检验标准(进料、制程)。
(2) 制定成品检验标准、包装规范等。
(3) 确定抽样计划(进料、制程、成品)。
(4) 审核检验和试验报告(进料、进程、成品)。
(5) 质量异常的处理及跟进(进料、制程)。
(6) 向采购部反馈来料品质异常情况。
(7) 模具、零部件的质量评估。
(8) 重大工艺更改的质量评估。
(9) 制程改善。
(10) 限度样品的签署。
(11) 对重要品质异常情况提出纠正和预防措施。

质检人员的岗位要求

(1) 具有中专以上文化程度和专业知识或有丰富的实际工作经验。
(2) 有较强的工作责任感和事业心。
(3) 原则性强,不怕得罪人,心胸宽广。

质检部工作计划参考

质量是企业生存和发展的根本,要提高产品质量,必须全员参与,每位员工都有义务和责任做好产品质量,并牢固树立质量意识,严格控制和执行好产品的操作流程。要求领导和每位员工全身心地投入产品质量管理中,把质量目标灌输到每个员工的心中。

(1) 进料检验。对所有进厂的原材料及辅助材料做到全检、抽检、分批检验。对不符合公司要求的不合格原材料,拒绝进厂,同时做出明显的标识。根据情节轻重给供应商开异常通知单,要求做出应急措施和永久性的改善措施,并监督和追踪具体落实情况,严格做到不接受不合格品、不漏检不合格品、不传送不合格品。

(2) 生产过程质量控制。号召全体员工、车间主任一起参与到质量管理活动中。每一道工序责任落实到人,严格要求操作员工做到:做好产品首先进行自检,然后由专职质检员或兼职质检员进行检验,杜绝不合格品出现,不让一个不合格品流入下一道工序。每个车间必须对检品、合格品、不良品进行严格区分,防止相互混淆。车间的产品必须摆放整齐,保持干净。每个车间必须规范作业,严格做到不生产不合格品、不接受不合格品、不传送不合格品。

这个过程要从"人、设备、物料、方法"等方面进行管理和实施,要求员工的技术、技能达到相关要求。相关部门应不定时对员工进行指导、培训,传授新的技巧及操作方法,规范产品的生产工艺,质检部必须随时保证机器、仪表的完好和正常使用。生产用物料的性能必须达到产品设计的要求。

(3) 出货检验。出货检验是对生产的产品的总结。通过整个产品的各项性能指标的复检,是否达到客户的需求和期望的满意度。必须严格按照公司规定的标准和客户的要求进行检验。做到不漏检、不移交不良品、不接受不合格品,出厂合格率达到100%。

(4) 售后服务。把产品交到客户手中,我们的工作还没有完成,还要求售后服务人员告知并指导客户产品如何使用,且在使用过程中应该注意哪些问题。

"你的需求,我们知道;你的追求,我们创造"是所有质检人员应有的信念。"质量就是企业的生命",除了质检部本身,公司上下应全员参与,相互监督,把产品质量作为一项常抓不懈的工作,共同为提高产品质量付出努力,用良好的产品品质来面对市场的考验,适应不断变化的外部环境。

实训表单 17-1　原材料检验单(样张)

原材料检验单

原料检验单号：_____　　　　制表时间：_____

备　　注：_____

序号	原材料编码	原材料名称	检验数量	合格数量	不合格数量	备　注
1						
2						
3						
4						
5						
6						
7						
8						
9						

检验人：_____　　　　　　　　审核人：_____

原材料检验单

原料检验单号：_____　　　　制表时间：_____

备　　注：_____

序号	原材料编码	原材料名称	检验数量	合格数量	不合格数量	备　注
1						
2						
3						
4						
5						
6						
7						
8						
9						

检验人：_____　　　　　　　　审核人：_____

实训表单 17-2　成品检验单(样张)

成品检验单

成品检验单号：_____　　　　制表时间：_____

备　　　注：_____

序号	产成品编码	产成品名称	检验数量	合格数量	不合格数量	备　注
1						
2						
3						
4						
5						
6						
7						
8						
9						

检验人：_____　　　　　　　　审核人：_____

成品检验单

成品检验单号：_____　　　　制表时间：_____

备　　　注：_____

序号	产成品编码	产成品名称	检验数量	合格数量	不合格数量	备　注
1						
2						
3						
4						
5						
6						
7						
8						
9						

检验人：_____　　　　　　　　审核人：_____

模块十八　企业运营好助手
——外围机构简介

来到工商局,将精心准备的企业注册材料虔诚地递上,并静静地等待对方核查。不料,对方只看了一眼,就无情地将它们退回:"对不起,您的材料不齐全,无法申请注册!"

——垂头丧气的小柏

小侯是某公司的行政,在公司起步阶段,分派与外围机构接洽的任务时,经常因为对外围机构的构成和职能模糊不清而不知所措。你能帮他梳理一下外围机构的构成与职能吗?

小顾是某公司职员,在与外围机构接洽时,常常因为材料不全、跑错职能部门而影响公司正常事务的推进,进而被领导责罚。你能帮他梳理一下各外围机构所负责的事务吗?

学习要点	实训要点
● 什么是外围机构? ● 外围机构的工作职能。	● 了解外围机构的组成和职能。 ● 完成申请刻章手续。 ● 完成公司验资。 ● 开立单位银行结算账户。 ● 完成税务登记证的申请、税种认定、发票的领购。 ● 完成企业核名与注册。 ● 完成公司员工的税保登记。 ● 申请组织机构代码。 ● 完成房屋租赁。

主体学习

任务一　什么是外围机构

外围机构是企业在注册、登记、准备及运营过程中，遇到的各类第三方机构，包括公安局、会计师事务所、商业银行、税务局、工商局、社保局、质量技术监督局、租赁公司、供应商公司、贸易公司、律师事务所、媒体等。

正确了解外围机构的相关职责、操作流程，对企业的起步以及未来的发展有着重要作用。

各部门主管，请了解相关外围机构，并开展相应的部门工作吧！

工作笔记

什么叫作"外围机构"？

如果我是行政部主管，哪些外围机构会与我们部门有工作关系呢？

如果我是财务部主管，哪些外围机构会与我们部门有工作关系呢？

如果我是人力资源部主管，哪些外围机构会与我们部门有工作关系呢？

_____

_____

_____

_____

任务二　外围机构的工作职能

一、公安局

公安局是公安机关的组织形式，也是主管公安工作的政府下设职能部门，受所在地政府、上级公安机关双重领导。在企业注册、核名时，企业行政部人员需到公安局完成刻章备案，进行公章、财务章、合同章、发票章的刻制。

刻章时，企业需要持申请材料到公安局备案，然后在公安局指定的刻章店进行刻章，刻章所需的材料因企业性质不同而略有差别，具体如下。

(1) 全民、集体所有制企业需持上级单位介绍信，营业执照副本原件及章样一式两份。

(2) 股份制企业(有限责任公司)参股股东中包括法人股的应持其中一家法人单位介绍信，营业执照副本原件及章样一式两份。

(3) 参股股东中无法人股，即全部为自然人参股的应由法人代表办理，携带本人身份证原件、复印件各一份，营业执照副本原件、复印件各一份，章样一式两份。

(4) 中外合资、合作企业需持中方合资单位介绍信，营业执照副本原件及章样一式两份。

(5) 外商独资企业需持所在区县对外经济贸易委员会介绍信，营业执照副本原件及章样一式两份等。

实训环节

行政部的主管，请试着和你们的部员一起，依照要求准备申请刻章手续的文件，并提交公安局刻章备案表(见实训表单18-1)吧！

二、会计师事务所

会计师事务所是指依法独立承担注册会计师业务的中介服务机构，是由有一定会计专业水平、经考核取得证书的会计师组成的、受当事人委托承办有关审计、会计、咨询、税务等方面业务的组织。

虽然企业注册流程简化后，申请阶段不需要向工商局提交验资报告，但不少地方仍需要企业持有验资报告备查。另外，验资仍然是企业在经营中可能会需要的环节，如企业变更注册资本。

在企业验资时，企业行政部人员持盖银行专用章的银行询证函和办理验资报告相关资料到会计师事务所提交资料。随后，会计师事务所人员会对提交的资料进行审核，并出具验资报告。

小贴士：

公司验资需要的材料如下。
- 名称核准通知书复印件/资本变更前营业执照。
- 所有股东身份证复印件。
- 公司章程及股东会决议复印件。
- 房屋租赁协议复印件。
- 所有股东交款单原件。
- 询征函原件。
- 对账单原件或询证函回函。

实训环节

行政部的主管，请试着和你们的部员一起，依照要求准备公司验资所需要的文件并提交申请吧！

实训指导：

希望在公司注册阶段完成验资的公司，可填写注册资本实收情况明细表(见实训表单 18-2)并提交上述材料，会计师事务所向银行发出银行询证函(见实训表单 18-3)进行查验，获得银行提供的对账单或询证函回函后，完成验资，向企业提供验资报告(见实训表单 18-4)。

三、商业银行

商业银行是一个以营利为目的、以多种金融负债筹集资金、以多种金融资产为经营对象、具有信用创造功能的金融机构。

在申请开立银行基本账户许可证时，企业行政部人员到商业银行领取开立单位银行结算账户申请书。在填写完成后，将填写完整的开立单位银行结算账户申请书和开立银行基本账户许可证所需相关资料交到商业银行(详见第二篇模块七)，并由银行人员对各企业提交的资料进行审核并填写审核意见，审核通过后予以颁发开户许可证。

实训环节

行政部的主管，请试着和你们的部员一起，填写一下开立单位银行结算账户申请书(参见模块七的实训表单 7-1)吧！

实训指导：

在实训环节中，企业会因为提取现金、购销结算转账、存入款项、申请贷款等和银行发生业务往来。此处提供相关单据样张，由实训企业根据需要自行选取。

(1) 转账支票(见实训表单 18-5)用于转账结算。

(2) 现金支票(见实训表单 18-6)用于提取现金。

(3) 现金交款单(见实训表单 18-7)用于存入现金。

(4) 银行贷款还款凭证(见实训表单 18-8)用于归还银行贷款时做还款凭证。

(5) 企业贷款合同(见实训表单 18-9)、贷款审查报告(见实训表格 18-10)、贷款申请表(见实训表单 18-11)用于向银行申请贷款。

四、税务局

我国的税务机关是指各级税务局、税务分局、税务所和按照国务院规定设立的并向社会公告的税务机构。为保证国家的财政收入，各级税务机关根据法律法规的要求，行使以下各项权利。

(1) 税务管理权。这包括有权办理税务登记，有权审核纳税申报，有权管理有关发票事宜等。

(2) 税收征收权。这是税务机关最基本的权利，包括有权依法征收税款和在法定权限范围内依法自行确定税收征管方式或时间、地点等。

(3) 税务检查权。这包括有权对纳税人的财务会计核算、发票使用和其他纳税情况、对纳税人的应税商品、货物或其他财产进行查验登记等。

(4) 税务违法处理权。包括有权对违反税法的纳税人采取行政强制措施，以及对情节严重、触犯刑律的，移送有权机关依法追究其刑事责任。

(5) 税收行政立法权。被授权的税务机关有权在授权范围内依照一定程序制定税收行政规章及其他规范性文件，做出行政解释等。

在企业的经营过程中，会发生经常性往来的通常是国税局和地税局。国税和地税是依据国务院关于分税制财政管理体制的决定而产生的一种税务机构设置中两个不同的系统。它们的不同主要体现在两者负责征收的税种的区别。前者征收的主要是维护国家权益、实施宏观调控所必需的税种(如消费税、关税)和关乎国计民生的主要税种的部分税收(如增值税)；后者则主要负责适合地方征管的税种以增加地方财政收入(如车船使用税)。国税由国税局征收，地税由地税局征收。对中央与地方共享税，由国税局征收，共享税中地方分享的部分，由国税局直接划入地方金库。

因此，企业上缴的增值税、消费税、部分企业所得税(铁道部门、各银行总行、各保险公司集中缴纳的所得税；中央企业缴纳的所得税；中央与地方所属企业、事业单位组成的联营企业、股份制企业缴纳的所得税；海洋石油企业缴纳的所得税；外商投资企业和外国企业缴纳的所得税），储蓄存款利息所得个人所得税，证券交易印花税，海洋石油企业缴纳的资源税，车辆购置税等，需要上交给国税局。

而上述行业以外的地方国有企业、集体企业、私营企业缴纳的所得税、城市维护建设税、个人所得税、资源税、房产税、城市房地产税、土地增值税、城镇土地使用税、印花税、契税、车船使用税、屠宰税、筵席税等，需要上缴给地税局。

在企业成立阶段，需要分别到国税局和地税局申请税务登记，完善税务信息。企业财务部人员到税务局领取国税税务登记表、地税税务登记表，并在完成填写后，将完整的表格和申请国税税务登记证和申请地税税务登记证相关材料交到税务局。在税种认定时，企业财务部人员到地税局领取纳税人税种认定表，在国税局领取增值税一般纳税人申请认定表，填写完成后，交由税务局人员对企业提交资料进行审核。

在发票领购时，财务部人员到国税局，领取发票领购资格申请表、发票票种核定申请表并填写完整后提交给税务局。税务局人员对企业提交的发票票种核定申请表审核，审核通过后填写领购簿、发票领购，并领购发票。

在企业经营过程中，企业需要按月填写增值税纳税申报表，企业所得税纳税申报表，城建税、教育费附加申报表，按年完成房产税、车船使用税等小税种的申报纳税。

实训环节

园区内的各家企业请依法按月纳税。税务机关请完成企业纳税的稽核审查并填写企业纳税情况报告。

实训指导：

(1) 在企业成立时，请在国税局领取增值税一般纳税人申请认定表(参见模块六的实训表单 6-6)，到地税局领取纳税人税种认定表(参见模块六的实训表单 6-7)，具体提交材料详见模块六。

(2) 企业开具的增值税专用发票请到税务机关购买，并提前完成发票申领工作：填写发票购领资格申请表(参见模块六的实训表单 6-8)，取得发票领购簿(参见模块六的实训表单 6-9)。如在经营过程中不慎发生发票遗失，需填写发票丢失被盗报告(见实训表单 18-12)。

(3) 企业需按月向国税局提交增值税纳税申报表(见实训表单 18-13)，向地税局提交企业所得税纳税申报表(见实训表单 18-14)、城建税、教育费附加申报表(见实训表单 18-15)，依法足额纳税。

(4) 税务机关需不定期完成对企业账簿、报表和纳税情况的稽核，并完成稽核报告提交指导教师。

五、工商局

工商局，即工商行政管理局，是政府主管市场监管和行政执法的工作部门。工商局的主要职责如下。

(1) 负责市场监督管理和行政执法的有关工作，起草有关法律法规草案，制定工商行政管理规章和政策。

(2) 负责各类企业、农民专业合作社和从事经营活动的单位、个人以及外国(地区)企业常驻代表机构等市场主体的登记注册并监督管理，承担依法查处取缔无照经营的责任。

(3) 承担依法规范和维护各类市场经营秩序的责任，负责监督管理市场交易行为和网络商品交易及有关服务的行为。

(4) 承担监督管理流通领域商品质量责任，组织开展有关服务领域消费维权工作，按分工查处制售假冒伪劣等违法行为，指导消费者咨询、申诉、举报受理、处理和网络体系建设等工作，保护经营者、消费者合法权益。

(5) 承担查处违法直销和传销案件的责任，依法监督管理直销企业和直销员及其直销活动。

(6) 负责垄断协议、滥用市场支配地位、滥用行政权力排除限制竞争方面的反垄断执法工作(价格垄断行为除外)。依法查处不正当竞争、商业贿赂、走私贩私等经济违法行为。

(7) 负责依法监督管理经纪人、经纪机构及经纪活动。

(8) 依法实施合同行政监督管理，负责管理动产抵押物登记，组织监督管理拍卖行为，负责依法查处合同欺诈等违法行为。

(9) 指导广告业发展，负责广告活动的监督管理工作。

(10) 负责商标注册和管理工作，依法保护商标专用权和查处商标侵权行为，处理商标争议事宜，加强驰名商标的认定和保护工作。负责特殊标志、官方标志的登记、备案和保护。

(11) 组织指导企业、个体工商户、商品交易市场信用分类管理，研究分析并依法发布市场主体登记注册基础信息、商标注册信息等，为政府决策和社会公众提供信息服务。

(12) 负责个体工商户、私营企业经营行为的服务和监督管理等。

具体而言，在企业成立时，行政部人员需要到工商局领取企业名称预先核准申请表并填写后交工商局。工商局人员对企业的企业名称预先核准申请表进行受理，发给企业空白的企业名称申请受理通知书，企业填写并提交，审核通过的发企业名称申请受理通知书，否则发企业名称驳回通知书。

在企业注册时,行政部人员需将备齐的注册登记资料交工商局登记窗口受理、初审。在审查合格后,按约定时间到工商局领取营业执照。

在企业经营阶段,工商局将对市场的垄断情况、企业广告活动、企业的产品质量等进行监管。

实训环节

工商局请完成新设企业营业执照的审核发放,具体工作请参考模块六,如企业申请的名称不符合要求,可填写企业名称驳回通知书(见实训表单18-16)。

六、社保局/社保中心

我国的社会保险是指国家为了预防和分担年老、失业、疾病以及死亡等社会风险,实现社会安全,而强制社会多数成员参加的,具有所得重分配功能的非营利性的社会安全制度。社保属于劳动和社会保障部负责。在地方上由各地劳动和社会保障厅(局)具体负责。地方上的社会保险经办机构主要是各地的社会保险事业管理局(或社会保险基金管理中心等,各地具体名称有所不同)。

企业与职工签订劳动合同后,应当依法到当地社会保险经办机构办理参加各项社会保险手续。社会保险经办机构在企业和职工按规定的标准缴纳社保费用后,为参保职工建立个人账户,用于记录缴费。

在社保登记时,公司人力资源部人员需到社保局,领取社会保险单位信息登记表并填写。随后,由社保局人员填写相应公司社保机构信息,审核通过的企业,需要按月足额为员工缴纳各项社会保险费用。

实训环节

人力资源部、财务部的各位负责人,请试着和你们的部员一起,完成公司员工的社保登记吧!社保中心需对企业缴纳社保情况进行检查,依法维护员工权益。

实训指导:

新设企业一次性办理社保登记填写社会保险单位信息登记表(参见模块七的实训表单 7-2),后期如有新的员工加入,再单独填写企业增员信息登记表(参见模块七的实训表单 7-3)。具体指导见模块七。

社保中心需要不定期对企业缴纳社保情况进行检查,完成检查报告并提交指导教师。

七、质量技术监督局

质量技术监督局是国家职能部门之一，以贯彻国家产品质量法、计量法、标准化法为职责，是负责宣传贯彻国家标准、行业标准、地方标准、计量工作并对产品质量实施监督的国家行政部门。

在三证合一之前，企业需要向质量技术监督局申请组织机构代码。在三证合一之后，企业获得统一社会信用代码，该代码共18位，其中第9～17位为主体识别码(组织机构代码)，第18位为校验码。三证合一的企业在注册微信、微博等平台时，如需要提供组织机构代码，可以自行截取。

八、租赁公司

租赁公司是指以出租设备、工具、场所等收取租金为业的金融企业。随着创业浪潮的涌起，越来越多的大学生、中青年开始选择创业而非就业。在企业初创阶段，受到资金的限制，往往无法购置自己的办公场地，因此办公场地租赁业务也就如雨后春笋般涌现。而在后续经营中，为了提高某些设备的使用效率，节约资金以投入到更为重要的领域，很多公司也会选择租赁设备而非购买设备，通过按月支付租金的形式来避免一次性购买所产生的大额资金流出。因此，租赁公司也成为企业经常产生业务往来的单位之一。

实训环节

企业注册需要有办公场所，实训需要设置租赁公司并提供租赁合同以帮助企业完成办公场所租赁。

九、供应商公司

供应商是指向企业供应材料、物资、商品等的个人或法人。对于制造业企业而言，其主要供应商应为原材料供应商，向其提供生产产品所需的主要原料和材料。而对于商贸公司而言，其供应商则是产品生产企业。

实训环节

为形成完整的供应链，实训需要以制造业企业为中心，在其上下游分别设置原材料供应商和商贸公司。

实训指导：

(1) 原材料供应商建议设置两家以上，以形成竞争关系。

(2) 原材料供应商的注册和经营与制造业企业相似，相关材料均可参照前面部分的内容进行并使用相同的实训表单完成实训。

(3) 原材料供应商与制造业企业的区别在于：无生产环节，因此不需要设置生产部、质检部，如其财务业务较为简单，也可省略财务部，将其全部记账业务委托给会计师事务所进行代理记账；采用手工实训的，原材料供应商由管理中心或指导教师扮演，指导教师需先行确定原材料供应价格(可根据季度调整变化)；采用软件平台实训的，原材料的供应商为系统模拟，需要在采购环节的供应商管理中添加系统供应商名录，以形成业务往来。

(4) 原材料供应商在供货环节需要使用的单据包括销货合同(见模块十四的实训表单 14-5)[或者由购买方提供的采购合同(见模块十二的实训表单 12-2)]、增值税专用发票(见模块十四的实训表单 14-7)、发货单(见模块十四的实训表单 14-6)，建议在实训中另行配置针式打印机，可打印一式多联的发票进行单据传递。

(5) 在询价阶段，原材料供应商可以接受制造业企业发来的询价单(见模块十二的实训表单 12-3)，也可以自行提供原材料报价单(见实训表单 18-17)。

十、商贸公司

企业生产的大量产品可以通过商贸公司卖给市场。商贸公司主要负责的是商品的买与卖，它最重要的是信息和业务渠道，要有货源和销售目标，并产生一定的利润。商贸公司的工作流程就是根据市场规则，收集市场的需求与供应，做出比较合理的分配。通过合理资源配置来满足人们的需求，也通过资源配置从中获得商业利润与商业信誉。

实训环节

为形成完整的供应链，实训需要以制造业企业为中心，在其上下游分别设置原材料供应商和商贸公司。

实训指导：

(1) 商贸公司建议设置两家以上，以形成竞争关系。

(2) 商贸公司的注册和经营与制造业企业相似，相关材料均可参照前面部分的内容进行并使用相同的实训表单完成实训。

(3) 商贸公司与制造业企业的区别在于：无生产环节，因此不需要设置生产部、质检部，如其财务业务较为简单，也可省略财务部，将其全部记账业务委托给会计师事务所进行代理记账；采用手工实训的，商贸公司的销售由管理中心或指导教师扮演，指导教师需先行确定商品的购买价格(可根据季度调整变化)；采用软件平台实训的，商贸公司的销售为系统模拟，需要在销售环节的客户管理中添加系统客户名录，以形成业务往来。

(4) 商贸公司在面向制造业企业完成产品采购时，需要使用的单据包括采购合同(见模块十二的实训表单 12-2)[或者由制造业企业提供的销货合同(见模块十四的实训表单 14-5)]、向对方索取增值税专用发票(见模块十四的实训表单 14-7)(需同时取得抵扣联和发票联，抵扣联用于向税务局申报进项税额抵扣，发票联用于采购记账)、发货单(见模块十四的实训表单 14-6)。

十一、其他组织

1. 律师事务所

律师事务所是律师执行职务业务活动的工作机构。在产生纠纷时，公司需将事实材料以素材和诉讼请求为主要形式提供给律师，由律师分析、归纳、筛选和建构后，完成对纠纷的处理。

2. 法院

如果发生纠纷的双方经过调解协商依旧不能达成一致，则需要到法院诉讼解决。人民法院是中华人民共和国国家审判机关，其任务是审判刑事案件、民事案件和行政案件，并且通过审判活动，惩办一切犯罪分子，解决民事纠纷。通常情况下，经济纠纷的法院审理流程如下。

(1) 撰写民事起诉状，收集相关证据材料，向有管辖权的人民法院立案窗口立案。

(2) 案件被受理后，法院会提供缴费通知书，按照指示向指定银行缴纳诉讼费用。

(3) 将银行的缴费单据拿到法院换票。

(4) 等待法院通知开庭(开庭传票)。

(5) 按照传票指示的时间、地点出庭参加诉讼。

(6) 开完庭等待判决结果，如对结果不服，自收到判决结果之日起向中级人民法院上诉。

3. 认证中心

在生产经营中，某些经销商可能会对拟购产品提出品质要求，如符合 ISO9000 族认证，这就需要企业完成相关认证。ISO9000 标准是国际标准化组织(ISO)于 1987 年颁布的、在全世界范围内通用的关于质量管理和质量保证方面的系列标准。ISO9000 用于证实组织具有提供满足顾客要求和适用法规要求的产品的能力，目的在于提升顾客满意度。这个第三认证方不受产销双方经济利益支配，公证、科学，是各国对产品和企业进行质量评价和监督的通行证。凡是通过认证的企业,说明其在各项管理系统整合上已达到了国际标准,表明企业能持续稳定地向顾客提供预期和满意的合格产品。

4. 媒体

媒体也就是传播信息的媒介,是人借助用来传递信息与获取信息的工具、渠道、载体、中介物或技术手段。传统媒体有报刊、广播、电视,新媒体是传统媒体之后发展起来的新的媒体形态,包括网络媒体、手机媒体、数字电视等。媒体会播报厂商间的重要贸易、公司成立、公司运营或企业纠纷等重要新闻,会对厂商的经营产生重大影响。

实训环节

为了使整个虚拟经营更加仿真,实训还可以设置法律纠纷处理、广告招投标、产品认证等环节。

实训指导

本书提供下列单据可供使用:开庭审理(见实训表单18-18)、案件审查(见实训表单18-19)、判决裁定(见实训表单18-20)、ISO 9000 认证申请表(见实训表单18-21)。

(扫二维码,看视频)

小讨论:和同学一起分享一下你在与外围机构接洽时,遇到的问题及解决方法吧!

外围机构包括公安局、会计师事务所、商业银行、税务局、工商局、社保局、质量技术监督局、租赁公司、供应商公司、律师事务所等。

企业在注册、核名时,需与公安局、工商局接洽;在验资时,需与会计师事务所接洽;在申请开立银行基本账户许可证时,需与商业银行接洽;在申请组织机构代码时,需与质量技术监督局接洽。

在申请税务登记、税种认定、领购发票时,需与税务局接洽;在社保登记时,需与社保局接洽;在房屋租赁时,需与租赁公司接洽;在购买货品时,需与供应商公司接洽。

啊!!
好复杂
宝宝不行了~

小　　结

什么是外围机构？

外围机构是企业在注册、登记、准备及运营过程中，遇到的各类第三方机构，包括公安局、会计师事务所、商业银行、税务局、社保局、质量技术监督局、租赁公司、供应商公司、贸易公司、律师事务所、媒体等。

外围机构的职能有哪些？

通过这一课的学习，你对外围机构的职能了解多少了呢？你知道企业的哪些流程会与外围机构产生接触吗？你知道与外围机构接洽时的流程，以及需要准备的资料有哪些吗？请一一写出来。

本课回顾

实训流程回顾

了解外围机构的组成和职能→完成房屋租赁→完成企业核名与注册→完成公司验资(可选)→申领营业执照→完成申请刻章手续→开立单位银行结算账户→完成税务登记证的申请、税种认定、发票的领购→完成公司员工的社保登记。

知识梳理

外围机构包括公安局、会计师事务所、商业银行、税务局、工商局、社保局、质量技术监督局、租赁公司、供应商公司、律师事务所等。

企业在注册、核名时，需与公安局、工商局接洽；在验资时，需与会计师事务所接洽；在申请开立银行基本账户许可证时，需与商业银行接洽；在申请税务登记、税种认定、领购发票时，需与税务局接洽；在社保登记时，需与社保局接洽；在申请组织机构代码时，需与质量技术监督局接洽；在房屋租赁时，需与租赁公司接洽；在购买货品时，需与供应商公司接洽；在产生纠纷时，需与律师事务所接洽。

拓展学习

公司注册注意事项

1. 关于公司查名和经营范围

(1)　公司查名。如果没有现成的，请在网上下载或者到工商局领取一份"企业名称预先核准申请表",填上事先准备好的备选公司名称字号(注册公司起名查名方法,见模块五详述),然后提交到工商局查名窗口进行审核,如果审核通过,就会核发"企业名称预先核准通知书",一般手续费是30～50元。

(2) 企业的经营范围。一般代理注册机构都有《国民经济行业分类》(含代码)备查,企业也可以自行查找,经营范围不是字数写得越多越好,这样会增加税种而带来不必要的纳税申报,况且以后业务规模扩张后再行变更经营范围也很简单。

2. 注册资金

需要说明的是,个体户和分公司是不需要注明注册资金的,注册资本实行认缴制后,取消了最低注册资本的要求,而且首次不需要实际出资,也无须再提供验资报告,这大大降低了注册公司的成本,可以这么说,现在确实是近乎无成本注册公司。

3. 公司住所

虽然新的商事制度改革没有取消公司住所的要求,但是也在逐步淡化住所对于注册公司的阻碍,根据《公司法》和《物权法》的规定,公司注册的商业产权证上的办公地址最好是写字楼,但是经济园区都能免费提供虚拟注册地址,对于注册公司新手来说,公司住所(注册地址)就不是大问题了。

4. 银行开户

凭营业执照、组织机构代码证,去银行开立基本账户,各个银行开户,要求略有不同,开立基本账户需要填很多表,最好把能带齐的东西全部带上,否则要跑很多趟,包括营业执照正本原件、身份证、组织机构代码证、公财章、法人章。

开立基本账户时,还需要购买一个密码器(基本上所有银行都有这个规定),密码器一般几百元,需企业自行购买。今后公司开支票、划款时,都需要使用密码器来生成密码。基本存款账户是存款人因办理日常转账结算和现金收付需要开立的银行结算账户,是存款人的主办账户,存款人日常经营活动的资金收付及其工资、奖金和现金的支取,应通过该账户办理。

5. 法人资格

法人是具有民事权利能力和民事行为能力,依法独立享有民事权利和承担民事义务的组织。法人企业或机构都必须由董事会任命法人代表,内资企业法人代表可以是有选举权的守法中国公民,不一定占有股权。在注册公司前选择法人代表时最好先查询一下该法人代表是否有税务不良记录,如果有,则最好变更法人,以免给企业带来不必要的税务困难。

6. 税务、财务相关

税务是公司注册后涉及事务较多且比较重要的事务，首先由于注册公司可能耗时较长，在工商代理申领了营业执照后一定要在税务要求的 30 天内到税务局办理税务报到程序，核定税种税率，办理税务登记证时，必须有一个会计，因为税务局要求提交的资料其中有一项是会计资格证和身份证。如果企业初始经营规模较小，可以聘请兼职会计，以节约成本。

另外，注意每个月按时向税务申报纳税，即使没有开展业务不需要缴税，也要进行零申报，否则会被罚款。

实训表单 18-1　公安局刻章备案表(样张)

公安局刻制印章备案表

申请刻章单位全称		联　系　人	
		联系电话	
刻章理由		经济性质	
单位地址			
批文号码			
注册号码			
申请刻制印章全称	1		
	2		
	3		
	4		
	5		
管部门意见		公安机关备案签注意见	
以下由承制单位填写			

1. 行政单位

编制委员会批准设立(或变更)该机构的批准文件和上级主管部门出具同意刻章的证明(附所刻印章的数量和具体名称)或在印章备案表上级主管部门意见一栏上加具同意刻章的意见(请写明刻章数量),并附经办人身份证。

2. 事业单位

编制委员会批准设立(或变更)该机构的批准文件。

上级主管部门出具同意刻章的证明(附所刻印章的数量和具体名称)或在印章备案表上级主管部门意见一栏上加具同意刻章的意见(请写明刻章数量)。

事业单位法人登记证书。

负责人和经办人身份证。

申请刻制发票专用章需附税务登记证或税务局的有关证明。

3. 社会团体组织

民政局出具的刻章证明。

社会团体法人登记证书。

社团法定代表人及经办人的身份证。

市或区民政局批准设立(或变更)该社团的批准文件。

申请刻制发票专用章需附税务登记证或税务局的有关证明。

4. 民办非企业单位

民政局出具的刻章证明。

民办非企业单位登记证书。

该单位法定代表人及经办人的身份证。
市或区民政局批准设立(或变更)该单位的批准文件。
申请刻制发票专用章需附税务登记证或税务局的有关证明。

5. 医疗机构
卫生局核发的"医疗机构执业许可证"正本、副本。
法定代表人、经办人身份证。
属分支机构、全民、集体的需经其上级主管部门加具同意刻章的意见或出具同意刻章的证明。
申请刻制发票专用章需附税务登记证。

6. 业主委员会
提供城管局下属物业管理办公室的备案通知书。
街道办或城管局下属物业管理办公室加具同意刻章的意见或出具同意刻章的证明。
负责人、经办人身份证。

7. 工商企业
营业执照副本、法定代表人或负责人(非法人单位)及经办人身份证。
属分支机构、全民、集体的需经其上级主管部门加具同意刻章的意见或出具同意刻章的证明。
申请刻制发票专用章需附税务登记证。
申请刻制报关专用章：国内企业需附进出口企业资格证或对外贸易经营者备案登记表；外商企业需附"外商投资批准证书"；报关代理企业需附海关核发的《报关企业报关注册登记证书》。
申请刻制报检专用章需附"自理报检单位备案登记证明书"。

8. 大型活动主办机构(临时机构)、单位
经我市有关职能部门批准举办该项活动(或该机构)的批准文件。
批准部门出具的同意刻章证明。
活动负责人、经办人的身份证。

9. 单位变更名称刻章
行政单位、事业单位、社会团体组织、民办非企业单位因变更名称刻章的，所需资料分别按上述1、2、3、4点提供。
医疗机构：除按第5点提供外，还需附卫生局出具的变更证明。
工商企业：营业执照副本、法定代表人及经办人身份证、工商局核发的"核准企业变更登记通知书"。

10. 印章遗失补办
行政单位、事业单位除按第1点和第2点提供资料外，还必须提供登有遗失声明的报纸。
社会团体组织：社会团体法人登记证书正本和副本、社会团体组织法定代表人的身份证、登有遗失声明的报纸。
民办非企业单位：民办非企业单位登记证书正本和副本、该单位法定代表人的身份证、登有遗失声明的报纸。
医疗机构：除按第5点提供外，还需附登有遗失声明的报纸。
工商企业：工商营业执照正本和副本、法定代表人及经办人身份证、登有遗失声明的报纸。

11. 刻制特殊印章
除按上述提供资料外，还需附有关单位批准刻制该特殊印章的批复文件及印章模样。

注：①因特殊原因未能提供法定代表人身份证原件的，请提供法定代表人身份证复印件及其委托书，并附经办人身份证原件及复印件(遗失补办的除外)。
②以上所需资料请用A4纸复印，并提供原件核对。

声明：
本表格所填内容正确无误，所提交的资料真实无假。本人明白，不如实填报或提交虚假的资料属违法行为，并有可能被追究法律责任，本人对提交的资料及法律后果负责。

经办人签名：_____

____年__月__日

实训表单 18-2 注册资本实收情况明细表

注册资本实收情况明细表

截至____年__月__日

被审验单位名称：_____   货币单位：万元

股东姓名	认缴注册资本		实际出资情况								
								实收资本			
	金额	出资比例	货币	实物	知识产权	土地使用权	其他	合计	金额	占注册资本金额比例	其中：货币出资
											金额	占注册资金本金额比例
合计												

实训表单 18-3　银行询证函

银行询证函

_____：

　　本公司(筹)聘请的_____正在对本公司(筹)的注册资本实收情况进行审验。按照国家有关法规的规定和中国注册会计师审计准则的要求,应当询证本公司(筹)出资者(股东)向贵行缴存的出资额。下列数据及事项如与贵行记录相符,请在本函下端"数据及事项证明无误"处签章证明;如有不符,请在"列明不符事项"处列明不符事项。有关询证费用可直接从本公司(筹)_____存款账户中收取。回函请直接寄至_____。

回函地址:_____
邮编:_____　电话:_____　传真:_____
截至____年__月__日,本公司(筹)出资者(股东)缴入的出资额列示如下。

缴款人	缴入日期	银行账号	币种	金额	款项用途	备注

_____(筹)

法定代表人或委托代理人:_____
____年__月__日

结论:1. 数据及事项证明无误　　　　　2. 如果不符,请列明不符事项
　　　　____年__月__日　　　　　　　　　　____年__月__日
经办人:_____　　　　　　　　经办人:_____

银行盖章:　　　　　　　　　　　　　　银行盖章:

实训表单 18-4　验资报告

委托单位：_____ (筹)
验证单位：_____

日期_____
_____会计师事务所印制

验 资 报 告

_____会计师事务所验字[_____]_____号

_____ (筹)：

　　我们接受委托，审验了贵公司(筹)截至____年__月__日止申请设立登记的注册资本实收情况。按照法律法规以及协议、章程要求出资，提供真实、合法、完整的验资资料，保护资产的安全、完整是全体股东及贵公司(筹)的责任。我们的责任是对贵公司(筹)注册资本的实收情况发表审验意见。我们的审验是依据《中国注册会计师审计准则　第1602号——验资》进行的。在审验过程中，我们结合贵公司(筹)的实际情况，实施了检查等必要的审验程序。

　　根据协议、章程的规定，贵公司(筹)申请登记的注册资本为人民币_____万元整。由全体股东于____年__月__日之前一次缴足。经我们审验，截至____年__月__日，贵公司(筹)已收到全体股东缴纳的注册资本(实收资本)合计_____万元整。

　　本验资报告供贵公司(筹)申请办理设立登记及据以向股东签发出资证明时使用，不应被视为是对贵公司(筹)验资报告日后资本保全、偿债能力和持续经营能力等的保证。因使用不当造成的后果，与执行本验资业务的注册会计师及本会计师事务所无关。

　　附件：1. 注册资本实收情况明细表

_____会计师事务所(签章)

中国注册会计师：(签名)_____

报告日期：____年__月__日

实训表单 18-5 转账支票(样张)

银行 转账支票存根 No. 06943955 附加信息 _____ _____ _____ 出票日期 年 月 日 收款人： 金　额： 用　途： 单位主管　　　会计	付款期限自出票之日起十天	**转账支票**　　No. 06943955 _____ 出票日期(大写)　　　年　月　日　　付款行名称： 收款人：　　　　　　　　　　　　　出票人账号： 人民币 (大写)　　　　　　　　　　　　亿 千 百 十 万 千 百 十 元 角 分 用途 _____　　密码 _____ 上列款项请从　　　　　　行号 _____ 我账户内支付 出票人签章　　　　　　复核　　　　记账

- -

银行 转账支票存根 No. 06943955 附加信息 _____ _____ _____ 出票日期 年 月 日 收款人： 金　额： 用　途： 单位主管　　　会计	付款期限自出票之日起十天	**转账支票**　　No. 06943955 _____ 出票日期(大写)　　　年　月　日　　付款行名称： 收款人：　　　　　　　　　　　　　出票人账号： 人民币 (大写)　　　　　　　　　　　　亿 千 百 十 万 千 百 十 元 角 分 用途 _____　　密码 _____ 上列款项请从　　　　　　行号 _____ 我账户内支付 出票人签章　　　　　　复核　　　　记账

附加信息	被背书人	被背书人	
			根据《中华人民共和国票据法》等法律法规的规定，签发空头支票的由中国人民银行处以票面金额5%但不低于1000元的罚款。

附加信息	被背书人	被背书人	
			根据《中华人民共和国票据法》等法律法规的规定，签发空头支票的由中国人民银行处以票面金额5%但不低于1000元的罚款。

实训表单 18-6 现金支票(样张)

银行 转账支票存根 No.06943955		现金支票 No.06943955
附加信息 _____ _____	付款期限自出票之日起十天	出票日期(大写) 年 月 日 付款行名称：_____ 收款人：_____ 出票人账号：_____
出票日期 年 月 日		人民币(大写) [____] 亿千百十万千百十元角分
收款人：		用途 _____ 密码 _____
金 额：		上列款项请从我账户内支付 行号 _____
用 途：		出票人签章 复核 记账
单位主管 会计		

- -

银行 转账支票存根 No.06943955		现金支票 No.06943955
附加信息 _____ _____	付款期限自出票之日起十天	出票日期(大写) 年 月 日 付款行名称：_____ 收款人：_____ 出票人账号：_____
出票日期 年 月 日		人民币(大写) [____] 亿千百十万千百十元角分
收款人：		用途 _____ 密码 _____
金 额：		上列款项请从我账户内支付 行号 _____
用 途：		出票人签章 复核 记账
单位主管 会计		

附加信息	被背书人	被背书人	
			根据《中华人民共和国票据法》等法律法规的规定,签发空头支票的由中国人民银行处以票面金额5%但不低于1000元的罚款。

- -

附加信息	被背书人	被背书人	
			根据《中华人民共和国票据法》等法律法规的规定,签发空头支票的由中国人民银行处以票面金额5%但不低于1000元的罚款。

实训表单 18-7　现金交款单(样张)

现金交款单

币别：　　　　　　　　　＿＿＿年＿月＿日　　　　　　流水号：

单位填写	收款单位		交款人									
	账　号		款项来源									
	(大写)			亿	千	百	十	万	千	百	十	元	角	分

银行确认栏	
现金回单(无银行打印记录及银行签章此单无效)	

复核　　　　　　　　录入　　　　　　　　出纳

现金交款单

币别：　　　　　　　　　＿＿＿年＿月＿日　　　　　　流水号：

单位填写	收款单位		交款人									
	账　号		款项来源									
	(大写)			亿	千	百	十	万	千	百	十	元	角	分

银行确认栏	
现金回单(无银行打印记录及银行签章此单无效)	

复核　　　　　　　　录入　　　　　　　　出纳

实训表单 18-8 银行贷款还款凭证(样张)

银行贷款还款凭证

系统时间____年__月__日

原借款凭证编号：_____

收款人单位	名 称		付款人单位	名 称	
	账 号			账 号	
	开户行			开户行	
还款日期	_____		借款合同	贷款合同编号_____	
本息合计	人民币(大写)_____			小写¥_____	

备注：_____ 会计记录：(收入)_____
经办：_____ 对方科目：(付出)_____
复核：_____ 会计：_____复核：_____记账：_____

银行贷款还款凭证

系统时间____年__月__日

借款凭证编号：_____

收款人单位	名 称		付款人单位	名 称	
	账 号			账 号	
	开户行			开户行	
还款日期	_____		借款合同	贷款合同编号_____	
本息合计	人民币(大写)_____			小写¥_____	

备注：_____ 会计记录：(收入)_____
经办：_____ 对方科目：(付出)_____
复核：_____ 会计：_____复核：_____记账：_____

实训表单 18-9　企业贷款合同(样张)

企业贷款合同

编号：_____年_____字第_____号

授信人：_____(以下简称甲方)
地址：_____
法定代表人/主要负责人：_____　职务：_____

授信申请人：_____(以下简称乙方)
地址：_____
法定代表人：_____　职务：_____

经乙方申请，甲方同意向乙方提供总额人民币_____万元整的网上自助贷款授信额度。现甲方与乙方按照有关法律规定，经充分协商，就下列条款达成一致，特订立本合同。

第 1 条　授信额度

甲方向乙方提供人民币_____万元整的网上自助贷款授信额度。此授信额度是指甲方提供乙方通过甲方"一网通"中的网上"企业银行"系统自助提取流动资金贷款的最高限额。

第 2 条　授信期间

授信期间为____年，即从____年__月__日起到____年__月__日止。乙方应在该期间内通过网上向甲方提出额度使用申请，甲方不受理乙方超过授信期间到期日提出的额度使用申请。

第 3 条　授信额度的使用

3.1　在授信期间内，乙方可循环使用授信额度，但必须逐笔通过网上申请使用。乙方以数字证书方式产生的数字签名作为办理支取贷款以及通过网上归还贷款的有效签章，乙方授予甲方在其有关结算账户中扣收贷款本息的权利和根据借款金额填制借款凭证和还款凭证的权利。

3.2　授信额度内每笔贷款的实际发生和归还以甲方在"企业银行"系统中保存的业务记录或甲方据此填制或打印的借款借据、客户对账单等业务记录为准。甲方的业务记录是本合同的组成部分，与本合同具有同等法律效力。乙方对甲方业务记录的准确性、真实性及合法性予以确认，并且放弃任何异议。

3.3　每笔网上自助贷款的期限最长为 6 个月，并且网上不办理展期。贷款到期日可以晚于授信期间到期日。

第4条 贷款利率

授信额度内贷款利率按照中国人民银行规定的同档次利率下浮/上浮_____执行。

第5条 贷款用途

此授信额度内贷款只能用于_____。未经甲方书面同意，乙方不得挪作他用。

第6条 担保条款

6.1 本协议项下乙方所欠甲方的一切债务由_____公司作为连带责任保证人，该公司须向甲方出具最高额不可撤销担保书，及/或根据6.2执行。

6.2 本协议项下乙方所欠甲方的一切债务由_____公司以其所有或依法有权处分的_____财产作抵(质)押，双方另行签订担保合同。

第7条 乙方的权利和义务

7.1 乙方享有如下权利。

7.1.1 有权要求甲方按本合同规定的条件提供授信额度内贷款。

7.1.2 有权按本合同约定使用授信额度。

7.1.3 有权要求甲方对乙方所提供的生产、经营、财产、账户等情况保密，但法律另有规定的除外。

7.2 乙方承担如下义务。

7.2.1 应当如实提供甲方要求提供的文件资料，以及所有开户行、账号及存贷款余额情况，并配合甲方的调查、审查和检查。

7.2.2 应当接受甲方对其使用信贷资金情况和有关生产经营、财务活动的监督。

7.2.3 应当按约定用途使用贷款。

7.2.4 应当按本合同的约定按时足额偿还贷款本息。

7.2.5 乙方发生下列情况，应立即向甲方通报，并积极配合甲方落实好本合同项下贷款本息及一切相关费用安全偿还的保障措施。

7.2.5.1 发生重大财务亏损、资产损失或其他财务危机。

7.2.5.2 为第三方利益或保护第三方免遭损失而提供贷款或提供保证担保，或以自有财产(权利)提供抵(质)押担保。

7.2.5.3 发生合并(兼并)、分立、重组、合资(合作)、产(股)权转让、股份制改造等变更事项。

7.2.5.4 发生停业、被吊销或注销营业执照、申请或被申请破产、解散等情形。

7.2.5.5 其控股股东及其他关联公司经营或财务方面出现重大危机，影响其正常运作的。

7.2.5.6 与其控股股东及其他关联公司之间发生重大关联交易,影响其正常经营的。

7.2.5.7 发生对其经营或财产状况产生重大不利后果的任何诉讼、仲裁或刑事、行政处罚。

7.2.5.8 发生其他可能影响其偿债能力的重大事项。

7.2.5.9 甲方要求乙方对记载贷款发生记录情况的对账单签署签收回执的,乙方有义务予以配合。

第8条 甲方的权利和义务

8.1 甲方享有如下权利。

8.1.1 有权要求乙方按期归还本合同项下贷款本息。

8.1.2 有权要求乙方提供与授信额度使用有关的资料。

8.1.3 有权了解乙方的生产经营和财务活动。

8.1.4 有权监督乙方按本合同约定的用途使用贷款。

8.1.5 有权直接从乙方账户上划收本合同项下贷款本息。

8.1.6 乙方未能履行本合同规定的各项义务,甲方有权停止提供授信额度内乙方尚未使用的贷款,要求乙方提前归还授信额度内已发放的贷款。

8.1.7 在乙方发生本合同第7.2.5条所述情况之一时,甲方有权停止授信额度内未发生的贷款,要求乙方立即清偿本合同项下贷款本息及一切相关费用,或提供/增加甲方同意接受的新的担保措施。

8.2 甲方承担如下义务。

8.2.1 按本合同规定的条件在授信额度内向乙方提供贷款。

8.2.2 应当对乙方的资产、财务、生产、经营情况保密,但法律另有规定者除外。

第9条 乙方特别保证如下事项

9.1 乙方是根据中国法律正式成立并合法存在的企业,具有企业法人资格,有充分的民事行为能力签订和履行本合同。

9.2 签订和履行本合同已获得董事会或任何其他有权机构的充分授权。

9.3 乙方提供的有关乙方、保证人、抵押(出质)人、抵押(质)物的文件、资料、凭证等是真实、准确、完整和有效的,不含有与事实不符的重大错误或遗漏任何重大事实。

9.4 在签订本合同时没有发生对乙方或乙方主要财产产生重大不利后果的诉讼、仲裁或刑事、行政处罚,并预计在本合同执行期间也不会发生此种诉讼、仲裁或刑事、行政处罚。如有发生,乙方应立即通知甲方。

9.5 在经营活动中严格遵守国家各项法律法规,严格按照乙方《企业法人营业执照》规定的经营范围开展各项业务,按时办理企业法人注册年检手续。

9.6 保持或提高现有经营管理水平,确保现有资产的保值增值,不放弃任何已到期债权,也不以无偿或其他不合适方式处分现有主要财产。

9.7 在签订本合同时,乙方没有发生任何足以影响本合同项下乙方义务履行的重大事件。

第 10 条　其他费用

因与本合同有关的资信调查、检查、公证等而产生的费用,以及在乙方不能按期归还本合同项下所欠甲方的一切债务的情况下,甲方为实现债权而支付的律师费、诉讼费、差旅费等所有费用,均由乙方全数负担,乙方授权甲方直接从其在甲方的银行账户中扣除。如有不足之数,乙方保证在收到甲方的通知后如数偿还,无须甲方提供任何证明。

第 11 条　违约事件及处理

11.1 乙方出现下列情形之一者,即视为已发生违约事件。

11.1.1 违反本协议第 7.2.1 条规定义务,向甲方提供虚假的情况或隐瞒真实的重要情况,不配合甲方的调查、审查和检查,甲方要求乙方在合理的期限内予以改正,乙方逾期仍不改正,损害甲方利益的。

11.1.2 违反本合同第 7.2.2 条规定义务,不接受或逃避甲方对其使用信贷资金情况和有关生产经营、财务活动的监督,损害甲方利益的。

11.1.3 违反本合同第 7.2.3 条规定义务,未按本合同约定用途使用贷款,损害甲方利益的。

11.1.4 违反本合同第 7.2.4 条规定义务,未按本合同约定按时足额偿还贷款本息的。

11.1.5 违反本合同第 7.2.5 条规定义务,在发生该条规定的情况时,不及时通知甲方,或甲方得知乙方发生该条规定的情况后,要求乙方增加本合同项下债务偿还的保障措施,乙方不配合的,或甲方认为影响甲方贷款本息安全收回的。

11.1.6 违反本合同第 7.2.6 条规定义务,在甲方要求乙方对对账单签署回执时不予配合的。

11.1.7 违反本协议第 9.1、9.2、9.4 条,损害甲方利益的,或违背第 9.3、9.5、9.6、9.7 条,未按甲方要求立即纠正,损害甲方利益的。

11.1.8 发生其他甲方认为损害其合法权益的情形。

11.2 保证人发生下列情形之一者,甲方认为可能影响保证人担保能力,要求保证人排除由此造成的不利影响,或要求乙方增加、更换担保条件,保证人和乙方不配合的,即视为已发生违约事件。

11.2.1 发生类似于本合同第 7.2.5 条所述的情况之一的。

11.2.2 出具不可撤销担保书时隐瞒了其承担保证责任的能力,或未获得有权机关的授权。

11.2.3 未按时办理年检注册手续。

11.2.4 怠于管理和追索其到期债权,或以无偿及其他不适当方式处分现有主要财产。

11.3 抵押人(或出质人)发生下列情形之一者,甲方认为可能造成抵押(或质押)不成立或抵押物(或质物)不足值,要求抵押人(或出质人)排除由此造成的不利影响,或要求乙方增加、更换担保条件,抵押人(或出质人)和乙方不配合的。

11.3.1 对抵押物(或质物)没有所有权或处分权,或权属存在争议。

11.3.2 抵押物(或质物)发生已出租、被查封、被扣押、被监管等情况,及/或乙方隐瞒已发生的此种情况。

11.3.3 抵押人未经甲方书面同意,擅自转让、出租、再抵押或以其他任何不适当的方式处分抵押物,或其虽经甲方书面同意但处分抵押物所得不按甲方要求用于偿还乙方所欠甲方的债务。

11.3.4 抵押人对抵押物未加妥善保管、维护和维修,致抵押物价值明显贬损;或抵押人的行为直接危及抵押物,导致抵押物价值减少的;或在抵押期内抵押人不按甲方的要求对抵押物进行投保的。

11.4 一旦发生第 11.1、11.2、11.3 条规定的任何一种违约事件时,甲方有权分别或同时采取如下措施,乙方对此没有异议。

11.4.1 停止提供授信额度内乙方尚未使用的贷款。

11.4.2 提前收回授信额度内已发放的贷款本息和相关费用。

11.4.3 直接扣收乙方结算账户和/或其他账户上的存款,以清偿乙方在本协议及各具体合同项下的全部债务。

11.4.4 依据本合同第 14 条进行追索。

第 12 条　合同的变更和解除

本合同经甲、乙双方协商一致并达成书面协议可以变更和解除。在达成书面协议以前,本合同仍然有效。任何一方均不得擅自对本合同进行单方面的变更、修改或解除。

第 13 条　其他

13.1 在本合同生效期间,甲方对乙方的任何违约或延误行为施以任何宽容、宽限或延缓执行本合同内甲方应享有的权益或权利,均不能损害、影响或限制甲方依有关法律规定和本合同作为债权人应享有的一切权益和权利,不能作为甲方对任何违反本合同行为的许可或认可,也不能视为甲方放弃对现有或将来违约行为采取行动的权利。

13.2 本合同不论因何种原因而在法律上成为无效,或部分条款无效时,乙方仍应承担偿还本合同项下所欠甲方的一切债务的责任。若发生上述情况,甲方有权终止执行本合同,并可立即向乙方追讨本合同项下乙方所欠的一切债务。

13.3 甲方及乙方与本合同有关的通知、要求等应以书面形式进行。甲方给乙方的任何电传、电报一经发出,邮政信函送交邮局即被视为已送达对方。

13.4 甲、乙双方经过协商一致就本合同的未尽事宜、变更事项达成的书面补充合同。

第 14 条　适用法律及纠纷的解决

14.1 本协议的订立、解释及争议的解决均适用中华人民共和国法律,甲、乙双方的权益受中华人民共和国法律保障。

14.2 甲、乙双方在履行本合同过程中发生的争议,由双方协商解决。协商不成的,任何一方可以(三者择一)选如下方式处理。

14.2.1 向甲方所在地人民法院起诉。

14.2.2 向_____仲裁委员会申请仲裁。

14.2.3 提交中国国际经济贸易仲裁委员会_____分会按照金融争议仲裁规则进行仲裁。

14.2.4 本合同经甲乙双方办理赋予强制执行效力的公证后,甲方为追索本合同项下乙方所欠的到期债务,可以直接向有管辖权的人民法院申请强制执行。

第15条 合同生效

本合同自双方有权签字人签字并加盖单位公章后生效,至本协议项下乙方所欠甲方的一切债务及其他一切相关费用清偿完毕之日止自动失效。

第16条 为方便甲方操作,本协议有关内容归集如下。

乙方名称:

企业银行编号:

账　　号:

开户银行:

利率类型:

利　　率:

使用方式

□通过企业银行客户端　□银企直联方式

第17条 本合同一式_____份,均有同等法律效力。甲方、乙方及_____、_____各执一份。

甲方(公章)_____　　　　　　乙方(公章)_____

有权签字人(签字):_____　　　有权签字人(签字):_____

　　___年__月__日　　　　　　　　　　___年__月__日

以下由银行会计人员填写:

账户行确认　　经办:_____　　复核:_____

电子汇兑系统人员:_____　　日期:_____

客户服务中心　　经办:_____　　复核:_____

实训表格 18-10　贷款审查报告(样张)

贷款审查报告

信贷员上报审批的"_____申请短期贷款_____万元"项目资料,信审员于____年__月__日正式受理。本笔贷款为新增,并拟由已入库总行提供全额连带保证担保。现将有关审查情况报告如下。

一、项目优势

申请人主营业务:_____。

二、风险审查

(一)合规性风险

借款人提供的企业法人营业执照、组织机构代码证、税务登记证均在有效期内,借款人公司章程为工商档案提供,贷款卡年检有效,借款人具备申贷主体资格。

(二)行业风险

_____
_____
_____
_____
_____

(三)市场风险

_____
_____
_____
_____
_____

(四)担保风险

本次贷款由_____担保管理有限公司提供全额连带责任保证担保,风险一般。

(五)偿债风险

_____
_____
_____
_____

三、审查意见及风险控制措施

建议向借款人发放___期贷款_____元,期限____个月,执行央行同期同档次基准利率(变动),由_____担保管理有限公司提供全额连带责任保证担保。现提出如下审查建议意见。

(一)放款条件

1. 在签订担保合同的同时应明确担保公司的担保范围、担保金额及赔偿责任等,确保担保手续完整、合规、合法。

2. 追加借款人的认定代表人及自然人股东承担连带责任保证担保并完善相关手续。

(二)管理要求

严格贷后管理:落实各项信贷管理要求和风险控制措施,密切关注国家相关政策的变化情况,密切关注借款人行业发展、生产经营、他行融资以及产品销售情况,认真执行贷后检查制度并按规定提交贷后检查报告,完善信贷档案资料。

实训表单 18-11　贷款申请表

贷款申请表

借款人	名称			身份证号码							
	地址			电　　话							
生产(经营)专业		生产(经营)规模			自有资金						
					年　收　入						
原欠贷款余额				其中：逾期贷款							
				结欠利息							
贷款方式				贷款期限							
申请借款金额	人民币(大写)：_____			千	百	十	万	千	百	十	元
借款用途											
借款期限	_____至_____止										
还款资金来源				还款方式							
计划还款日期及金额	____年___月___日 ___元				____年___月___日 ___元						
	____年___月___日 ___元				____年___月___日 ___元						
担保人信用等级				借款人：(签章)							
担保人电话号码											
担保人身份证号											
担保人地址				担保人：(签章)							
抵押人(出质人)											
抵押人(质物)											
抵押物存放地点											
贷款人意见	信贷员(签章)_____　负责人(签章)_____										

本申请书一式 _____ 份，一份留借款人，一份信贷员留存归档，一份交信用社会计作为借款借据附件，需报上级审批的增加相应份数。

实训表单 18-12　发票丢失被盗报告(样张)

发票丢失被盗报告

纳税人识别号：
纳税人名称：

	发票名称	发票代码	份数	发票号码	
				起始号码	终止号码
挂失损毁发票	增值税专用发票电脑版				
	通用发票电脑版				
挂失损毁情况说明	经办人：　　　　　法定代表人(负责人)：　　　　　纳税人(签章)：				
挂失声明					
纳税人提供资料					
税务机关意见：					
经办人：　　　　　负责人：　　　　　税务机关(签章)：					

实训表单 18-13　增值税纳税申报表(样张)

增值税纳税申报表

根据《中华人民共和国增值税暂行条例》第二十二条和第二十三条的规定制定本表。纳税人不论有无销售额，均应按主管税务机关核定的纳税期限按期填写本表，并于次月一日起十日内，向当地税务机关申报。

税款所属时间：自　　年　月　日至　　年　月　日
填表日期：　　年　月　日

纳税人识别号														

纳税人名称	(公章)	法定代表人姓名		注册地址		营业地址	
开户银行账号		企业登记注册类型				电话号码	

项目		栏次	一般货物及劳务		即征即退货物及劳务	
			本月数	本年累计	本月数	本年累计
销售额	(一)按适用税率征税货物及劳务销售额	1				
	其中：应税货物销售额	2				
	应税劳务销售额	3				
	纳税检查调整的销售额	4				
	(二)按简易征收办法征税货物销售额	5				
	其中：纳税检查调整的销售额	6				
	(三)免、抵、退办法出口货物销售额	7				
	(四)免税货物及劳务销售额	8				
	其中：免税货物销售额	9				
	免税劳务销售额	10				
税款计算	销项税额	11				
	进项税额	12				
	上期留抵税额	13				
	进项税额转出	14				
	免抵退货物应退税额	15				
	按适用税率计算的纳税检查应补缴税额	16				
	应抵扣税额合计	17=12+13-14-15+16				
	实际抵扣税额	18(如 17<11，则为17，否则为11)				

续表

税款计算	应纳税额	19=11-18			
	期末留抵税额	20=17-18			
	简易征收办法计算的应纳税额	21			
	按简易征收办法计算的纳税检查应补缴税额	22			
	应纳税额减征额	23			
	应纳税额合计	24=19+21-23			
税款缴纳	期初未缴税额(多缴为负数)	25			
	实收出口开具专用缴款书退税额	26			
	本期已缴税额	27=28+29+30+31			
	①分次预缴税额	28			
	②出口开具专用缴款书预缴税额	29			
	③本期缴纳上期应纳税额	30			
	④本期缴纳欠缴税额	31			
	期末未缴税额(多缴为负数)	32=24+25+26-27			
	其中：欠缴税额(≥0)	33=25+26-27			
	本期应补(退)税额	34=24-28-29			
	即征即退实际退税额	35			
	期初未缴查补税额	36			
	本期入库查补税额	37			
	期末未缴查补税额	38=16+22+36-37			

授权声明	如果你已委托代理人申报，请填写下列资料： 为代理一切税务事宜，现授权_____ (地址)_____为本纳税人的代理申报人，任何与本申报表有关的往来文件，都可寄予此人。 授权人签字：	申报人声明	此纳税申报表是根据《中华人民共和国增值税暂行条例》的规定填报的，我相信它是真实的、可靠的、完整的。 声明人签字：

以下由税务机关填写：

收到日期：　　　　　　接收人：　　　　　　主管税务机关盖章：

实训表单 18-14　企业所得税纳税申报表(样张)

中华人民共和国企业所得税年度纳税申报表(A 类)

税款所属期间：　　年　月　日至　　年　月　日
纳税人名称：
纳税人识别号：　　　　　　　　　　　　　　　　金额单位：元(列至角分)

类　别	行次	项　目	金　额
利润总额计算	1	一、营业收入	
	2	减：营业成本	
	3	税金及附加	
	4	销售费用	
	5	管理费用	
	6	财务费用	
	7	资产减值损失	
	8	加：公允价值变动收益	
	9	投资收益	
	10	二、营业利润	
	11	加：营业外收入	
	12	减：营业外支出	
	13	三、利润总额(10+11-12)	
应纳税所得额计算	14	加：纳税调整增加额	
	15	减：纳税调整减少额	
	16	其中：不征税收入	
	17	免税收入	
	18	减计收入	
	19	减、免税项目所得	
	20	加计扣除	
	21	抵扣应纳税所得额	
	22	加：境外应税所得弥补境内亏损	
	23	纳税调整后所得(13+14-15+22)	
	24	减：弥补以前年度亏损	
	25	应纳税所得额(23-24)	

续表

	26	税率(25%)	
应纳税额计算	27	应纳所得税额(25×26)	
	28	减：减免所得税额	
	29	减：抵免所得税额	
	30	应纳税额(27-28-29)	
	31	加：境外所得应纳所得税额	
	32	减：境外所得抵免所得税额	
	33	实际应纳所得税额(30+31-32)	
	34	减：本年累计实际已预缴的所得税额	
	35	其中：汇总纳税的总机构分摊预缴的税额	
	36	汇总纳税的总机构财政调库预缴的税额	
	37	汇总纳税的总机构所属分支机构分摊的预缴税额	
	38	合并纳税(母子体制)成员企业就地预缴比例	
	39	合并纳税企业就地预缴的所得税额	
	40	本年应补(退)的所得税额(33-34)	
附列资料	41	以前年度多缴的所得税额在本年抵减额	
	42	以前年度应缴未缴在本年入库所得税额	

谨声明：此纳税申报表是根据《中华人民共和国企业所得税法》《中华人民共和国企业所得税法实施条例》和国家有关税收规定填报的，是真实的、可靠的、完整的。

法定代表人(签字)：

纳税人公章：	代理申报中介机构公章：	主管税务机关受理专用章：
经办人：	经办人及执业证件号码：	受理人：
申报日期：　　年　月　日	代理申报日期：　　年　月　日	受理日期：　　年　月　日

实训表单 18-15　城市维护建设税、教育费附加申报表(样张)

城市维护建设税、教育费附加申报表

税务登记证件号码：
管理代码：
纳税人名称：
税款所属时期：　　　年　月　日至　　　年　月　日

金额单位：元(列至角分)

税种	税目	征收范围	计税依据	所属时期	计税金额	税(征收)率(%)	应纳税(费)额	减免税(费)额	已纳税额	应补(退)税(费)额
城建税										
教育费附加										
印花税										
水利基金										
个税										
合计										

纳税人或代理人声明：此纳税申报表是根据国家税收法律的规定填报，我确定它是真实的、可靠的、完整的	如纳税人填报，由纳税人填写以下各栏				
	办税人员(签章)	财务负责人(签章)	法定代表人(签章)	联系电话	受理机关(签章)
	如委托代理人填报，由代理人填写以下各栏				
	代理人名称	经办人(签章)	联系电话	代理人公章	受理日期：　年　月　日

实训表单 18-16 企业名称驳回通知书(样张)

企业名称驳回通知书

(　)登记内驳字[　　]第　　号

_____：

　　提交的<u>企业名称预先核准申请</u>，我局决定不予核准。

　　不予核准理由如下：_____
_____
_____
_____

　　如对本决定持有异议，可以自收到本通知后60日内依据《中华人民共和国行政复议法》的规定，向上级行政机关申请行政复议，也可以自收到本通知后三个月内依据《中华人民共和国行政诉讼法》的规定，直接向人民法院提起行政诉讼。

(印章)

年　月　日

(本通知适用于企业名称预先核准申请)

实训表单 18-17 原材料报价单(样张)

报价单

单据编号：＿＿＿＿＿＿＿　　　　　　　　　　制表时间：＿＿＿＿＿＿＿
到货时间：＿＿＿＿＿＿＿　　　　　　　　　　供 应 商：＿＿＿＿＿＿＿
收 货 人：＿＿＿＿＿＿＿　　　　　　　　　　电　　话：＿＿＿＿＿＿＿
配送地址：＿＿＿＿＿＿＿

序　号	原材料标识	原材料名称	采购数量	报　价	金　额
1					
2					
3					
4					
5					
6					
7					
8					
9					

制表人：＿＿＿＿＿＿＿　　　　　　　　　　　　审核人：＿＿＿＿＿＿＿

报价单

单据编号：＿＿＿＿＿＿＿　　　　　　　　　　制表时间：＿＿＿＿＿＿＿
到货时间：＿＿＿＿＿＿＿　　　　　　　　　　供 应 商：＿＿＿＿＿＿＿
收 货 人：＿＿＿＿＿＿＿　　　　　　　　　　电　　话：＿＿＿＿＿＿＿
配送地址：＿＿＿＿＿＿＿

序　号	原材料标识	原材料名称	采购数量	报　价	金　额
1					
2					
3					
4					
5					
6					
7					
8					
9					

制表人：＿＿＿＿＿＿＿　　　　　　　　　　　　审核人：＿＿＿＿＿＿＿

实训表单 18-18　开庭审理(样张)

开庭审理

_____人民法院	
案件编号	
原告诉称	
被告诉称	
证　　人	
委托代理人	
辩　护　人	
审理查明	
此致 　　　_____人民法院	
附	本诉讼状副本(　)份
	证据清单(　)份
审判长： 开庭时间：　年　月　日	

实训表单 18-19　案件审查(样张)

案件审查

原　　告	
被　　告	
诉讼请求	
事实与理由	
事　　实	
理　　由	
综上所述	
审查意见	
此致	
＿＿＿＿＿＿＿＿＿＿人民法院	
附	本诉讼状副本(　)份
	证据清单(　)份
	起诉人：
	起诉时间：　年　月　日

实训表单 18-20　判决裁定(样张)

判决裁定

_____人民法院	
判决书	
2017 民初字第 001	
原　　告	
被　　告	
委托代理人	
辩 护 人	
原告诉称	
被告诉称	
审理查明	
本院认为	
被告赔偿原告人民币合计	¥_____元　　人民币大写_____
原告赔偿被告人民币合计	¥_____元　　人民币大写_____

实训表单 18-21　ISO 9000 认证申请表(样张)

ISO 9000 认证申请表

项目编号：

客户基本信息				
客户名称				
注册地址			邮　编	
运营地址			邮　编	
联系人		所在部门	职　务	
电　话		E-mail	传　真	

申请认证所涉及的产品/活动：

有效人数*：共___人，其中：全职人员___人；兼职人员___人　　　工作语言：□汉语　　□其他：

生产(服务)班次情况：共___班次，每班的时间_____
　　□无倒班　　□有倒班，参与倒班人数：
各班次流程、控制方法是否相同？　　□相同　□不同，请说明各班次情况：_____
生产线情况：共___条生产线。
　　□无相同生产线
　　□有相同生产线，数量：____　涉及人数：____
作息时间(管理人员)　　　　上午：_____下午：_____
工作性质　　　　　　　　　□常年工作　□季节性工作，季节：____
如隶属于某个更大的组织(如集团公司、上级机关等)，请说明
　　该组织名称：_____
　　与该组织的关系：_____
如申请认证的管理体系有外包(外委)过程或业务，请说明
　　外包(外委)过程或业务及承担方：_____
如客户曾获得过其他认证机构的管理体系认证，请说明
　　认证机构的名称：_____　认证标准：_____
　　证书有效期：_____　最近一次审核日期：_____
　　如证书已被暂停或撤销，请说明被暂停或撤销的时间和原因：_____
管理体系开始运行时间：_____　最近一次内审时间：_____
如管理体系是在咨询机构的帮助下建立，请说明咨询机构名称：_____
客户在申请认证前一年内是否被政府部门处罚或发生过质量、环境、职业健康安全、食品安全事故及信息安全事件？
□否　　□是，如选择此项，请简述有关情况：_____

认证需求
申请认证标准：□GB/T 19001—2008　　□GB/T 50430—2007　　□GB/T 24001—2004 □GB/T 28001—___　□GB/T 2200—2008　　□GB/T 22000—2006　□HACCP　其他：____
希望现场审核的时间：　　年　　月　　　　是否需要同时审核(适用于多体系)：□否　□是
在客户的 ISMS 范围内是否有信息资产不允许认证机构接触，或者认证机构在接触相关信息资产时应满足法律要求、相关方的要求和(或)组织自身的要求？(申请 ISMS 认证时适用。) □没有　　　　□有　　　　，请详细说明(可另附页)。
其他对认证(及审核)的要求：_____

续表

应附文件和资料
◆ 有效版本的管理体系文件(手册、程序文件等)。 ◆ 营业执照(副本)复印件或机构成立批文复印件。 ◆ 组织机构代码证复印件。 ◆ 相关资质文件复印件(法律法规有要求时)。 ◆ 生产工艺流程图(适用于工业企业)。 ◆ 组织机构图。 ◆ 认证场所清单(适用于有多个相同或类似场所的情况,如分公司、厂、办、处、所、站、项目部等)。 ◆ 原认证机构发放的证书、前一认证周期认证或再认证审核、后续历次监督审核的审核报告、不符合项报告复印件(适用于认证转换)。
申请 GB/T24001、GB/T28001 认证另需提供: ◆ 重要环境因素/重大职业健康安全风险清单。 ◆ 环评批复/安全批复/职业病危害预评价批复复印件(无新改扩建项目,申请再认证无须提供)。 ◆ "三同时"验收报告(环境、安全)及批复复印件(无新改扩建项目,申请再认证无须提供)。 ◆ 污染物排放/作业环境尘毒噪监测报告复印件。 ◆ 消防验收报告(适用于 GB/T 28001(无新改扩建项目,申请再认证无须提供)。 ◆ 守法证明(适用于二级及以上风险项目,由地市级环保局或安全生产管理部门出具客户近一年来遵守法律法规,没有发生重大环境或安全事故的证明,申请再认证无须提供)。
申请 GB/T 22080 认证另需提供: ◆ 客户信息化建设情况说明(具体包括:①机房数量及所在物理位置;②服务器数量及用途说明;③网络设备的架设和设置情况说明,如路由器、交换机、硬件防火墙、IDS 等;④客户使用的信息系统有哪些,自主开发和第三方开发的分别有哪些;⑤客户的网站维护情况;⑥网络拓扑图)。 ◆ 客户的关键特征(具体包括如下内容。客户的职能部门和相关职责;②ISMS 范围内的角色和职责描述;③其与组织结构的关系)。 ◆ 风险评估报告。 ◆ 风险处置计划。 ◆ 适用性声明。
申请 GB/T 22000、HACCP 认证另需提供: ◆ HACCP 手册[包括良好生产规范(GMP)]。 ◆ 详细的产品描述(包括原辅料及终产品)(若无变化,申请再认证无须提供)。 ◆ 详细的工艺描述(若无变化,申请再认证无须提供)。 ◆ 厂区位置图、平面图;加工车间平面图、人流图、物流图(若无变化,申请再认证无须提供)。 ◆ 食品认证申请组织自我声明(格式由 CQC 提供)。 ◆ 危害分析工作单。 ◆ SSOP/OPRP、HACCP 计划表。 ◆ 生产、加工或服务过程中遵守(适用)的相关法律、法规、标准和规范清单。 ◆ 加盖当地政府标准化行政主管部门备案印章的产品标准文本复印件(当产品执行企业标准时适用)。 ◆ 生产、加工设备清单和检验设备清单。 ◆ 产品符合卫生安全要求的检测报告;适用时,提供由具备资质的检验机构出具的接触食品的水、冰、汽符合卫生安全要求的检测报告。 ◆ 出口食品生产企业自我评估表(适用于 HACCP 认证,格式由 CQC 提供)。
声明:我方确认以上提供的信息(包括资料)均属实。 客户代表签字: (公章)   年 月 日
如您需要进一步了解以下信息,请查阅中国质量认证中心网址 http://www.cqc.com.cn 的公开文件目录或向我中心相关人员索取:CQC 简介及联络信息、CQC 认证领域和认证业务、认证制度的说明、CQC 获取财务支持方式和认证收费标准、认证申请方和获证方的权利义务、申请方和获证组织向 CQC 申诉、投诉和争议的渠道、获证方的公告方式、获证方向认证机构通报其管理体系变更情况的渠道和要求、获证方未遵守法律法规要求的处理程序、IQNet 及认证合作简介

附录　常用企业办公硬件的基本技能

一、打印机

　　打印机是计算机的主要输出设备之一，使用它可以打印各种公文、表格、照片等。在打印机的使用过程中，还要注意打印机的维护及保养，以延长其使用寿命。

　　在日常办公时较为常用的打印机通常有激光打印机、喷墨打印机和针式打印机等。激光打印机和喷墨打印机常用于文档、表格、图片的打印，而针式打印机常用于一式多联的单据打印。

　　使用打印机首先需要把打印机安装到计算机上，确认安装好驱动，并设置为默认打印机后，才可以使用。

　　针式打印机一般有一个走纸键，按一下，进入打印状态，指示灯会变绿；还有纸厚度的选择，选择合适的就行，设置太厚夹不住纸，太薄卡纸。

1. 连接打印机

　　计算机上的打印机接口有 SCSI 接口、EPP 接口和 USB 接口三种，常用的是 EPP 接口和 USB 接口。如果是 USB 接口，只要将打印机的数据线与计算机的 USB 接口相连，接通电源就行。如果是 EPP 接口，可以按照以下操作步骤进行连接。

　　(1) 找出打印机的电源线和数据线。

　　(2) 把数据线的一端插入计算机的打印机端口并拧紧螺丝，把数据线的另一端插入计算机的数据线端口并拧紧螺丝。

　　(3) 将电源线插入打印机的电源接口，将电源线的另一端插入交流电插座中。此时，即可将打印机连接到计算机上。

2. 安装打印机驱动程序

　　将打印机和计算机连接好之后，此时的打印机还不能使用，必须在计算机中安装打印机的驱动程序后，才能像使用其他外设一样使用打印机。安装打印机驱动程序的具体操作如下。

　　(1) 选择"开始"|"打印机和传真"命令，打开"打印机和传真"窗口，在"打印机任务"选项区中选择"添加打印机"选项，弹出"添加打印机向导"对话框，如附图-1所示。

　　(2) 用户可根据向导的提示，通过单击"下一步"按钮来完成打印机驱动程序的安装。安装完成后，选择"开始"|"打印机和传真"命令，即可在打开的"打印机和传真"

窗口中查看新安装的打印机，如附图-2 所示。

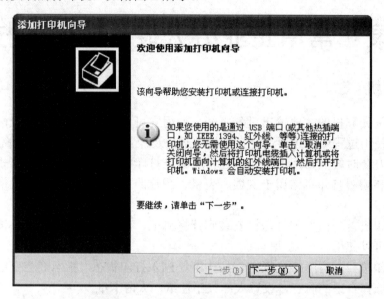

附图-1 "添加打印机向导"对话框

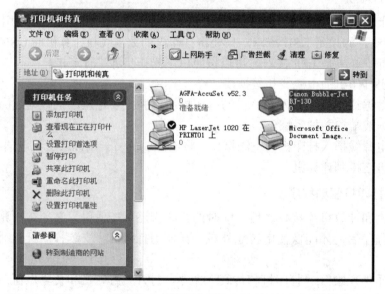

附图-2 "打印机和传真"窗口

3. 管理打印任务

打印管理器是管理打印的 Windows 应用程序，用户可以使用它来查看和控制文档的打印。当用户在 Windows 应用程序中打印文档时，应用程序将打印机、字体和文档信息传送给打印机管理器，由打印机管理器控制文档的打印工作，直到打印结束或发生错误时为止，且它会将发生的错误提示给用户。

4. 激活打印机窗口

若要打印任何文件，无论是图像、文字或表格，都要用一个软件来启动打印设置对话框。一般的软件都有打印命令，选择该命令，即可激活"打印机管理器"窗口，如附图-3 所示。

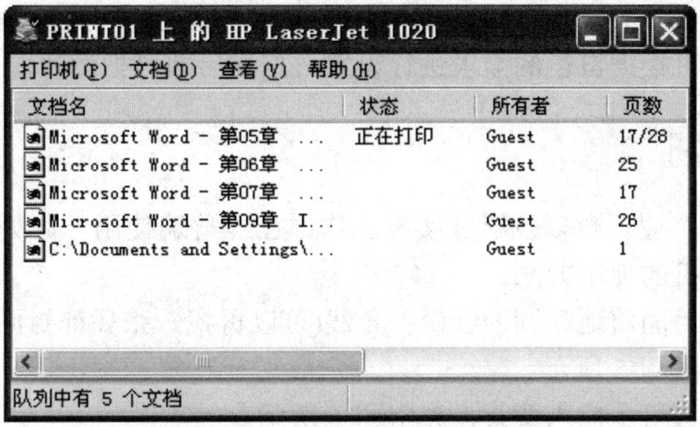

附图-3 "打印机管理器"窗口示例

在打印文件时，如果遇到某些意外情况，如打印纸用完或打印纸没有放好等情况，用户均可以先暂停要打印的文件，当这些问题解决后再恢复打印即可。在"打印机管理器"窗口中选中要暂停打印的文档，然后选择"文档"|"暂停打印"命令，即可将选中的打印文档暂停，如附图-4 所示。

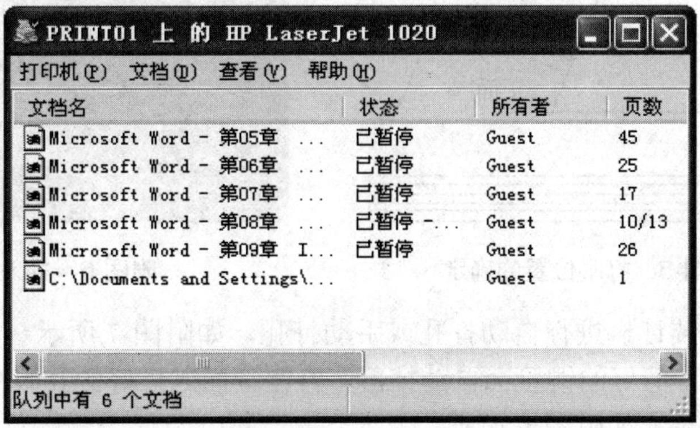

附图-4 暂停打印示例

二、扫描仪

1. 安装扫描仪

将扫描仪通过 USB 连接线与计算机连接，打开扫描仪电源，使用自带的驱动光盘安装扫描仪驱动或使用各类辅助软件在线安装对应型号的驱动程序，驱动程序安装完毕后，任务栏右下角会出现"硬件安装已完成，并且可以使用了"的提示。

2. 操作扫描仪

智能的扫描仪在安装完后即可使用，即将需要扫描的照片放入扫描仪中，此时会自动弹出扫描向导，可根据自己的需求进行设置，扫描后即可把图片保存在计算机中。

三、热熔装订机

热熔装订机在企业行政以及财务实务工作中已经普遍使用，此处以财务凭证的装订为例介绍热熔装订机的使用方法。

(1) 拿一张和封面质地相同的纸做护角线(可以再找一张凭证封面裁剪使用)，用铅笔标记打眼位置，如附图-5 所示。

(2) 在热熔装订机上插入铆管，如附图-6 所示。

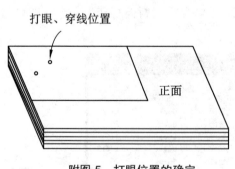

附图-5　打眼位置的确定　　　　　附图-6　插入铆管

(3) 使用热熔装订机进行自动打孔或手动打孔，如附图-7 所示。

(4) 打孔完毕，剪好的铆管会自动掉落，将铆管插入打好的孔眼中，如附图-8 所示。

(5) 插入定芯轴，如附图-9 所示。

附录　常用企业办公硬件的基本技能

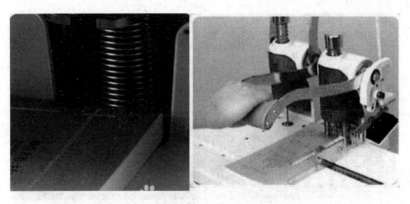

附图-7　打孔

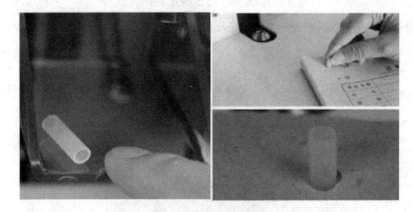

附图-8　将铆管插入孔眼

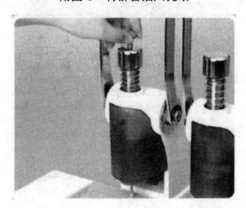

附图-9　插入定芯轴

(6) 等待热熔装订机预热完成后,进行自动压制或手动压制,如附图-10 所示。

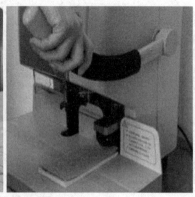

附图-10　热压铆管定型

(7) 装订好的凭证示例如附图-11 所示。

附图-11　凭证装订示例

使用热熔装订机装订时,一定要将文件整理整齐方可放入封套内,否则装订的文件会参差不齐;封套加热完毕后,需用手稍微整理固定一下热胶,这样装订的文本才能整齐有形;刚加热完毕时切忌立即翻动文本,易造成散页,待胶条冷却凝固后方能翻动。

四、复印机

复印机的使用分为以下几步。

1. 预热

按下电源开关,开始预热,面板上应有指示灯显示,并出现等待信号。当预热时间达到后，机器即可开始复印。

2. 放置原稿

根据稿台玻璃刻度板的指示及当前使用纸盒的尺寸和横竖方向放好原稿。需要注意的是，复印有顺序的原稿时，应从最后一页开始，这样复印出来的复印品顺序才是正确的，否则，还需重新颠倒一遍。

3. 设定复印份数

按下数字键设定复印份数。若设定有误可按"C"键取消，然后重新设定。

4. 设定复印倍率

一般复印机的放大仅有一档，按下放大键即可，缩小倍率多以 A3—A4，B4—B5 或百分比等表示，了解了复印纸尺寸，即可很容易地选定缩小倍率。

5. 选择复印纸尺寸

根据原稿尺寸，以及拟放大或缩小倍率，选择相应纸张，按下纸盒选取健。

6. 调节复印浓度

根据原稿纸张、字迹的色调深浅，适当调节复印浓度。

五、刻录光盘

刻录光盘也是我们在办公室常常用到的，那么如何用计算机光驱刻录光盘呢？

首先，看看你的光驱是否带刻录功能，CD/DVD-ROW 或者 DVD-RAM 就是刻录光驱，如果带的话，在计算机上安装一个刻录软件，比如 NERO，里面有制作数据光盘的选项，只要把你的数据添加进去就好了。建议刻盘的时候不要选最快速度，因为那样容易把盘刻废，选择 24 速或 16 速都行。

刻录光盘的具体操作步骤如下：

(1) 放入刻录空白盘。

(2) 打开 NERO。

(3) 选盘类型，DVD 或者 CD(根据你放入的盘片)。

(4) 选数据制作数据光盘。

六、投影仪

1. 倒吊装、桌面放置

投影仪必须精确安装在银幕中线位置，否则会出现画面梯形失真，如附图-12～附图-14

所示。

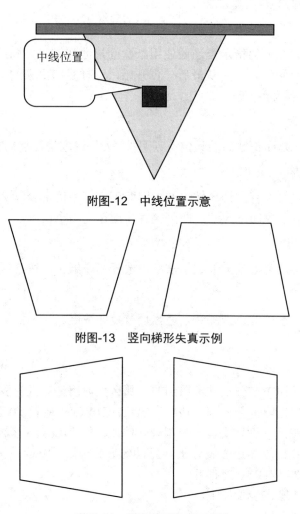

附图-12 中线位置示意

附图-13 竖向梯形失真示例

附图-14 横向梯形失真示例

2. 水平调整、仰角调整

(1) 普通多媒体投影仪：改变安装吊架角度(倒吊装)或调整支撑脚高度(桌面放置)。

(2) 高档工程机：可以通过电动镜头调整。

七、外接设备

办公室中的其他外接设备如键盘、鼠标、摄像头、耳机(麦)、硬盘，这些都是办公室常用的。现在的这些外接设备通常都有 USB 接口，操作都比较简单，直接连接计算机即可使用。

(扫二维码,看视频)

小讨论:进入企业后,除了需要知道关于企业的基本知识外,我们还需要掌握哪些硬件的使用呢?

参 考 文 献

[1] 张军涛，陈长征. 新编计算机办公自动化基础教程[M]. 西安：西北工业大学出版社，2009.

[2] 创业工业公司选择企业类型时都有哪些，http://www.zizhiguanjia.com/zs/765.html.

[3] 写求职简历要注意的事项，http://jingyan.baidu.com/album/b24f6c82e50cf686bfe5da35.html?stepindex=2&st=5&os=1&bd_page_type=1&net_type=.

[4] 50 种阳光思维：让你成为世界 500 强企业最优秀员工，http://blog.sina.com.cn/s/blog_40058e950101o7j5.html.

[5] IBM 企业文化的创造与传承，http://www.guangken.com.cn/news_view.asp?newsid=37195.

[6] 企业文化特征，http://zhidao.baidu.com/link?url=GCt1ULFqGxkMIQD5KC0qb0CckjZT6hlJ1PKG4KvamF1m2hxpOCzn_2jsuh5uzJVQBekxBMKL6LoCrLdlUFlWY1hmmMJ1Maox1jwtf7QJyyS.

[7] 企业文化是吸引和留住关键人才的法宝，http://hr.yjbys.com/qiyewenhua/566987.html.

[8] 三证合一后公司注册流程，http://jingyan.baidu.com/article/48b558e32b70b27f38c09ac6.html.

[9] 企业法务必须具备的 4 项基础素质，http://www.lawtime.cn/article/lll112218319112223413oo387089.

[10] 如何做好存货盘点准备工作？http://www.cnnsr.com.cn/cssw/kjhtml/20150702122410179133.html.